我国地方政府债务
该怎么核算

彭刚 ◎ 著

How to Account
Local Government Debt
in China

企业管理出版社
ENTERPRISE MANAGEMENT PUBLISHING HOUSE

图书在版编目（CIP）数据

我国地方政府债务该怎么核算/彭刚著. —北京：企业管理出版社，2019.5
ISBN 978-7-5164-1950-2

Ⅰ.①我… Ⅱ.①彭… Ⅲ.①地方政府-债务管理-研究-中国 Ⅳ.①F812.7
中国版本图书馆 CIP 数据核字 (2019) 第 081253 号

书　　名：	我国地方政府债务该怎么核算
作　　者：	彭　刚
责任编辑：	侯春霞
书　　号：	ISBN 978-7-5164-1950-2
出版发行：	企业管理出版社
地　　址：	北京市海淀区紫竹院南路17号　　邮编：100048
网　　址：	http://www.emph.cn
电　　话：	编辑部 (010) 68420309　　发行部 (010) 68701816
电子信箱：	zhaoxq13@163.com
印　　刷：	北京虎彩文化传播有限公司
经　　销：	新华书店
规　　格：	170毫米 × 240毫米　　16开本　　18.25印张　　261千字
版　　次：	2019年8月第1版　2019年8月第1次印刷
定　　价：	68.00元

版权所有　　翻印必究　　印装有误　　负责调换

前 言

我国地方政府债务问题持续发酵，债务规模的快速扩张及随之而来的风险等问题已经引起了政府与学术界的高度关注。然而，与此形成极大反差的是，目前学术界对我国地方政府债务核算理论和实践的研究较为缺乏，尚未形成规范的核算体系。事实上，我国当前以财政负担为出发点的地方政府性债务及其审计结果，并非一般意义上的地方政府债务。现有核算过程和债务数据结果也存在一系列问题，对我国地方政府债务真实情况的反映较为有限，不利于其他相关指标的国际比较与债务问题分析。因此，全方位地研究我国地方政府债务核算问题，具有重要的现实意义。正是基于上述视角，本书对我国地方政府债务核算问题进行了较为全面的研究，并进一步研究了所涉及的财政指标、债务风险以及经济效应等实际问题。

本书研究的主要内容如下：

第一章为"导论"。分析了本研究的背景，并从理论和实际两个方面阐述了本研究的意义。对地方政府债务已有相关研究进行了回顾，包括地方政府债务的主要理论、核算以及风险三大方面，并在文献综述的基础上确定了本书的主要研究内容。

第二章是"地方政府债务核算框架与相关理论基础"。在分析地方政府债务核算框架构建依据和意义的基础上，进一步论述了构建的基本原则，并系统构建了地方政府债务核算框架。根据所构建的核算框架，分析了地方政府债务内涵与核算口径、地方政府债务核算计值与衡量、地方政府债务数据编制与公布三个方面的主要问题。

第三章是"我国地方政府债务核算现状述评与国外经验"。分别从核算体系与制度的缺失、地方政府性债务审计以及其他政府部门的界定与评价三个方面，对我国地方政府债务核算现状进行了较为全面的解析。进一步归纳了当前主要存在的突出问题，即核算对象尚未明确、核算方法和内容有待改进、数据来源和质量评估方面有待提高。针对上述问题，介绍了美国、欧盟和新西兰的有关核算经验。

第四章是"我国地方政府债务的核算改进、总量测算与分析"。在前面分析的基础上，提出从核算主体、核算基础和核算处理三个大方向来改进我国当前地方政府债务核算。基于改进的我国地方政府债务核算框架，以现有的地方政府性债务审计结果为主要数据基础，测算了我国地方政府债务规模。利用测算得到的地方政府债务规模，对财政支出和赤字问题展开了分析，所得到的真实财政支出和赤字比实际公开的结果要大得多。

第五章是"我国地方政府债务风险评价与分析"。首先，对资产负债法和债务警戒线法这两种当前主要的风险评价方法的适用性，进行了深入探讨和分析。其次，基于负债率的方法，分析和比较了我国省际地方政府债务风险，并提出应当使用风险评价结果来分配债务置换额度。最后，对当前最受关注的融资平台风险进行了评价和分析。

第六章是"基于省际数据的债务效应研究"。从各地区投资资金来源和使用平衡的角度，估计了各地区2007—2012年的地方政府债务增量。对地方政府债务的经济增长效应进行了理论分析和实证检验，发现2007—2012年总体上是抑制作用，但2010年以后抑制作用转为促进作用，且东部、中部和西部的作用并未明显分化。在理论分析的基础上，通过实证检验发现我国当前地方政府债务增量对私人投资存在挤出效应，并且挤出效应的大小随着债务规模的膨胀不断增强。另外，检验了地方政府债务对银行发展的影响，发现地方政府债务规模的扩张在促进银行总体贷款增长的同时，也提升了银行不良贷款率。

目 录

1 导 论 ·· 1
第一节 研究背景和意义 ·· 1
第二节 已有相关研究文献综述 ·································· 6
第三节 研究内容安排和主要研究方法 ···························· 21
第四节 本书的创新与不足 ······································ 23

2 地方政府债务核算框架与相关理论基础 ·················· 26
第一节 地方政府债务核算框架构建 ······························ 26
第二节 地方政府债务内涵与核算口径 ···························· 32
第三节 地方政府债务核算计值与衡量 ···························· 51
第四节 地方政府债务数据编制与公布 ···························· 71

3 我国地方政府债务核算现状述评与国外经验 ·············· 83
第一节 我国地方政府债务核算现状 ······························ 83
第二节 我国地方政府债务核算现状评价 ·························· 101

I

目录

　　第三节　国外地方政府债务核算经验 …………………………… 110

4 我国地方政府债务的核算改进、总量测算与分析 …………… **144**
　　第一节　我国地方政府债务核算改进 …………………………… 144
　　第二节　我国地方政府债务规模总量测算 ……………………… 157
　　第三节　真实财政支出和赤字测算与分析 ……………………… 173

5 我国地方政府债务风险评价与分析 …………………………… **193**
　　第一节　当前风险评价主要方法分析 …………………………… 194
　　第二节　基于负债率的省际债务风险评价及应用 ……………… 208
　　第三节　关注地方政府融资平台债务风险 ……………………… 217

6 基于省际数据的债务效应研究 ………………………………… **236**
　　第一节　省际地方政府债务增量数据估算 ……………………… 236
　　第二节　经济增长效应：促进还是抑制 ………………………… 244
　　第三节　私人投资效应：挤出还是挤入 ………………………… 252
　　第四节　银行信贷扩张与风险效应 ……………………………… 261

参考文献 ……………………………………………………………… 272

1 导 论

第一节 研究背景和意义

一、研究背景

目前，我国地方政府债务问题愈发突出，但现有统计体系覆盖不足，无法为债务规模和风险管理提供准确的数据支撑。我国1994年《预算法》第二十八条规定："地方各级预算按照量入为出、收支平衡的原则编制，不列赤字。除法律和国务院另有规定外，地方政府不得发行地方政府债券。"但是，由于地方政府具有强烈的资金需求，它们通过各种形式绕开《预算法》的约束进行举债，最终导致地方政府背负了沉重的债务包袱。

特别是为应对2008年世界金融危机，我国政府实行了包括"4万亿计划"在内的一系列财政刺激政策，由此引爆了地方政府债务规模的迅速扩张。近年来，我国地方政府债务规模和风险问题受到了各界的普遍关注，被认为是制约未来经济持续发展的一大重要隐患，引起了中央政府的高度重视以及国内外学者的担忧与讨论。

当前，我国地方政府债务风险状况仍在持续恶化，未来还将面临更大的压力。一方面，我国目前城市基础设施建设仍处于较低水平，未来城市化和工业化推进需要投入大量资金。1994年财政分权改革之后，财政收入大部分集中到了中央，地方政府财力实际上非常有限。为筹措建设资金，地方政府只能继续举债，短期内我国地方政府债务恶化的趋势将难以逆转。另一方面，现在地方政府举债模式很不规范，融资过程及管理体系很不健全。我国地方政府融资很大部分是借助融资平台公司进行的，由于其制度不完善、责任主体不清晰、操作程序不规范、信息不透明、资金主要来自银行贷款等，地方性债务已经对地方政府和银行等造成了巨大的风险。我国尚未建立起地方政府财政与融资信息披露机制，虽然审计署每年都会对地方政府性债务状况进行审计，但是整个体系仍然很不完善，外界很难对地方政府的许多融资行为，如融资规模、方式和渠道等，进行控制和判断，也难以对地方政府融资风险做出准确评估。特别是，我国目前地方政府债务统计体系和核算制度仍处于缺失状态。迄今为止，我国地方政府债务的具体规模还是一个未解之谜，债务统计制度的缺失导致大量隐性债务和或有债务难以被中央政府监管，这对地方政府债务相关管理工作的实施十分不利。

近年来，虽然我国已做出了一些弥补工作，但仍存在诸多问题及不足。为了摸清地方政府债务规模，弥补统计数据缺失对债务管理支撑的不足，我国先后组织了多次全国地方政府性债务全面审计活动。审计署2011年第35号审计结果公告显示，截至2010年年底，全国地方政府性债务余额为107174.91亿元，2009年债务规模增长率高达61.92%；而2013年第32号审计结果公告显示，截至2013年6月底，地方政府性债务三类规模总量达到了178908.66亿元，在短短两年半时间里，各类债务余额总量增长了66.93%[①]。针对我国地方政府性债务审计结果，许多学者认为其难以准确反映我国真实的地方政府债务规模。这主要是因为我国地方政府性债务审计无论是在债务主体、分类和口径等的界定上，还是在实际审计过程中数据收集等的处理上，都存在诸多问题与不足。我国当前地方政府性债务审计数据既不能很好地与当前政府财政收支及其他相关统计结果衔接，也难以满足政府债务数据质量的国际通用标准要求。

总体来看，我国地方政府债务统计核算问题尚未得到全面系统的探讨。当前，我国地方政府债务研究大都集中在对债务成因、债务可持续性、债务风险评价与管理等问题的探讨上。除部分学者从会计学角度对地方政府债务核算的确定、计量和报告等问题进行研究外，几乎没有学者从统计角度对此进行更为全面的研究。地方政府债务核算是一个综合性的复合问题，既涉及财政、金融、保险等多个领域，又涉及统计学、会计学、经济学、公共管理学、精算学等多门学科。因此，全方位地考察我国地方政府债务核算问题，以建立一整套适合我国现实国情的地方政府债务统计体系，是十分紧迫和必要的。

除了构建我国地方政府债务核算体系，进一步强化债务统计结果的准确性外，与我国地方政府债务密切相关的诸多现实问题也很具有研究的必要性。一是地方政府债务真实规模及相关统计指标问题。尽管我国已开展了数次地方政府性债务规模的审计活动，但是债务规模的准确性有待讨论。另外，与之密切关联的我国政府负债率、赤字以及财政支出指标也都需要在此逻辑下重构。二是我国地方政府债务的经济效应问题。由于统计数据方面的欠缺，导致对我国地方政府债务与经济增长、私人投资以及银行区域发展之间数量关系的研究较少，而这些探讨都是非常有必要和有意义的。三是我国地方政府债务风险及管控问题。地方政府债务风险的评价，特别是融资平台债务风险的状况，值得重点关注。

---

① 这里增长率的计算并未考虑两次地方政府性债务审计口径的变化。

总体来看，我国地方政府债务是当前的热点话题，也是我国政府在未来数十年需要直面和解决的主要难题。近年来，虽然涌现出了大量相关的研究，但对地方政府债务核算的研究和探讨还不够充分。因此，本书围绕地方政府债务的核算及相关现实问题进行研究，不仅贴合时代背景，而且具有理论价值。

二、研究意义

本书研究的意义主要体现在两个方面，即理论意义和现实意义。

1. 理论意义——为诸多相关研究提供理论支撑

本书可以为地方政府债务核算研究提供理论支撑，为地方政府财政统计和预算管理研究提供理论支撑，为政府资产负债表的编制研究提供理论支撑。

（1）为地方政府债务核算研究提供理论支撑。本书将从理论上构建地方政府债务核算框架，并对核算中存在的主要问题进行分析，如地方政府债务内涵与核算口径、地方政府债务核算计值与衡量、地方政府债务数据编制与公布等，从而为我国地方政府债务核算研究提供理论支撑。

（2）为地方政府财政统计和预算管理研究提供理论支撑。地方政府债务是地方政府财政的重要组成部分，本书全面研究地方政府债务核算、风险以及经济效应等问题，能够进一步为地方政府财政统计以及预算管理研究提供扎实的理论支撑。

（3）为政府资产负债表的编制研究提供理论支撑。我国目前正在推进政府资产负债表建设工作，并已经在一些地区开启了试编工作。地方政府债务作为政府资产负债表的主要构成项目，全方位地研究地方政府债务核算理论问题，能够为政府资产负债表的编制研究提供理论上的支撑。

2. 现实意义——帮助认清诸多现实问题

本书可以帮助认清以下诸多现实问题：

（1）我国地方政府债务规模和结构。规模和结构数据是研究一切地方政府债务实际问题的关键所在。进行地方政府债务核算，就是为了能够深入和准确掌握我国地方政府债务规模和结构的相关统计情况。我国虽然进行了数次地方政府性债务审计，尝试摸清债务总体规模和结构，但是该审计制度和过程并不规范，审计结果受到了多方质疑。本书试图更为全面地分析地方政府债务核算的有关问题，并尝试基于国外有关经验和我国具体实践提出改进建议，在此基础上结合现有数据测算的结果相对会更加合理。

（2）与地方政府债务相关的一系列经济指标。地方政府债务数据准确与否，直接影响到其他一系列经济指标的真实性。例如，负债率、赤字率以及财政支出等指标在实际中都具有重要意义，而不够准确的地方政府债务规模在扭曲这些指标真实值的同时，也将影响到实际政策的制定和实施。以赤字率指标为例，我国过去和目前政府公开的财政赤字和赤字率指标都只包括了公开发行的国债数量，地方政府以各种形式发行的债务（中央代发除外）都没有包括在内，这使得我国真实的财政赤字和赤字率都明显偏小。本书对地方政府债务规模的测算有助于确定与之相关的一系列经济指标的真实值。

（3）当前地方政府债务风险状况。对地方政府债务规模和结构问题研究的主要目的，在于判断和防范地方政府债务风险。债务风险问题历来比较复杂，大部分人对其有一种天然的畏惧，实则风险无处不在。我国地方政府债务风险有多大，是否可能演变成债务危机，这才是最值得关注和重视的问题。当前大部分专家和学者认为我国地方政府债务风险总体上是可控的，但这一判断建立在地方政府性债务审计结果的基础之上，并不够准确。基于改进后的我国地方政府债务核算体系，测算出我国地方政府债务规模，有助于对我国地方政府债务风险进行更为清晰和准确的判断。

（4）地方政府债务的各种经济效应。除了应关注我国地方政府债务本身的风险之外，还应当重点关注其对经济各方面可能产生的影响，也就是各种经济效应问题。经济效应影响面和范围甚广，涉及经济增长、消费、私人投资以及银行发展等。过去我国地方政府债务数据比较缺乏，相关研究更多地是停留在理论层面上,实证方面的研究相对较为匮乏。本书从核算的角度入手,测算出地方政府债务的省际增量规模,并将其应用到对各种经济效应问题的分析之中。

综上所述,本书无论在理论层面还是在实践应用层面,都将产生一定程度的影响和作用,并且从紧迫性来看,进一步的深入全面研究也是刻不容缓的。

第二节 已有相关研究文献综述

本书将从三个方面进行文献综述:一是地方政府债务主要理论;二是地方政府债务核算;三是地方政府债务风险。

一、地方政府债务主要理论研究综述

地方政府债务是公债的一个重要组成部分,因此,有关公债的许多理论也是适合地方政府债务的。从历史发展来看,不同学派对公债的观点有所不同,并据此形成了两大类理论:一是西方古典公债理论;二是西方现代公债理论。围绕着两类公债理论,人们进行了一系列的研究。我国公债的理论和实践都起步较晚,还没有形成系统的公债理论体系(史锦华,2011)。

1. 西方古典公债理论综述[①]

古典公债理论对公债持否定态度(彭志远,2003),也就是"公债有害论"。该理论认为公债会挤压私人投资,会对经济增长产生负面作用,因此主张避免赤字、保持财政收支平衡,政府应通过征税而不是发债来筹资。西方古典公债理论的著名代表人物有大卫·休谟、亚当·斯密、大卫·李嘉图、让·巴蒂斯特·萨伊以及约翰·斯图亚特·穆勒等。

休谟公开反对发行国债,他曾在1752年首次刊行的政治论文《论公

[①] 借鉴和参考了史锦华(2011)的相关整理内容。

共信用》中提出了令人惊讶的判断——"国家不消灭公债，公债必消灭国家，两者必有其一"。休谟反对公债主要是因为，他认为公债带有纸币流通的性质，会引起粮食和劳动价格上涨；公债利息的支付需要征税，从而增加劳动者负担；公债券掌握在以食利为生的资本拥有者手中，鼓励了无所作为的寄生生活；公债券若为外国持有，会使国家变成外国的附庸。

斯密也公开反对公债，其在1776年发表的开创性著作《国富论》中，专门对有关问题进行了详细论述。斯密关于公债的一些观点，如今看来仍然有十分深刻的意义。如政府预见到了借款的便利，就会放弃节省的责任；而如果预见借钱不太可能，就会增强其节约的自然倾向。斯密也同意休谟的观点，认为如果继续保持当时的债务增速，巨额负债将有可能毁灭这些欧洲国家。总体来说，斯密反对公债的原因主要有四个：一是公债会把稀缺资本从投资领域转移到非生产性的消费领域；二是公债发行容易助长政府的奢侈风气；三是支付公债利息的征税会损害土地和工业部门；四是政府高水平的债务负担会导致一系列不利影响。

李嘉图也是倾向于政府应通过征税而不是发债来筹资。李嘉图在其1817年出版的《政治经济学及赋税定理》中，提出了著名的李嘉图等价定理，即无论是征税还是发债，既不会影响居民消费，也不会影响资本形成，两者效果是等价的。但是，李嘉图等价定理仅仅表明征税和举债融资的短期经济效应具有一致性，长期来看，公债仍然会对国家经济活动产生多方面的危害。公共支出在李嘉图看来都是非生产性的（施建生，2012），而发债资金来源于生产性的行业，公共支出经费筹措的最好方式应当是课征同额税赋，在意外支出（如战争）时也应当征税而不是举债。李嘉图还认为，为支付公债利息而征收的高额税收会促使资本外逃，抑制私人部门劳动和投资的积极性，还会减少后代人的资本存量。

萨伊的公债理论观点与斯密基本一致，也是坚决反对财政赤字和政府举债。萨伊同斯密和李嘉图一样，也认为公债会侵蚀商业资本，债务付息会给国家造成负担，并且会使政府更具危害性。萨伊提出，如果政府感觉自身具备很强的举债能力，它会对一切有关的政治问题都想过问并提出庞大的计划，这些计划有时招致耻辱，有时招致光荣，但总会使其陷入财政枯竭的状态。萨伊反对"公债只是右手欠左手的债，不会损害身体"的说法，他认为公债的本金会随着借债而来的消费把资本消灭，不能再用于产生收入，这笔本金作为资本收入被剥夺了。

穆勒的公债理论思想主要是在代表作《政治经济学原理》中论述的，其观点更为折中。穆勒认同公债是来自资本的借款，应当限制公债发行，节约财政支出资金。但是，他也认为在有过剩闲置资本的前提下，政府可以通过发债来进行非命令式的政府干预，不过举债资金必须是来自国外或者国内不用于生产的资本。对于公债是否有危害，他提出应以市场利率升降作为检验标准，即公债发行如果会刺激市场利率上升，那么其对国民经济增长就是负效率的，也就是具有危害。

2. 西方现代公债理论综述

随着资本主义的发展，尤其是1929—1933年经济大危机的爆发，自由资本主义时代的古典公债理论越来越遭受严重挑战。自由放任的财政政策开始向政府干预方向发展，随之经济学家对公债理论也逐渐由否定转向肯定，古典公债理论下的"公债有害论"开始向现代公债理论下的"公债有益论"等进化。西方现代公债理论的代表人物主要包括约翰·梅纳德·凯恩斯、詹姆斯·麦吉尔·布坎南、阿尔汗·汉森以及保罗·萨缪尔森等。

凯恩斯的公债理论思想对以往的"公债有害论"进行了颠覆，在其1936年出版的经典著作《就业、利息和货币通论》中对此有详细论述。凯恩斯的公债理论是以有效需求为逻辑起点的，只要有效需求（消费需求和投资需求）是不足的，财政预算不管是否平衡，发行公债都是有益无害的。在凯恩斯看来，当有效需求不足时，通过公债所筹经费无论用于非生产性消费支出还是生产性资本支出，都可以扩大需求并拉动经济增长，因此公债是政府刺激经济需求、摆脱经济危机的重要手段。凯恩斯对公债偿还问题的理解也十分独特，他认为公债虽然规定了预期的偿还时间、金额以及偿还方式，但是只要国家没有消亡，公债政策仍被使用，公债就不会也没有必要偿还。

布坎南是公共选择学派的领袖，他认为公债在特定情况下是具有合理性的，但也旗帜鲜明地反对凯恩斯的赤字财政观点。布坎南认为，举借公债的合理性取决于支出的预期生产力和预期收益的时间模型。公债若用于能产生长期利益的公共工程等资本项目，则是合理的；若用于消费型支出或转移支付，则会损坏国民资本价值。布坎南反对凯恩斯的公债有益无害论，他认为：首先，公债会扩大在权衡公共预算决策时成本和收益两方面可能产生的不一致，会导致公债规模膨胀；其次，公债会使人产生财政幻觉，容易导致更希望通过公债而不是税收来筹集项目资金；最后，公债筹集最终还本付息的实际成本会造成债务负担的代际转移，由未来一代人承担，而并不是不需要偿还。

汉森进一步发展了凯恩斯的国家干预理论和公债理论。对于公债偿还，汉森认为内债无须真正偿还，可以通过借新还旧来解决偿还问题，并且公债偿还并不会削弱国家的购买力，仅是纳税人向公债持有者的转移支付。关于公债的负面作用，汉森认为公债可能但并不一定能引发通货膨胀。只要公债负担率保持在合理水平，就不会受到财政危机的威胁，而合理的公债负担率往往要比人们公认的合理水平要大。汉森还认为，公债发行应当与经济波动相适应，经济衰退期应当实行财政赤字政策、发行公债，经济繁荣期则应当减少赤字、削减部分公债。

萨缪尔森进一步继承和发展了凯恩斯的公债理论，并且提出在经济上行时期也应当推行赤字政策。对于公债的作用，萨缪尔森认为除了弥补财政赤字外，还可以直接影响人们的消费和投资，以及为中央银行公开市场业务提供更为广阔的空间。萨缪尔森还认为，内债和外债不能一概而论，外债还本付息会减少本国国民收入，会成为国家的真正负担。但是，如果举借内债进行投资，则会增加资本存量，不仅不是负担反而是有益的，只有为了消费发行的公债才会构成负担。

除上述现代公债理论外，还形成了其他一些代表性学派，它们对公债也有自己的认识。例如，公共选择学派反对大规模发行公债，提出"通过明确地确立财政账户收支双方的平衡原则"来限制政府规模的扩张。货币学派明确反对任何形式的干预,认为除了货币之外政府都不用管,而通过发债创造有效需求会导致货币供应增加,从而引发通货膨胀。理性预期学派的观点相较货币学派更加自由,认为政府应当长期不变地坚持预算平衡的财政政策,反对任何形式的国家干预。

3. 总结与评述

结合西方古典公债理论和西方现代公债理论,目前基本形成的共识是适度规模的公债能够促进经济稳定发展。这也为我国地方政府债务存在的合理性提供了理论上的支撑。但是,各种公债理论尚未对公债的作用形成统一认识,尤其是对公债发行效果的争论一直持续着。从公债理论的发展来看,学术界对公债的认识不断加强,对公债的研究角度也逐步多元化。因此,对于我国地方政府债务的研究也应当更为客观和全面,并积极探索其规模增长的各种正面或负面效果。

但是,应该清楚地认识到,公债理论都有其前提假设,没有任何一种既定理论是具有普适性的。上述公债理论在用于当前我国地方政府债务的实际情况研究时,既有其合理的一面,也有一定的局限性。只有综合我国实际情况以及有关前提假设,才能更加接近我国地方政府债务问题的本质。

二、地方政府债务核算有关研究综述

地方政府债务核算是本书研究的主体部分,核算的主要目的是对债务规模和结构进行量化,并以此作为其他研究的基础和前提。这里将从国外和国内两个方面分别对已有研究进行回顾和评述。

1. 国外相关研究综述

国外政府债务核算方面的研究可以分为两部分:一是政府债务统计的相关手册,为政府债务核算实践提供了具体指导;二是国外学者在此方面的一些研究。

(1) 国外债务统计手册介绍。国际上,政府债务统计手册主要有《公共部门债务统计：编制者与使用者指南（2011）》（以下简称 PSDS2011）和《政府财政统计手册 2014》（以下简称 GFSM2014），这两个手册构建了政府债务统计的整体框架。在国家或地区层面，比较有代表性的政府债务统计手册是《政府赤字和债务手册 2014》（以下简称 MGDD2014），这是欧盟国家政府进行债务统计核算的主要手册。

PSDS2011 对公共部门债务统计的概念、框架等进行了详细介绍，包括债务定义、机构部门分类、债务工具等。由于地方政府属于公共部门的一个部分，因而在研究地方政府债务核算问题时，有许多方面都能够借鉴。这些问题具体将在后文详细介绍，这里就不再展开。GFSM2014 与 PSDS2011 在原理方面是一致的，它也对政府负债的定义、计值、分类等问题进行了界定，这是各类国际手册在内容上追求与《2008 国民账户体系》（以下简称 SNA2008）统一和协调的重要表现。

MGDD2014 与上述两大手册有所不同，虽然也界定了与上述一致的政府债务内容，但是针对欧盟国家的特殊情形，特别是依据《欧洲联盟条约》中的过度赤字程序（EDP）界定了"马债"[①]。"马债"的债务工具内容和计值方法与前面两大手册以及 SNA2008 都有所不同，后文将对此进行具体介绍。

（2）Hana 等国外学者对政府债务核算等做了许多开创性的工作。国外对政府债务的研究并非一蹴而就，也是经历了一个认识不断加深和丰富的过程，并最终形成了现在比较成熟的债务统计手册。

1）政府债务的内涵。对政府债务内涵的认识，是进行政府债务核算的理论前提。政府债务的内涵具有狭义和广义之分，狭义的政府债务就是通常所说的显性债务。普林斯顿大学 Rosen 教授在 1992 年就已经认识到，政府债务除显性债务[②]外，还有大量隐性债务，这些隐性债务一旦显性化，将对当前和后代政府负担产生重要作用。Hana（1998）不仅考虑政府债务

---

① "马债"是指《马斯特里赫特条约》中所界定的政府债务。
② 显性债务是由特定法律或合同确认的政府债务；隐性债务是指政府道义上的责任，主要反映公众预期以及利益集团压力。

形成是否具备法律规定或合同约定，还从债务的计量角度考虑了政府债务发生的可能性，提出将政府债务分为显性债务与隐性债务、直接债务与或有债务，从而形成了政府债务矩阵，最终成为分析政府债务风险等问题的经典框架。

此后，关于政府或有债务内涵的研究得到了进一步深入。世界银行的两位专家 Easterly 和 Yuravlivker 在 2002 年发现，如果不将或有债务和隐性债务的存在与变化纳入负债中，而直接对政府财政可持续状况进行评估，是具有很强局限性的。国家在转型时期，政府的或有隐性负债将远远大于或有显性负债（Cebotari，2005）。Cebotari 等（2008）认为，各种类型的或有负债是财政风险的重要来源，而或有负债可能来源于银行危机、自然灾害、国有企业的损失和债务、法律规定、政府担保、中央政府对下级政府的援助、公私合营项目等。可见，在研究政府债务的内涵时，必须综合考虑各类或有债务。

2）政府债务核算。政府债务核算涉及多方面内容，核算中的难点是政府或有债务核算。政府担保债务的形成，过去常与其追求的政治目标紧密联系在一起，这些目标包括保护银行储户、促进出口和国内企业对外投资、扶持状况不佳的工业部门，以及对陷入财务困境的公司进行救助；而现在主要是通过政府担保来支持私人部门基础设施建设项目的融资，这在发展中国家更为常见（Mody 和 Patro，1996）。Irwin（2007）认为，对政府担保债务的成本进行计量和测算能够使政府更好地选择是否承担风险，是政府风险管理的一部分，尤其是当风险很大时，近似计量和测算往往比什么都不做要好得多。

显性或有债务的衡量方法也经历了由简单到复杂的过程，简单的方法有风险概率法和市场价值法，而较为复杂的方法包括期权定价法和仿真模型法等。Merton 在期权定价法方面做出了很多开创性的贡献。Merton（1977）认为，国家对企业贷款进行担保，相当于国家对企业的资产发行了看跌期权，这使持有者拥有在期权到期日以贷款票面价值出售这些资产的权利。进一步，Merton（1990）通过 10 家公司 1990 年 5 月 10 日和 8 月

2日债券的无风险价格及其市场价格样本，估算了各类债券所隐含的担保价格。相比期权定价法，仿真模型法通常更为灵活，因为它允许同时考虑更多的影响因素（Cebotari，2008）。蒙特卡罗模拟的仿真模型法常用于政府对基础设施建设项目的担保损失的估算。基建项目融资至关重要，特别是发展中国家资金缺口较大，面临着长期性的金融和经济挑战，而许多基建项目已由过去政府独立融资转变为公私合营，政府为吸引私人资本而主要提供担保支持（Piranfar 和 Masood，2012）。蒙特卡罗模拟方法主要用于评估项目未来的现金流对担保债务的偿还能力，一旦项目现金流的收入少于政府担保值，则需要政府额外支付。政府担保往往被处理为欧式期权或百慕大期权[①]的一种。蒙特卡罗模拟方法在使用时也有所不同。使用实物期权对BOT项目政府担保估值的一般方法，必须在经营期之前确定担保的数量和时间，导致这类静态方法并没有充分利用信息并且对风险覆盖不足，而混合最小二乘蒙特卡罗模拟方法能够使BOT[②]在项目运行阶段更为灵活（Chiara等，2007）。

总体来说，对政府债务内涵的认识以及计值衡量方法都经历了由简单到复杂的过程。对于我国地方政府债务核算，无论是其核算口径还是计值衡量方法，都应该结合我国实践，选择出最为合适的方案。

2. 国内相关研究综述

国内专门针对中国地方政府债务核算问题的研究较少，研究内容也较为分散，总体来看可以概括为两个方面：一是会计角度的地方政府债务核算；二是统计角度的地方政府债务核算。

（1）会计角度的地方政府债务核算。国内学者早就意识到了通过会计体系来披露政府债务信息的重要性。楼继伟（2003）曾明确提出，及时反映政府负债以防范财政风险，是我国政府预算会计未来改革的重要目的。

[①] 欧式期权是仅在合约到期日才能被执行；百慕大期权可以在到期日前所规定的一系列时间行权。

[②] BOT 是 Build-Operate-Transfer 的缩写，意为建设—经营—转让，是私营企业参与基础设施建设，向社会提供公共服务的一种方式。

刘玉廷（2004）认为，政府会计系统需要为投资者以及纳税人等提供债务的有关信息，并且应当能够用于监控财政资金的使用、加强政府自身资产和负债管理。王雍君（2004）指出，如果政府会计系统不能提供全部债务信息，可能会低估财政风险并造成巨大损失。

针对我国地方政府债务的会计核算基础，项怀诚和楼继伟（2003）、楼继伟（2003）、陆建桥（2004）以及娄洪（2008）等都认为我国现行的收入实现制用于政府会计存在诸多不足，并认为应当引入权责发生制来记录隐性债务，以更加全面和准确地反映政府债务的实际规模与财政风险。孙芳城、欧理平和孔庆林（2004）则认为，在过渡阶段可以通过辅助类账户来实现改良的收付实现制，并最终实现由收付实现制向权责发生制的转变。

针对我国地方政府债务核算，陈均平（2010）从确认、计量与报告等方面，全方位地探讨了我国地方政府债务的相关会计问题。他认为，目前核算的范围以及报告的内容都有所不足，主要表现为没有完整核算直接显性债务、没有核算和报告直接隐性债务以及没有披露或有显性债务三个方面。杨亚军、杨兴龙和孙芳城（2013）从风险管理角度入手，试图设计一套立足于风险管理的地方政府债务会计系统。对此，他们对我国地方政府债务的核算范围、各种债务的计量等进行了详细论述。朱久霞、李宜轩和高妍（2014）从当前我国地方政府债务核算的现状入手，针对债务核算信息不准确、不真实和不规范等问题，认为应当改革已有核算方法和内容，增加资产负债表的附注内容以及公开债务信息。

（2）统计角度的地方政府债务核算。在债务范围及构成内容方面，刘尚希等（2012）对我国地方政府债务统计口径进行了考察，认为我国地方政府债务主要是指各级地方政府及其所属部门和机构承担的债务。考虑到或有债务和隐性债务的因素，该口径大于 PSDS2011 中政府债务的统计口径，但是小于公共部门债务统计口径。

在地方政府债务分类方面，大部分都是参考 Hana（1998）的分类方式，构建了中国地方政府债务分类矩阵。田蓉（2013）对中国政府债务重新分类进行了有益尝试,从政府负债信息披露的角度将政府负债分为政府债务、政府准备和政府或有负债三类。此外,国务院办公厅于2011年2月13日发布的《地方政府性债务审计工作方案》中,依据政府是否负有直接偿还责任,将地方政府债务分为政府负有偿还责任的债务、政府负有担保责任的债务以及其他相关债务三类。

在地方政府债务的计值衡量方面,刘溶沧和赵志耘(2003)对地方政府或有债务的衡量方法进行了全面介绍,包括风险概率法、仿真模型、或有权益分析模型等。郭敏华(2012)提出使用风险价值(VAR)方法,对政府担保债务进行计值,并提出使用保险精算模型对社会养老金缺口隐性负债大小进行计值。

整体来看,国内对于地方政府债务核算的研究,无论是从会计角度还是从统计角度,都尚未形成全面统一的核算框架,这也是本书需要重点研究和解决的问题。

三、地方政府债务风险相关研究综述

地方政府债务风险是一个各方都十分关注的问题。风险问题看似简单,实则十分复杂。目前来看,国内外对地方政府债务风险的许多问题都尚未形成统一认识(缪小林和伏润民,2013)。下文将从国内外两个方面,对已有的地方政府债务风险研究进行综述。

1. 国外相关研究综述

国外对地方政府债务风险问题的研究所经历的时期相对较长,研究成果较国内更为丰富。这里主要从高水平政府债务的不良影响、政府债务的可持续性等方面进行综述。

(1)高水平政府债务的不良影响。从公债理论可以看出,一定程度的政府债务能够促进经济增长,但债务超过一定界线将不利于经济增长。Reinhart 和 Rogoff(2010)的研究发现,政府债务占 GDP 比重超过 90% 的国家,其经济增长率低于其他国家。这一研究说明了政府债务存在阈值,当政府债务高于某临界点时,政府债务将对经济增长起到抑制作用。

Cecchetti 等（2011）的研究也发现，当政府债务超过 96% 后，政府债务会拖累经济增长，同时他们认为具有高水平政府债务的国家必须迅速果断地采取行动，以解决财政问题。可见，高水平政府债务不仅会影响到经济增长，还会引发各种财政问题。

高水平政府债务会对财政政策的有效性产生不利影响。Leeper（1991）的研究发现，积极的财政政策对家庭具有财富效应，从而会对私营经济产生扩张性作用。但是，Ko（2015）进一步在考虑政府债务水平的情况下对财政政策的效果进行了研究，发现当政府债务水平很高时，财政政策几乎不会产生作用。Ko 和 Morita（2013）的研究也发现，在高水平债务背景下继续实施积极财政政策，有可能会对经济产生破坏作用。

高水平政府债务还会对银行体系产生诸多不良影响。BIS（2011）列举了主权信用恶化可能对银行体系产生不良影响的四个渠道：一是银行持有的主权债务对银行的资产有负面影响；二是更高的主权风险降低了用于融资的抵押品的价值；三是国家主权信用恶化会导致银行信用评级下调；四是主权风险的增加会降低隐性或显性的政府担保的价值。Mody 和 Sandri（2012）认为，国内主权利差反映了国民银行账户的脆弱性，这种状况在高负债率国家尤为严重。Merler 和 Pisani-Ferry（2012）的研究则显示，银行资产规模与政府税收收入之间存在高度相关，银行系统中的小问题都有可能成为影响政府偿付能力的因素。

（2）政府债务的可持续性。国外学者对政府债务的可持续性从多个角度进行了研究，但很少结合起来进行综合考虑。从维持平衡的角度来看，政府债务可持续是指在未来任何一个时期都能够实现经济同步增长并保持财政收支平衡的债务状态。Blanchard 和 Diamond（1990）、Makin（2005）、Budina 和 Van Wijnbergen（2009）以及 Buiter（2009）都认为，如果不能控制债务规模，则长期内无法实现收支平衡，债务负担将不断增加，最终导致债务规模不可持续。

从筹资能力的角度来看，只要政府还可以举借到新的债务，那么所负担的政府债务就都具有可持续性。Buiter（2002）和 Bajo-Rubio 等（2010）

的研究都认为，只要政府能够继续举债融资，以保证其偿付能力，则此时政府债务就是可持续的。Milesi-Ferretti 和 Razin（1996）在分析美国经常账户赤字问题时认为，如果外国投资者预期借款人将无法偿付贷款时，则政府从国外市场融资将被拒绝或成本加倍，进一步恶化政府外债的偿还能力，此时的政府债务将是不可持续的。

从偿债能力的角度来看，只要政府能够在未来如期偿还债务，不发生债务违约事件，所举借的债务就具有可持续性。Wilcox（1989）从信贷约束的角度认为，为实现政府职能，偶然的冲击会迫使政府产生一系列短暂性的债务和赤字，当赤字水平满足净现值预算约束时，此时的债务是可控的，而不满足净现值预算约束的永久性债务是不可持续的。Condon 等（1990）认为，如果一个国家的债务水平占国内 GDP、财政收入和出口总额的比重不再增长时，那么政府将有主动偿债意愿，此时的举债是有效的、可持续的。Geithner（2002）认为，债务可持续性指的是一种状态，在这种状态下，借款人有能力偿还其债务而无须对其未来的收支平衡表进行重大调整。Greiner 等（2007）指出，传统"以债养债"的思想忽视了经济的动态有效性，在有效市场经济中，政府债务只有满足现值预算约束才能实现长期可持续性。

2. 国内相关研究综述

国内学者对地方政府债务风险问题的研究起步较晚，这主要是因为在 1994 年分税制改革之前，中国地方政府举债的行为非常少（金荣学、宋菲菲和周春英，2014），直到 1997 年亚洲金融危机爆发以及中国积极的财政政策实施之后，我国地方政府融资平台进入快速推进阶段（杨灿明和鲁元平，2013），地方政府债务风险问题才逐渐浮出水面。国内学者对地方政府债务风险的研究，归结起来主要有下述四个方面。

（1）地方政府债务的风险内涵和危害。对于地方政府债务风险的内涵，主要有三类理解：一是无法偿还到期债务引发的风险（马海涛和吕强，2004；江俊龙、邹香和狄运中，2011）。二是由各种不确定性引发的系列问题（郭琳和樊丽明，2001；于海峰和崔迪，2010；高英慧和高雷阜，

2013）。三是债务超常扩张引发的不良效应。例如，李茂媛（2012）认为，地方政府债务风险来源于债务规模的急剧扩张，会影响财政和金融运行，并对地方经济发展产生负面效应。缪小林和伏润民（2013）将地方政府债务风险理解为债务形成危害预期的超常规增长，这种危害除了会对自身财政运行产生影响外，还表现为通过风险传导机制对中央财政、金融系统和经济运行造成破坏。

对于地方政府债务风险的危害，于海峰和崔迪（2010）认为，地方政府债务的存在和不断膨胀，对财政运行、国民经济和社会稳定具有十分消极的影响，容易诱发各种经济社会危机。邱晶鑫（2010）也认为，地方债务风险不断膨胀给社会经济的发展带来了一系列问题，最终会制约地方政府职能的灵活发挥，损害债权人利益及政府公信力，造成地方政府财政的非理性支出。顾宁（2011）则认为，债务风险不但会在地方层面积聚，还会沿着财政链条纵向传导至中央政府，沿着金融链条横向传导至金融体系，从而威胁整个国家的经济安全。持类似观点的还有黄国桥和徐永胜（2011）、缪小林和伏润民（2013）。

（2）中国地方政府债务的可持续性。国内学者较早开始对地方政府债务的可持续性展开了研究，取得了不少研究成果。针对政府债务可持续性评价，马拴友（2001）认为主要有两种方法：一是利用评估公共部门偿债能力的会计方法，测算可持续赤字水平，如果基本赤字的实际值低于可持续值，则财政政策就是可持续的；另一种是按照新古典偿债能力法，检验公共债务的非蓬齐博弈条件（no-ponzi-game），或检验政府是否满足现值借款约束条件。季军（2013）则进一步总结了从可持续性角度来量化地方政府债务风险的四种方法：一是直接使用反映宏观经济和债务情况的指标进行安全性分析；二是从政府显性和隐性或有债务的角度进行分析；三是基于地方政府资产收入与债务支出进行资产负债分析；四是从地方政府跨期预算约束角度对政府债务可持续性进行分析。

其他一些对我国地方政府债务可持续性实际状况的考察研究主要有：

洪源和李礼（2006）运用资产负债框架对我国地方政府债务可持续性现状进行了初步的静态评估，构建了政府债务可持续性动态模型，分析了实现政府债务可持续性应满足的条件。伏润民、王卫昆和缪小林（2008）基于当期平衡思想，通过比较当期地方政府的机动财力与应还本付息额，来确定地方政府债务是否处于可持续性规模状态。研究发现，当年可持续性债务的最大规模取决于下一年机动财力的大小，同时也受偿还期限、平均债务利率、剩余债务余额的影响。刘立峰（2009）基于偿还的视角，使用机动财力、机动财力增长率、利息率、债务平均偿还年限构建了地方政府最大债务规模模型，这将债务的期限结构和成本纳入了分析当中。

（3）中国地方政府债务风险评价。对地方政府债务风险的评价有多种方法，包括单指标法、资产负债法以及综合评价法。单指标法相对较为简单，主要通过负债率、债务率等指标，一般借助债务风险临界线的国家标准来判断债务风险。资产负债法则主要比较资产和负债规模来分析债务风险，如马骏和张晓蓉（2013）、李扬等（2013）以及汤林闽（2014）等的研究。综合评价法则主要是通过建立指标体系，采取合适的方法对指标进行赋权，来评价和比较地方政府债务风险。当前对我国地方政府债务风险进行综合评价的研究非常多，如王晓光和高淑东（2005）、谢虹（2007）、考燕鸣等（2009）以及洪源和刘兴琳（2012）等的研究。但是，由于现阶段我国地方政府债务相关数据并不全面，这些研究大部分停留于理论上评价指标体系的构建以及赋权方法的选择与比较。虽然有一些方法使用了某个特定地区的数据进行实证分析，但由于目前仅公布了一次各地区地方政府性债务数据，专门进行省际风险比较的研究仍然非常少。

（4）中国地方政府债务风险防范。针对我国地方政府债务风险，国内许多学者从不同方面提出了一些风险管理和防范建议，主要可以归纳为债务管理体系建设以及其他改革实践策略。债务管理体系建设包括诸多内容，如牟放（2008）认为管理体系应包括以下内容：适度赋予地方政府举债权、预算管理制度、偿债基金管理制度、地方政府债务风险防范机制以及地方政府债务信息披露制度等。李蔚和王素青（2006）认为，应该建立有效的债务风险预警机制、中央和地方债务风险联合监管体系以及地方债务风险应急处理体系，从而将地方债务规模控制在安全范围内。韩增华（2011）认为，应当引入中期预算框架，实现地方政府债务风险的中长期预算管理与控制。

其他改革实践策略也包括多方面举措。例如，李显杰（2009）提出，加强地方政府债务风险管理可以从以下几个方面展开：一是合理划分中央与地方的财权和事权，积极发挥转移支付的功效；二是努力构建政府债务管理的良性循环机制，降低偿还风险；三是实行以权责发生制为基础的资产负债管理模式，加强信息披露。杨灿明和鲁元平（2013）提出，要防范当前地方政府债务风险，从治标角度看，应当赋予地方政府自主发债权，将平台贷转至政策性银行，将部分国有资产出售或证券化，引入社会和民间资金，建立地方政府债务风险防范与管理机制；从治本角度看，应当遏制未来体制性冲动，完善财政体制，深化行政体制改革，切实转变政府职能，避免短期行为，加快地方债相关法律法规建设。李腊生、耿晓媛和郑杰（2013）认为，中央政府在对地方政府债务发行规模进行控制的同时，更要注重地方政府的诚信建设。

综上所述，从地方政府债务风险相关研究来看，高水平的地方政府债务会产生多方面的不利影响，为此应当从可持续性角度来综合研究我国地方政府债务问题。首先，要强化对我国当前地方政府债务经济效应的实证研究，分析当前我国地方政府债务规模是否已经过高；其次，要强化对我国地方政府债务风险评价方面的研究，积极防范地方政府债务危机的爆发；最后，要强化对我国地方政府债务风险防范和综合治理的研究。

第三节 研究内容安排和主要研究方法

一、研究内容结构图

本书题为《我国地方政府债务该怎么核算》，全书内容分为六章，具体内容结构如图1-1所示。

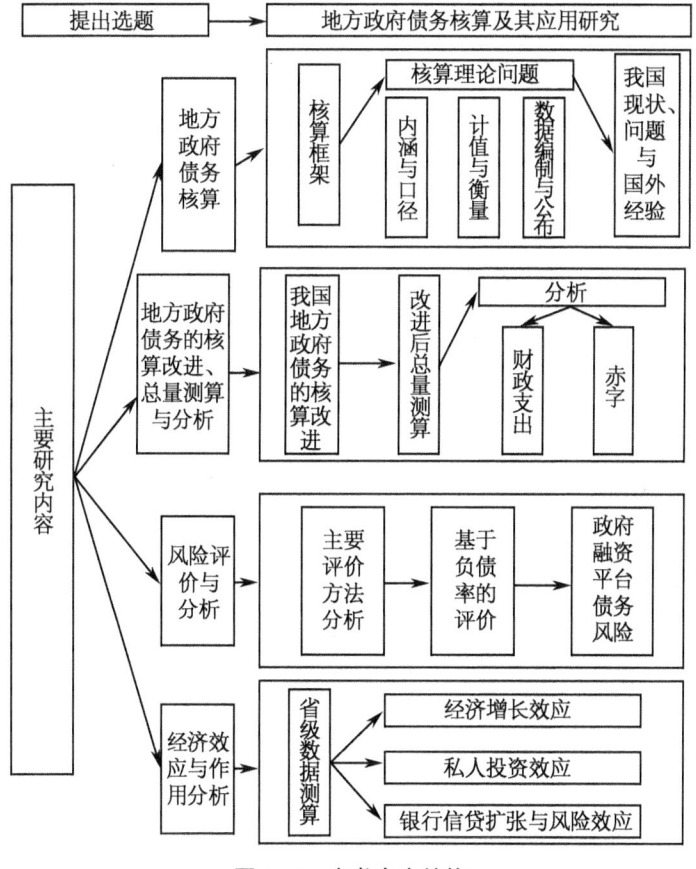

图1-1 本书内容结构

二、主要研究方法

地方政府债务核算及其应用问题十分复杂，是一个多学科、广内容、宽视角的研究课题。为了能够更为系统规范地研究这一问题，本书借鉴和使用了大量研究方法，如在计量模型和方法上使用了回归分析模型、面板模型、空间计量模型、博弈模型等。

（1）理论分析与实践分析相结合。本书有大量理论分析，如地方政府债务有关理论、构建地方政府债务核算涉及的理论问题界定、地方政府债务的经济效应相关理论等，这些理论方法的使用极大地丰富了研究的内容体系。在进行理论分析的同时，本书还进行了诸多实践分析，如分析我国地方政府债务核算的现状与问题、介绍国外核算经验、对我国债务总量和风险进行评价和地区比较等。

（2）定性分析与定量分析相结合。本书通过定性分析方法研究了我国地方政府债务核算现状、问题与改进，基于改进后的核算方法定量测算了我国地方政府债务规模，并应用测算结果分析了财政支出和赤字问题。定性分析了地方政府债务风险有关问题及其评价方法的适用性，并通过负债率、综合评价、博弈论等定量方法进行了测算和评价比较。基于文献以及相关模型，定性分析了政府债务对经济增长、私人投资以及银行发展的影响，进一步定量测算了各地区债务增量，并借助相关计量模型进行了测算和检验。

（3）规范分析与实证分析相结合。一是使用规范分析方法分析了债务的可持续性，并基于真实赤字率实证测算并预测了负债率变化。二是使用规范分析方法分析了基于负债率指标评价省际债务风险的优劣，同时使用有关数据实证测算和检验了这一方法的可行性。三是使用规范分析方法，如博弈模型等，分析了融资平台债务风险，并利用融资平台公司数据，在构建债务风险评价指标体系的基础上，使用主成分分析法、均方差法以及熵值法进行了实证检验和分析。四是通过规范分析方法分析了地方政府债务可能的各种经济效应，并以此为基础，采用面板模型、空间模型等计量方法，实证检验了各个效应的方向和大小。

（4）多处使用比较分析方法。在研究我国地方政府债务核算时，将我国的核算与国际有关标准进行了比较；在对我国地方政府债务核算进行改进时，是建立在国外核算经验比较和借鉴的基础上的；在研究我国政府实际财政支出和赤字规模时，将我国的指标与其他国家的指标进行了比较。本书无论是在对地方政府债务风险进行分析时还是在对各种经济效应进行分析时，都有大量不同地区间的比较、不同时间段的比较等。

第四节 本书的创新与不足

一、本书的创新

本书的创新之处，归纳起来主要集中在以下三个方面：

（1）将我国地方政府债务的主体界定为广义地方政府部门，并提出了我国地方政府债务工具复合分类体系。本书基于地方政府债务核算研究框架，全面地分析了债务核算中的主要问题，介绍了国外的经验和做法，据此对我国债务核算提出了改进建议。我国当前地方政府债务主体并不明确、边界很不清晰，本书在我国的机构分类下，借鉴美国和欧盟的相关原则，界定和讨论了我国广义地方政府部门。同时，在我国最新金融工具分类标准的基础上，提出了我国地方政府债务工具的三级分类标准，并以此对当前我国主要地方政府债务进行了分类。

（2）基于新核算框架对地方政府债务数据进行了补充和估算，利用已有数据分别测算了总量和省际地方政府债务规模。以地方政府性债务审计数据为基础，逐项考察了融资平台银行贷款、各类城投债以及信托融资可能存在的低估，并对此进行了调整。利用各地方政府投资资金收支平衡的原则，即投资支出资金来源于财政支出中的投资、土地出让金净收入以及地方政府举债，通过测算相应变量数据得到了债务增量规模。

（3）基于新的核算数据分析和评价了我国地方政府债务风险问题。本书提出，资产大于负债并不等于债务安全。由于资产端存在风险以及地区间债务和偿债能力存在不均衡性，所以要注意局部债务风险的防控。分析和比较了债务警戒线的适用性，提出应当根据自身实际制定债务警戒线标准，并应当着重关注省、市政府债务警戒线标准的确定。基于发债平台数据分析了融资平台风险，并从风险形成和引爆两方面解析了融资平台风险容易引爆的原因。

二、本书的不足和未来研究展望

我国地方政府债务问题是极其复杂的，涉及多领域和多学科，虽然笔者对此问题有多年的连续跟踪、学习和思考，但是受制于学术背景、知识储备以及实践经验等，难免会在写作过程中存在诸多局限和不足，具体如下：

（1）在测算我国地方政府债务总量时，各种客观原因导致许多或有债务内容未被纳入，并且缺乏有关期限和结构的分类统计结果。本书所测算的我国地方政府债务规模，与实际构建的债务核算口径存在一定出入，这主要是由于数据获取方面的原因。对于救助责任或有负债，本书只测算了未担保公益性举债和地方银行不良贷款，实际上还有其他一些单位的破产清查、地方金融机构不良资产和债务等无法被测算，养老金隐性债务大小也难以被可靠测算。此外，由于缺乏债务利率、期限和结构方面的统计信息，相关债务分类结果也难以得到。

（2）地方政府债务主体为维持和提高自身信用，较少主动对外公开其真实的财务情况，拥有较强的自我保护性，这在客观上决定了关于地方政府债务的实际调研难以开展，而本书中几乎全部资料都来自网络公开信息，据此所得的风险研判结论可能与真实情况存在出入。诸多债务结构、分类、期限、利率等数据，在已有条件下仍然无法获得，也会影响到债务风险分析的深度和广度。例如，由于缺乏地方政府资产规模和结构的数据，导致无法运用资产负债法来分析债务风险，也无法更为合理地确定各地区的债务警戒线。对风险的研究不仅需要分区域考虑，对政府层级以及不同债务主体类型的考虑也是非常必要的，但由于相关数据无法获得，对应的研究也就无法推进。此外，融资平台仅是公布了发债平台相关财务数据，而更多的数据是未公开的，将已公开数据用于分析平台风险问题显然并不是很全面。

（3）利用省际地方政府投资资金收支平衡的原则来倒推债务规模增量，可能会存在不对应的情形。由于在测算时隐含了地方政府投资不足时资金全部由当年举债来弥补的假定，而实际上某一年份的举债可能是分年度投资的，所以会造成投资倒推所得结果与实际举债规模在期限上的不对应。此外，对地方政府投资数量的估算以及使用固定的净收益比率估算土地出让金净收入也可能有一些不对应的情况，从而影响最终测算结果的准确性。但是，由于各地区债务历史数据仅有一次地方政府性债务审计结果，并且现有条件下很难找到其他更优的方法，所以本书通过对现有数据进行一定的修正来测算省际债务规模，虽然存在着上述诸多方面的不足，但仍然具有较高的理论意义和实际应用价值。

（4）由于篇幅限制，地方政府债务的其他经济效应以及诸多相关研究有待进一步深入探讨。本书在研究地方政府债务的经济效应问题时，仅选择了其对经济增长、私人投资、银行信贷的作用进行研究。经济效应其实还包括居民消费、储蓄等，但限于篇幅本书并没有逐一探讨。此外，对地方政府适度债务规模、债务可持续性、债务管理、风险防控实践等方面的问题，本书也没有进一步研究和探讨。实际上，对地方政府主体信用风险、债务管理制度（如举债PPP模式、偿债制度）、养老金隐性债务等实践问题进行研究，不仅必要，而且是十分有意义的。

2

地方政府债务核算框架与相关理论基础

本章对地方政府债务核算框架的构建及相关核算问题进行了探究。地方政府债务核算框架的构建是一个系统性的问题，必须在遵循一些基本原则的基础之上，对债务流量和存量的界定、核算及变动情况进行完整描述。在所构建的核算框架基础上，进一步分析了三方面的问题：一是地方政府债务内涵与核算口径；二是地方政府债务核算计值与衡量；三是地方政府债务数据编制与公布。

第一节 地方政府债务核算框架构建

地方政府债务核算是一个综合性的系统问题，必须从理论上构建出完整的核算分析与研究框架，以期对债务核算实践进行指导。完整的核算框架应当从理论上回答核算什么、核算依据、怎么核算、怎么报告等一系列问题，相应地也就归结到对地方政府债务内涵的理论界定、核算的基本原则、核算的计值方法、数据来源、编制与公布等问题的探讨上。

一、核算框架构建的依据及意义

地方政府债务核算是政府财政统计核算体系中的一个重要部分。构建债务核算框架，并对地方政府债务进行核算的意义不言而喻。地方政府债务核算框架的构建依据主要有两个方面，即宏观依据与微观依据。

（1）宏观层面上，相关统计核算体系是该框架构建的重要依据。目前，涉及债务核算的最新统计核算体系主要包括SNA2008、GFSM2014以及PSDS2011等。①经过半个多世纪的发展，SNA已逐步完善和成熟。SNA2008是一套基于严格的核算规则进行经济活动测度的国际公认标准，不仅提供一段时期内发生的经济活动的有关信息，还提供一定时点上经济体的资产和负债规模。SNA2008中的很多规则，如部门分类、金融资产和负债的估价等，都可以为地方政府债务核算提供重要参考。②GFSM2014是最新的政府财政统计核算国际标准。GFSM2014为政府财政统计核算提供了一整套理论框架，并且较为详细地阐述了负债的相关处理，包括定义、计值和分类等。③PSDS2011以负债总额和净负债总额为重点，为测算和列示公共部门债务统计数据提供了全面指导。PSDS2011与SNA2008、GFSM2014是相协调的，它提供了三个方面的指引，包括：①公共部门债务统计的概念、定义和分类；②数据来源和编制这些数据的技术；③可用来分析这些统计数据的一些分析工具。这些指引为地方政府债务核算框架的构建提供了重要依据。

（2）微观层面上，政府会计制度为该框架的构建提供了有力支撑。《国际公共部门会计公告手册》（以下简称HIPSAP），是当今政府会计核算的国际公认标准。HIPSAP不仅代表了政府会计准则发展的国际主流方向，而且是各国政府会计制度建设的重要参考依据。目前，许多发达国家都在依据HIPSAP研究以权责发生制为基础的政府会计改革（王静，2010）。自1996年开启准则制定工作以来，该手册不断得到发展和完善。当前最新的HIPSAP 2013版本已经基本成熟，其内容包括32项以权责发生制为基础的会计准则（以下简称IPSAS）以及若干项以现金收入制为基础的会计准则。在32项IPSAS中，与债务相关的准则主要有IPSAS1、IPSAS19、IPSAS22、IPSAS28、IPSAS29、IPSAS30等。这些以权责发生制为基础的债务相关报告，对负债以及或有负债的确认、计量和报告等都做出了具体规范（陈均平，2010）。此外，从2003年以来，HIPSAP一直在推进与SNA、GFSM等统计核算体系之间的协调和趋同。综上可知，政府会计制度能够从微观数据来源角度，为地方政府债务核算框架的构建提供强有力的支撑。

目前，针对地方政府债务，还没有像公共部门债务以及外债那样形成一整套专门的统计核算体系。虽然GFSM2014和PSDS2011从范围上包括了地方政府债务统计内容，但是由于侧重点不同，并没有系统地形成一整套专门的地方政府债务统计框架体系。地方政府债务统计核算的重要性不言而喻，构建一套完备的统计核算体系对于改善和规范地方政府债务统计意义非凡。首先，地方政府债务核算是一个系统性的问题，借助结构化的框架来梳理相关问题，能够使核算问题的研究变得更加全面和具体。其次，核算框架的构建能够从理论上指导各国地方政府债务核算实践。从地方政府债务范围的界定，到计值及债务数据来源，再到债务统计数据汇总和报告，由于各国具体国情有所不同，在上述方面可能会存在一定的差异性，而通过建立一套具有普适性的核算框架，对于各国地方政府债务核算实践都能够发挥出重要的指导作用。最后，核算框架的构建能够对各国地方政府债务数据的国际可比性起到规范作用。各国地方政府债务核算在口径和计值等方面的差异性，降低了债务数据的国际可比性。通过构建普适性的核算框架，不仅能够迅速找到形成各国核算差异性的原因，而且通过核算框架的约束对各国数据进行调整，能够进一步增强各国数据的可比性。

二、核算框架构建的基本原则

地方政府债务是政府财政收支结果的最终体现,同时也是政府资产负债中负债的重要组成内容。因此,必须在一个统一的大框架下对地方政府债务进行核算,这个框架与其他政府统计核算体系,如政府财政统计体系、政府资产负债统计体系等,应当保持协调和统一。但是,也必须保证地方政府债务核算体系的独立性、完整性和规范性。因此,地方政府债务核算框架的构建,必须相应地遵循一些基本原则。

(1)目的明确。核算框架的构建在于指导实践中对地方政府债务规模和结构等信息的核算,并通过核算结果反映出债务的基本状况,这是核算框架构建的内在动机。而核算框架构建的外在动机则在于满足使用者更好地利用核算信息的需求。地方政府债务信息的使用者包括债务的监督管理机关、国家立法机关、投资者及债权人、相关利益团体、学者、媒体和公众等,各种信息使用者都有其基本目标,这会从外部对核算产生约束作用。因此,核算框架的构建必须紧紧围绕其内在动机和外在动机。

(2)内容全面。一个完整的核算框架应当能够在一定程度上保证核算内容的全面性。当前许多经济、金融危机的发生都在于统计信息存在缺口,相关统计指标不能全面揭示其本质与规律,从而给出误导信号,削弱了早期预警的效用。在我国当前地方政府债务相关统计中,就有大量隐性债务以及或有债务无法得到体现。另外,内容的全面性在于核算客体信息的完备性与连续性。对地方政府债务的核算设计,不仅应当关注存量信息的核算,而且必须强化债务流量的核算,借助流量变动建立起期初存量和期末存量的恒等变动关系,从而可以在一定程度上检验和保障核算数据的质量。因此,地方政府债务核算框架的构建应是一个完备的体系,能够从核算的内容层面保证相关债务信息的全面性。

(3)方法科学。科学的核算方法是核算结果准确性的有力保证。地方政府债务核算会涉及诸多理论和方法,而核算基础的选择是最为核心和关键的问题,核算基础的不同将直接影响到最终结果。当前使用较多的核算基础是权责发生制和收付实现制，而权责发生制应是未来的主流。此外，债务计值中价格的选择、或有债务以及隐性债务大小的确认等，也都会涉及一系列核算方法。因此，在构建核算框架时，必须选择恰当的核算方法。

（4）结果可比。可比的核算结果对于相关问题的分析具有重要意义，不仅有助于从自身历史数据的变化中发现问题，也有助于从与其他国家或地区的比较结果中检验自身的不足。核算结果的可比性主要体现在两个方面：一是内部结果可比，能够很好地加总；二是核算结果能够较好地应用于国际比较。影响核算结果可比性的关键是统计口径以及核算方法是否能够保持一致。在构建地方政府债务核算框架时，对于相关指标和方法的选择必须是明确具体的，从而有效保证核算结果的可比性。

三、基于系统观的核算框架构建

总体来说，地方政府债务核算应当解决的关键问题可以分为三大部分：一是核算什么；二是怎么核算；三是数据编制和公布。相应地，地方政府债务核算框架的构建也应牢牢围绕这三大部分展开。遵循上述相关原则，本书构建了地方政府债务核算的基本框架，如图2-1所示。

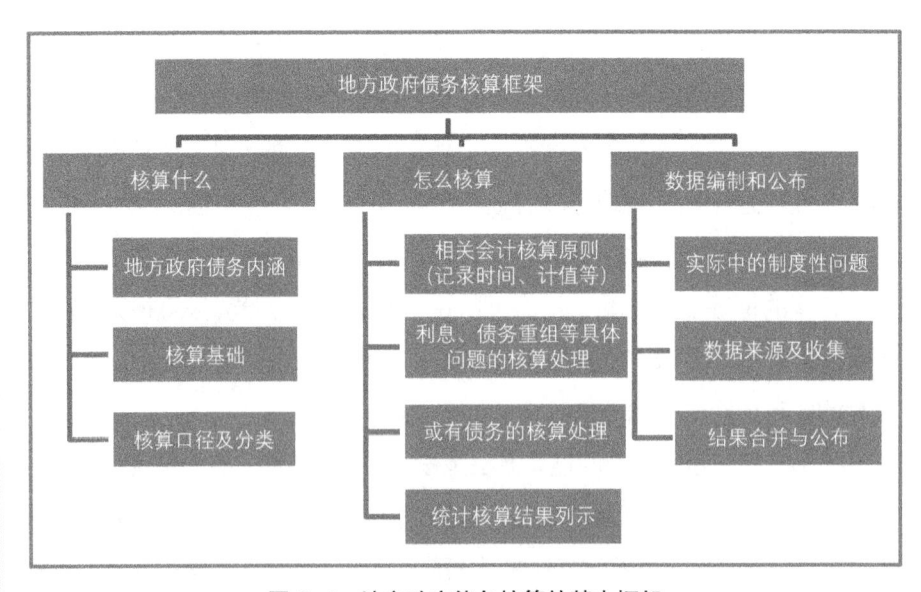

图2-1 地方政府债务核算的基本框架

（1）核算对象界定。显然，本书的核算对象应当是地方政府债务。地方政府债务的界定涉及"债务主体"和"债务客体"两个方面，前者指地方政府的范围，后者指债务的具体构成。随着金融工具的不断发展和创新，债务工具的类型不断丰富，使人们对债务内涵的认识不断加深。此外，采用不同的核算基础会影响到最终债务核算的口径与规模。一般来说，收付实现制是根据现金流状况来确定交易情况，诸多担保债务等或有债务状况无法得到体现。例如，希腊政府债务危机的发生在很大程度上是由于其使用收付实现制，导致不能全面、准确地反映政府资产负债状况和成本费用情况，难以提供长期可持续的财政信息（杨亚军、杨兴龙和孙芳城，2013）。

（2）核算相关原则和问题处理。地方政府债务核算的关键在于通过一系列流量和存量指标数据，来反映债务规模及其结构变动。债务存量和流量的核算需要使用价值对各类债务进行度量，在此过程中需要借助一定的规则来进行规范，包括债务流量和存量的记录时间、计值、合并等相关规则。除了正常的债务交易外，在核算过程中还涉及一些具体问题和特殊问题的处理。前者包括利息、债务重组等的处理，后者主要是或有债务等的处理。此外，还要考虑如何通过账户体系对统计核算结果进行列示，以及如何设计相关汇总表、细目表和备忘录等。

（3）数据编制和公布。完善有序的公共部门债务统计编制制度，是保证统计可靠性和及时性的一个前提条件。数据的编制和公布不仅需要各官方机构间的协调合作，还需要足够的资源和适当的法律支持。另外，一个较为重要的问题是数据来源问题，全面、准确的数据来源是核算结果可靠的有力保证。

上述核算框架介绍了地方政府债务核算过程中一些较为基本和核心的问题。但是，地方政府债务核算过程较为复杂，还有一些框架未涉及的问题也需要考虑和解决。例如，如何对债务核算数据进行质量评估、如何对不同核算基础下的核算结果进行比较等。

第二节 地方政府债务内涵与核算口径

对地方政府债务内涵的界定主要是为了解决核算口径问题,即核算什么,其中最主要的是要准确界定地方政府主体以及债务客体。主体界定的基础主要在于明确各国政府机构的分类,而对债务客体的界定,则随着对债务本质认识的加深而不断深化。

一、地方政府的内涵

地方政府是地方政府债务的主体,准确界定地方政府的内涵对地方政府债务核算口径的确定至关重要。由于各国的实际国情有所不同,地方政府的形式、结构和功能等区别较大。迄今为止,对地方政府的概念尚未形成统一的认识,地方政府的范围和内涵还存在一定的争议。关于地方政府的范围,目前有三种见解,分别是:①仅指当地进行直接治理的政府;②包括单一制国家中除中央政府以外的其他各级政府,但不包括联邦制国家的联邦成员政府;③认为联邦成员政府也属于地方政府的范畴。关于地方政府的内涵,主要有两类观点,一是认为其仅指地方行政机关,二是认为其指包括地方行政机关在内的一个政府单位(周平,2010)。针对地方政府的具体范围,SNA2008等国际一般核算标准以及我国国民核算体系的有关标准都进行了界定。

1. 国际统计体系对地方政府的界定

SNA2008是一套基于严格的核算规则进行经济活动测度的国际公认标准,这些标准的表现形式是一整套完整的概念、定义、分类和核算规则,为国民经济核算提供了几乎全球普适的指导。PSDS2011、GFSM2014等在对地方政府进行界定时,也与其保持了一致性。

SNA2008根据经济体的目标、功能和行为方式等方面的不同,将所有经济总体[①]分为五个相互独立的机构部门,任何一个机构单位都可以在这

---

① 经济总体的定义为所有常住机构单位的集合。

五个机构部门中找到唯一的对应。将经济总体进行部门划分，可以将具体的单个机构单位抽象成同类总体进行研究，由于每一类机构部门都有其共性，从而大大方便了对同类经济体相关问题的研究。五大机构部门及其定义如表 2-1 所示。

表 2-1 机构部门分类及其构成

	机构部门分类	机构部门构成
经济总体	非金融公司	是指那些以生产市场性货物或非金融服务为主要活动的公司
	金融公司	包括所有的主要向其他机构单位提供金融服务（含保险、养老基金等）活动的常住公司
	广义政府部门	由主要负责履行政府职能的居民机构单位组成，包括中央、省级和地方政府单位以及政府单位控制下的不作为公司处理的公共企业以及社会保障基金，还包括这些单位控制的非市场性非营利机构（NPI）
	住户部门	是共用住房、合用部分或全部收入和财富、集体使用某类货物和服务（主要为住房和食物）的人群，包括长期住在医院、养老院、宗教场所、监狱等地的人员所组成的机构住户
	为住户服务的非营利机构部门（NPISH）	所有为住户或社会提供非市场性货物或服务的不受政府控制的常住 NPI

资料来源：根据 SNA2008 第 4 章内容整理得到。

作为机构单位，政府的主要功能在于：承担向社会和个体住户供给货物和服务的责任，并通过税收和其他收入在资金上支持这种供给；通过转移的手段对税收和财产进行再分配；从事非市场性生产。政府是唯一一类通过政治程序设立的在特定区域内对其他机构单位拥有立法、司法或行政权的法律实体。SNA2008 界定的广义政府部门的范围较政府有所拓展，广义政府部门不仅包括拥有立法、司法或行政权的政府法律实体，还包括政府控制下的不作为公司处理的公共企业、从事非市场性生产的 NPI、特殊目的实体（SPE）以及社会保障基金。

（1）政府控制的不作为公司处理的公共企业。在实践中，政府往往会从事一些非市场性的生产活动，不仅提供公共服务，而且提供许多货物和个人服务，但是不同国家的政府单位所生产货物和服务的范围差异较大（SNA2008，4.119）。通过创建公共企业的形式介入生产领域，是政府进行非市场性货物和服务生产的重要途径之一。[①] 判断一个机构单位是否属于政府单位，需要从两个方面考察，即该机构单位是否是非市场性生产者，以及是否为政府所控制。判定机构单位是否为非市场性生产者时，要看其提供给其他单位的货物或服务的价格是否具有显著的经济意义，即价格因素是否对生产者愿意提供的数量和购买者希望购买的数量具有显著影响。如果将机构单位所生产的货物或服务以免费或者不具有显著经济意义的价格提供给其他单位，则该机构单位为非市场性生产者。政府对某个企业进行控制，指的是政府有能力决定一个机构单位的总体政策和规划。政府控制企业的形式十分多样，通常包括以下八种形式：一是控制大多数有投票意愿者；二是控制董事会和其他主管团体；三是控制关键人员的任免；四是控制实体中关键的委员会；五是对黄金股和期权的拥有权；六是管制和控制权；七是以大客户身份实施控制；八是通过政府借款实施控制（SNA2008，4.80）。当某个企业从事非市场性生产活动，并且为政府所控制时，则其属于广义政府部门。

（2）政府控制的非市场性 NPI，也属于广义政府部门的范畴。所谓政府控制的 NPI，是指政府能够界定 NPI 的总体政策或规划。确定某个 NPI 是否为政府所控制，可以考虑以下五个控制指标：一是官员的任命，根据 NPI 的章程、协会的规定或其他可授权文书，政府是否有权任命 NPI 的高级管理人员；二是其他授权工具的提供，授权文书中可能含有不同于一般管理人员任命的条款，该条款实际上允许政府决定 NPI 总体

[①] SNA2008 认为，政府介入生产领域主要有三种途径：一是创建公共企业；二是创建一个受政府控制的 NPI；三是借助一个为政府所拥有但没有脱离政府的单位，成为独立的法律实体型基层单位。

政策或规划的重要方面；三是契约协议，政府与 NPI 之间契约协议的存在，可能会允许政府决定 NPI 总体政策或规划的关键方面；四是政府资助的程度，如果资金主要来自政府，则可能受政府控制；五是风险暴露，如果政府公开地让自己暴露在与 NPI 活动有关的所有或大部分的财务风险面前，那么这样的安排会形成控制。具体而言，有些情况下单一的指标就足够证明控制的存在，但有些时候需要综合考虑多个指标，才能确定是否属于政府控制。

（3）政府成立的 SPE。SPE 是指为了达到特殊目的而建立的法律实体[①]，政府有时也会成立这类单位。SPE 一般没有雇员，也没有金融资产，不具备独立行为权力，所能从事的交易范围也常常受到限制，并且它们不需要承担或获得与所持有资产和负债相联系的风险或收益（SNA2008，4.67）。当这类单位为常住单位时，应当视为政府的一部分，而不是界定为独立机构单位。

（4）社会保障基金。社会保障计划是指由政府单位实施和控制的、覆盖全社会或社会大部分人群的社会保险。如果社会保障计划与政府单位的其他活动是分开运作的，单独持有资产和承担负债，并以自己的名义从事金融交易，那么它就获得了机构单位的资格，被称为社会保障基金，应当被处理为独立的机构单位。但是，有些国家的社会保障计划是与政府财政活动密切相连的，并没有独立组织，也就难以将其从政府单位中分离出来。

在 SNA2008 中，广义政府部门可以划分为中央政府、省级政府和地方政府（SNA2008，4.130），对应每一项中都包括各自控制的不作为公司处理的公共企业、非市场性 NPI、SPE 和社会保障基金。据此，SNA2008 中所界定的地方政府范围是指除中央政府和省级政府之外的其他政府，地方政府不包括省级政府在内。地方政府单位的权力范围一般来说远远小于中央政府或省级政府，可能不具有对其辖区内的机构单位进行征税的权

[①] 中国人民银行网站。

力,其主要收入来源于上级政府拨款或转移,一定程度上可以视作中央政府或省级政府的代理人(SNA2008,4.145)。

2. 我国核算体系对地方政府的界定

我国一直使用的国民经济核算体系(CSNA2002)[①]将所有常住机构单位划分为四大机构部门,即非金融企业部门、金融机构部门、政府部门和住户部门。这种分类方式与SNA2008中五大机构部门的划分差异较大,SNA2008是将NPISH单独处理为一个机构部门。在我国国民经济核算体系的机构单位分类中,政府部门由各种类型的具备法人资格的常住行政单位和非企业化管理的事业单位组成,其中包括军事单位,也包括行政事业单位附属的不具备法人资格的企业,但不包括行政事业单位附属的法人企业,这类企业划入企业部门。由于我国政府单位包括了各种行政单位和非营利性事业单位,使得除了国家机关、公安、军队等具有立法、司法和行政权的单位外,其他非企业化管理的事业单位或不具备法人资格的企业(如学校、医院、宗教社会团体、学术团体、慈善机构等)也归入政府部门(王君立,2003),这导致政府部门的规模比SNA2008中界定的更加庞大。具体而言,主要表现为以下两个方面:

第一,政府控制的应当划入公司部门的部分市场性NPI被划入了政府部门。区分一个机构单位是否为公司的重要标准在于其是否为市场生产者,如果是以具有显著经济意义的价格出售货物或服务,则应当划入公司部门。但是,若以非营利性作为区别标志,会使部分以非营利作为经营目标的市场生产者被纳入政府部门范畴,而按照SNA2008的划分方法,这些政府控制的市场性NPI应当划入公司部门。

第二,非政府控制的非市场性NPI也被纳入了政府部门。经济总体中

[①] 我国国家统计局在2017年已经修订并印发了《中国国民经济核算体系(2016)》。但是,国家统计局有关负责人在接受采访时公开表示,现阶段我国还不完全具备单独设置"为住户服务的非营利机构"的条件。因此,在官方统计部门的实际核算中,对机构部门分类的处理仍然延续CSNA2002的做法。

还存在较多的非政府控制的 NPI，按照 SNA2008 的规定，如果为非市场性 NPI，则应当划入 NPISH。虽然有一部分 NPI 从事市场生产，也能够产生利润，但是设立、控制或资助它的单位不能将它作为获取收入、利润或其他金融收益的来源（SNA2008，23.3）。因此，NPI 本身就是不以营利为目的的机构单位，按照非营利性事业单位标准，非政府控制的非市场性 NPI 在我国也要被纳入政府部门当中。

CSNA2002 所界定的政府部门将本该归入公司部门的政府控制的市场性 NPI 以及理应划归 NPISH 部门的非市场性 NPI 均归属到政府部门，势必会导致对我国政府部门规模的高估。通过对纳入政府部门的非营利机构的增加值构成进行粗略测算，发现政府非营利机构子部门的增加值接近政府部门增加值的一半（李海东，2014）。可见，CSNA2002 从机构单位角度所界定的政府规模远远大于 SNA2008 中所界定的政府规模，两者之间的关系[①]如表 2-2 所示。

表 2-2　SNA2008 和 CSNA2002 机构部门分类比较

部门分类	SNA2008	CSNA2002
非金融公司	A1+D1+D2	A1+D1
金融公司	A2+D3+D4	A2+D3
广义政府部门	B+D5	B+D2+D4+D5+D6
住户部门	C	C
NPISH	D6	

注：A、B、C、D 分别表示公司、政府单位、住户部门和 NPI，A1 表示非金融公司，A2 表示金融公司，D1 表示可归入非金融公司部门的非政府控制的市场性 NPI，D2 表示可归入非金融公司部门的政府控制的市场性 NPI，D3 表示可归入金融公司部门的非政府控制的市场性 NPI，D4 表示可归入金融公司部门的政府控制的市场性 NPI，D5 表示被政府控制的非市场性 NPI，D6 表示未被政府控制的非市场性 NPI。

在 CSNA2002 中，地方政府是指中央政府以外的各级地方政府。CSNA2002 并没有直接对地方政府进行界定，但是，在"金融交易账

[①] 该比较与王君立（2003）的比较有所不同，王君立（2003）的比较中未区分出政府控制的应当划入公司部门的市场性 NPI。

户"中将"财政存款"界定为中央与地方政府在存款机构的财政存款（CSNA2002，表4.5）。由此可见，CSNA2002将政府部门分为中央政府和地方政府，这与SNA2008中将政府部门分为中央政府、省级政府和地方政府的方式差别较大。对中央政府的界定一般是比较明确的，此种界定下的地方政府显然包括了中央政府以外的其他各级地方政府，即CSNA2002中的地方政府等同于SNA2008中的省级政府和地方政府。

综上所述，CSNA2002与SNA2008中地方政府部门的范围具有较大差别。在机构单位界定上，我国政府部门包括了政府控制的应当划入公司部门的部分市场性NPI以及非政府控制的非市场性NPI；在广义政府部门的子部门划分上，地方政府指中央政府以外的各级地方政府，等同于SNA2008中省级政府与地方政府加总后的概念。

二、地方政府债务的内涵

1. 传统债务的内涵

"债务"一词由来已久，《现代汉语词典》中将"债"定义为"欠别人的钱"。但是，当前对债务的定义并没有形成统一的认识，由于角度不同，法律、会计、统计等对债务的认识也存在一定差异。

（1）法律对债务的界定主要是强调债的权利和义务关系。1987年开始施行的《中华人民共和国民法通则》第八十四条规定："债是按照合同的约定或者依照法律的规定，在当事人之间产生的特定的权利和义务关系，享有权利的人是债权人，负有义务的人是债务人。债权人有权要求债务人按照合同的约定或者依照法律的规定履行义务。"据此，债务对于债权人而言是一种权利，债权人有权要求债务人按照约定履行规定的义务。该法第八十七条进一步做出规定："债权人或者债务人一方人数为二人以上的，依照法律的规定或者当事人的约定，享有连带权利的每个债权人，都有权要求债务人履行义务；负有连带义务的每个债务人，都负有清偿全部债务的义务，履行了义务的人，有权要求其他负有连带义务的人偿付他应当承担的份额。"这对债务连带权利的享有和连带义务的承担做出了要求，特别是后者，关系到担保债务偿还义务的履行。

（2）会计对债务的界定更多是从负债（与资产相对应）的角度入手，强调其现实义务和可计量性特点。我国自2007年开始施行的《企业会计准则》第二十三条规定："负债是指企业过去的交易或者事项形成的、预期会导致经济利益流出企业的现时义务。"IPSAS1中也将负债定义为："主体因过去事项而承担的现时义务，该义务的履行预计将导致含有经济利益或服务潜能的资源流出主体。"现时义务是指企业在现行条件下已承担的义务，未来发生的交易或者事项形成的义务，不属于现时义务，不应当确认为负债。《企业会计准则》第二十四条对流出经济利益的可计量性做出了规定："符合本准则第二十三条规定的负债定义的义务，在同时满足以下条件时，确认为负债：（一）与该义务有关的经济利益很可能流出企业；（二）未来流出的经济利益的金额能够可靠地计量。"可见，如果某项经济利益不能被可靠地计量，则不能确定为负债。负债与债务联系密切，都是强调预期经济利益的流出，但负债比债务的范围更宽泛。债务一般是指实际发生的借款，而负债与资产相对应，不仅包括各类短期和长期借款等债务，还包括许多正常经济往来中的应付款项（杨贵成，2012）。GFSM2001认为，债务包括要求债务人在将来一个或几个日期一次或几次支付利息和本金的所有负债，除股票和其他权益以及金融衍生工具外，所有负债都是债务。然而，会计是从现时义务及其可计量性角度定义负债的，如果某项债务不构成现时义务或者无法可靠计量，则不能做出确认，这使得会计意义上的债务比实际债务的范围更窄。

（3）统计对债务的界定更加侧重于债务工具。PSDS2011从债务工具的角度对债务进行了定义，合计债务总额（或合计债务）被认为是由所有组成债务工具的负债组成的，而债务工具是指要求债务人在未来的某个（或某些）日期向债权人支付利息和本金的金融债券。债务工具主要有：①特别提款权（SDR）；②货币与存款；③债务证券；④贷款；⑤保险、养老和标准担保计划；⑥其他应付／应收账款。债务是负债中的一个子集，指的是在将来某个日期或某些日期需要由债务人向债权人支付的所有负债，可以通过包括哪些金融工具类型或排除哪些金融工具类型来确认（SNA2008，22.104）。PSDS2011 还认为，在金融工具方面，债务工具与负债工具的主要区别在于，债务工具不包括股权和投资基金份额、金融衍生工具和雇员认股权等。这主要是因为股权等负债金融工具的债务人对债权人没有强制性的支付义务，除非是债务人主动收回这些股权等才需要向债权人支付，并且收回股权等支付情形并不会使企业经济利益具有明显流出。因此，股权等负债工具与其他债务工具有实质性的区别。进一步可以界定内债和外债，即同一经济体内居民欠居民的债务负债属于内债，而居民欠非居民的债务负债则属于外债。

对于债务工具而言，由于第③项债务证券和第⑥项其他应付／应收账款内容较为复杂，有必要做进一步的介绍。债务证券是指可以作为债务证据的各种可转让金融工具，一般情况下都会注明还本付息的具体日期。债务证券主要包括票据、银行承兑汇票、商业票据、可转让存单、广义债券和信用债券（包括可转换为股份的债券）、可从某个持有人转让给另一人的贷款、非参与优先股票或股份、资产担保证券或债务担保证券、通常在证券市场交易的类似工具。债务证券具有可交易性（或可转让），并且应当具备一系列定量和定性特征，包括发行日期、发行价格、赎回日期、赎回价格、发行初始期限、到期剩余期限、票面利率、债券权利的记录凭证以及附着于债券的风险（BIS、ECB 和 IMF，2009）。其他应付／应收账款包括贸易信贷与垫款和其他应付或应收杂项。其他应付／应收杂项包括应付但未按时支付的税金、股息、证券的买卖款、租金、工资和薪酬、社会缴款、社会福利金和类似项目，还包括尚未产生的付款，如预付税金。

综上所述，可以将债务定义为依据合同约定或者法律规定，由过去的交易或者事项形成的可用货币计量的、预期在未来某个特定时期会导致债务人经济利益流向债权人的契约。债务主要由一系列债务工具组成，包括特别提款权、货币与存款、债务证券、贷款、保险、养老和标准担保计划、其他应付/应收账款。

2. 或有债务

政府或有债务问题自从被提出以后，受到了很多专家和学者的关注。或有债务是指只有在未来发生特定、离散的事件时才会产生的债务，通常在是否需要付款及或有债务规模上存在不确定性，或有债务具有显性和隐性之分。显性或有债务通常基于引起经济价值支付的法律或金融合约安排，一旦出现一个或多个规定的情况，这些要求即生效；而隐性或有债务不会因法律或合约安排而产生，但会在出现某种情况或事件之后被确认。或有债务只有在权责发生制下才能得到确认。在权责发生制下，不管或有债务是否被启用，只要或有债务事项存在，就被认为是政府可能的待偿责任。而以收付实现制作为核算基础时，交易在收到或支出时才被记录，地方政府对外提供担保等产生的或有债务，在被启用之前没有被记录于政府负债项目当中，而是游离于政府会计体系之外，这对政府或有债务统计核算十分不利。因此，GFSM2014和PSDS2011都建议使用权责发生制作为确定记录时间的核算基础。

确定或有债务的内容是进行或有债务核算的前提。PSDS2011也将或有债务分为显性或有债务和隐性或有债务，其中显性或有债务包括一次性担保和其他显性或有债务，隐性或有债务包括将来社会保障福利的净债务和其他隐性或有债务（PSDS2011），或有债务的分类结构如图2-2所示。国家在转型时期，政府的隐性或有债务将远远大于显性或有债务（Cebotari，2005）。我国国有银行和企业在转型过程中曾出现了大量的不良资产或不良贷款和亏损，而这些都构成了我国政府的隐性或有债务。

应当注意的是，并非所有的担保债务都是显性或有债务。在SNA2008中所包含的标准化担保、一次性担保和金融衍生工具形式的担保三类担保中，只有一次性担保属于显性或有债务。这是因为标准化担保能

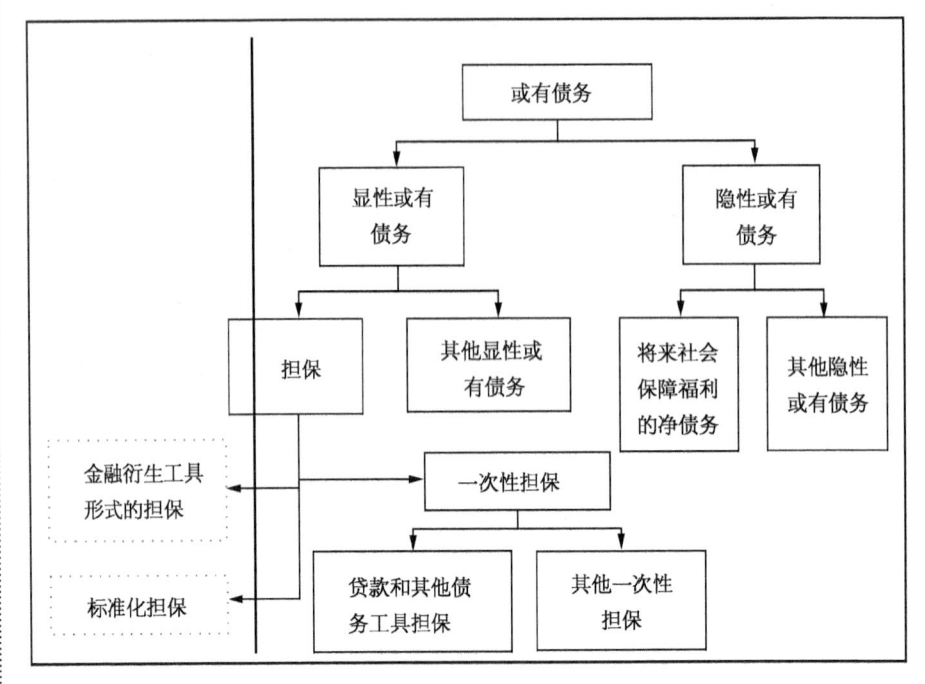

图 2-2　或有债务分类结构

够在现有统计数据的基础上使用概率加权的方法估计平均损失，而金融衍生工具形式的担保虽然属于金融资产和负债范畴，但并非真正意义上的债务。其他显性或有债务还包括潜在的法律债权、赔款等，这些都是由于法律要求或者履行自行承诺而需承担的债务。其他隐性或有债务包括地方政府对金融机构不良资产的可能救助、环境债务、公共部门单位的无担保债务、在其他公共部门单位无力偿付的情况下支付的担保金，以及自然灾害救济支出。

针对政府或有债务的基本特征，张海星（2007）曾做过总结，认为政府或有债务具有主观评价性、不确定性和时效性三个特征。主观评价性是指政府或有债务规模不是客观不变的统计结果，而是随着评价人及其使用的分析方法的不同而变化的。政府或有债务的主观评价性，使得各国对其报告和统计处理往往具有很大差别。政府或有债务具有很强的不确定性，这是因为其发生需要特定、离散的事件作为确定条件，但事件发生的概率、发生的时间以及政府为此应当承担的金额数量都是难以确定的。或有债务的时效性是指或有债务的结果只能在不确定性事件发生或消失的那一时刻才能被确认，在此之前，其结果通常都具有不确定性。

3. 地方政府债务

针对地方政府债务，国内外许多学者都尝试从不同角度对其进行解析，但目前尚未形成统一的认识。然而，学者们普遍认为地方政府债务具有狭义和广义之分，且广义的地方政府债务更加符合实际情况。

狭义的地方政府债务是依据上述债务的定义，由个人或企业债务概念直接向地方政府债务概念拓展。一些学者将地方政府债务界定为取得公共收入的一种形式，是伴随着计划经济体制向市场经济体制的转轨和政府职能的转换而产生的一种社会经济现象（张远，2005）。刘尚希等（2012）认为，狭义的地方政府债务是指地方政府为了能够弥补其在履行政府职能、满足地方经济与社会发展需要的过程中出现的经常性财政收入不足的状况，以其信誉为基础，通过某些融资手段取得资金收入而形成的债务。也有学者参照债务的会计定义将地方政府债务界定为由于过去的交易或事项而引起的地方政府现在的资源外流或支出义务，以及预期未来需要承担支付义务导致的支出或资源外流（马丹丹，2011）。还有学者从债务筹集方式来定义地方政府债务，认为通过开放性贷款、商业银行贷款、信托计划、财政部代发地方政府债券、地方融资平台等债务性融资方式筹集的建设资金都构成地方政府债务（贾璐，2012）。

上述地方政府债务的定义都涵盖了债务的两个明显特点，即债务必须依据合同约定或者法律规定和债务具有可计量性。但是，由一般债务概念上升到地方政府债务概念后，将不再完全满足债务的这两个特点。首先，依据合同约定或者法律规定，债务产生形式将仅限于直接举债和担保债务两类。而事实上，政府不仅要承担法定的责任，还要以社会道义的形式承担一些责任。在地方政府的或有债务中，政府出于社会道义而承担的债务有多种类型，如地方政府对事业单位、国有企业和社会组织的救助，上级地方政府对下级地方政府的债务进行救助，以及填补社会保障资金缺口。赵全厚（2011）认为，在预算软约束下，地方政府债务的清偿危机会冲击上级政府，形成债务危机的转嫁或者扩散。普林斯顿大学 Rosen 教授在 1992 年就已经认识到，政府债务除显性债务外，还有大量隐性债务，这些隐性债务一旦显性化，将对当前和后代政府形成重大负担。因此，地方政府债务可以界定为地方政府为了履行职能的需要，依据信用原则，有偿、灵活地取得公共收入的一种形式，或者是地方政府顾及法定程序、政策、担保承诺等可能在未来支付给公众的款项。其次，地方政府债务中的或有债务是难以被可靠计量的。地方政府担保债务或者因救助责任而实际发生的债务，其债务规模通常都难以准确计量，这主要是由于或有债务发生情形较为复杂，依赖于某些不确定事件，债务数量难以控制，并且没有任何单一的衡量方法可适用于各类情形。据此，学者将广义地方政府债务界定为，随着理论和实践的拓展，除了传统的根据合同约定或者法律规定形成的贷款以及发行的债券外，还包含了地方政府作为公共主体所应承担的债务（刘尚希等，2012）。Hana（1998）则不仅考虑了政府债务的形成是否具备法律规定或合同约定，还从债务计量的角度考虑了政府债务发生的可能性，将政府债务分为显性债务与隐性债务、直接债务与或有债务，从而形成了政府债务矩阵，成为分析政府债务风险等问题的经典框架。

综上所述，地方政府债务为广义债务概念，是指地方政府部门为履行其各项职能，依据合同约定或者法律规定以及基于社会责任或道义而承担的各类债务，这些债务预期会导致经济利益流出地方政府。

三、地方政府债务核算口径与确认基础

在地方政府债务内涵的基础上界定地方政府债务统计口径，是进行统计核算的依据和逻辑起点。

1. 风险矩阵下核算口径的界定

对债务口径进行界定和分类时,很多研究会参照 Hana 的政府债务分类矩阵。根据 Hana 的观点,政府债务类型与财政风险形式是对应的。从债务的责任来源以及承担的可能性两个维度,可以将政府债务区分为显性债务和隐性债务、直接债务和或有债务,形成直接显性债务、或有显性债务、直接隐性债务以及或有隐性债务四类,并最终构成政府财政风险矩阵,如表 2-3 所示。

表 2-3 政府财政风险矩阵

债务来源	直接债务 (无论如何都需要承担的责任)	或有债务 (某一特定事件发生时才需要承担的责任)
显性债务 (由法律或合约确认的政府债务)	1. 主权债务(中央政府的国内外贷款以及发行的债券) 2. 预算支出(不可任意支配部分) 3. 长期的有法律约束的预算支出(公务员工资和退休金)	1. 国家为地方政府及共有和私有实体(开发银行)担保的非主权债务和其他义务 2. 国家担保的各类贷款(抵押贷款、学生贷款、农业贷款、小企业贷款) 3. 国家对贸易和汇率的担保 4. 国家对私人投资的担保 5. 国家保险制度(存款保险、私人养老基金收益保险、农作物保险、洪水保险、战争保险)
隐性债务 (政府基于公众和利益集团的压力而承担的道义责任)	1. 未来非法定公共养老金(与公务员养老金相对) 2. 非法定社会保障制度 3. 未来非法定的卫生筹资 4. 未来公共投资项目的经常性费用	1. 地方政府或公共/私人实体的非担保债务违约 2. 银行破产(任何超出政府保险的支援) 3. 私有化实体债务的清理 4. 非担保养老基金、就业基金、社会保障基金的破产(对小额投资者的保护) 5. 可能的净价值或中央银行债务违约(国外的外汇契约、货币防御、国际收支平衡) 6. 其他纾困需要(如私人资本逆向流动) 7. 环境恢复、灾难救援、军事融资

显性债务和隐性债务的责任来源是不同的。显性债务是指由法律或合约确认的政府债务，这与法律角度认定的债务概念是一致的。隐性债务则是政府基于公众和利益集团的压力，承担社会道义责任而形成的债务。与显性债务相比，隐性债务的债务要素认定具有较强的不确定性，责任边界也较为模糊。按照债务事项发生的不确定性，可以将政府债务分为直接债务和或有债务。直接债务是指任何条件下都必须承担的债务，债务事项是比较明确的，也是实际应当承担的债务。而或有债务发生与否，必须通过未来不确定事项的发生与否予以证实，债务规模大小往往难以确定。一方面，或有债务发生的可能性是难以预测的，政府所担保的债务是否会出现违约，结果往往是不确定的；另一方面，对于非担保类的或有债务，即使能够预知违约发生概率的大小，但是政府最终需要承担多少责任，也是较难被准确估计的。

直接显性债务是指政府直接举借或者明确承诺偿付的债务，其义务履行源自法律或合同规定，并且债务要素如金额、期限、债权人等也都是明确的。对于地方政府而言，直接显性债务是政府明确需要承担的债务部分，对政府财政形成直接压力。在口径上，直接显性债务与会计中所确认的债务范围是基本相同的。或有显性债务是指一旦某一特定事件发生，依据法律或合同规定，政府将必须承担相应支出义务的债务，主要包括各类政府担保和政府保险计划。直接隐性债务一般源自政府的中期公共支出政策，这类债务是政府的预期支出责任，许多中期公共支出计划透明化的政府通常会按照权责发生原则，对直接隐性债务进行确认和计量。或有隐性债务是指政府出于政策目的需要或者由于不可预计的自然灾害等原因而不得不接受的债务。或有隐性债务是四类债务类型中不确定性最大的债务，债务形成所需要的特定事件是不确定的，风险大小难以估计，债务要素如所需承担的债务额度、债务期限等也是不明确的。四种类型政府债务的不确定性程度可以通过债务类型和债务要素是否确定进行评价，如表2-4所示。

表 2-4 政府债务的不确定性程度

债务类型	确定债务（直接债务）	或有债务	
法定债务（显性债务）	1. 债务事项确定 2. 债务要素，如金额、期限、债权人等 3. 透明度高 4. 风险可控性强	1. 或有事项确定 2. 债务事项不确定 3. 债务要素不确定 4. 透明度低 5. 风险可控性弱	小
推定债务（隐性债务）	1. 债务事项确定 2. 债务要素不确定 3. 透明度较低 4. 风险可控性较弱	1. 或有事项不确定 2. 债务事项不确定 3. 债务要素不确定 4. 透明度很低 5. 风险可控性很弱	大

（不确定性程度：小 → 大；不确定性程度：小 ↓ 大）

资料来源：刘尚希. 财政风险：从经济总量的角度分析 [J]. 管理世界，2005（7）.

参照政府债务的界定，可以构建地方政府债务的风险分类矩阵，从而界定出地方政府债务的核算边界。根据邱东（2012）的观点，宏观测度的边界可以分为本体意义边界、认识意义边界和操作意义边界，测度针对的应是已经发生的事物，对尚未发生的事物则只能估计。实际上，政府债务风险分类矩阵从理论上囊括了全部政府债务，从而在本体上确定了地方政府债务核算的口径边界。但是，在认识意义边界和操作意义边界上，仍然需要不断发展和完善。一方面，随着对地方政府债务认识的不断加深，认识意义上的债务内容将不断丰富；另一方面，从供给和需求的角度看，由于地方债务的作用及影响在不断深化，操作意义上的债务边界也将不断得到拓展。

2. 核算基础及其选择

所谓核算基础，指的是记录经济事件发生时间点所使用的确认基础，它是地方政府债务核算理论口径最终能够在核算实践中实现的关键所在。当前，被各国广泛使用的核算基础主要有收付实现制和权责发生制两种[1]。在收付实现制中，经济事件的确认是在实际收到或支付款项时，记录交易状况；而在权责发生制中，经济事件的确认是在经济价值创造、转换、交换、转移或消灭时，记录流量和存量状况。

（1）两种核算基础的比较。收付实现制的核算办法相对比较简单，能够按预算管理要求及时体现政府债务收支，有利于政府预算的实施（赵利明等，2012）。与收付实现制相比，权责发生制用于政府债务核算具有天然的优势，特别适合于核算一个复杂实体的财务状况及其运行结果（DioGuardi，2013）。在权责发生制下，当地方政府债务债权关系形成后，应当根据债务债权合约，计提列报本期应收取和应归还的债务本金及利息。而在收付实现制下，仅在获得债务收入或者发生债务支出时，才对债务状况予以记录。权责发生制对债务的核算不受实际偿还能力的限制，可以弥补当期因无力归还债务及利息而无法发生实际支付，进而不能及时进行账务核算的缺陷（邓晓红，2012）。此外，权责发生制还能够增强部门间的激励作用（Boskin，1982）。具体来说，应用权责发生制对地方政府债务进行核算，其优势主要体现在以下几个方面：

首先，能够较为客观准确地体现出债务规模。收付实现制在刻画债务内容时存在比较明显的缺陷。一方面，只能核算部分直接债务。在收付实现制下，政府举债时，分别记录资金和债务增加；清偿债务时，则记录为资金和债务的减少。从举债端来看，如果地方政府取得了债务收入，则被记录。但是，还有一部分直接债务，如合同款项的拖欠、欠发工资等，其形成并不是以现金收入的获得作为确认依据的，相应地也就无法体现出来。从债务清偿端看，政府直接债务规模中的未偿部分由于尚未发生支付行为，所以其规模大小也未可知。另一方面，对或有债务的处理十分无力。对于地方政府已经发生但尚未支付的或有债务，收付实现制更加无法反映。如地方政府为公司或个人进行的担保、社保基金支出缺口等或有债务，在收付实现制下得不到真实反映。而在权责发生制下，只

---

[1] 其他还包括到期支付制和承诺制，到期支付制是在可进行支付而不至产生额外费用或罚款的最晚时间记录，而承诺制是在承诺进行一笔交易时记录，记录时间一般是在发出购货订单时。

要债务权利与责任关系得到确认，无论是直接债务还是或有债务，从理论上说都应当被记录。因此，如果要客观地体现债务规模，必须引入权责发生制这一核算基础。

其次，权责发生制能够很好地核算出某一时点的应计利息和拖欠。利息是某种金融资产（特别提款权、存款、债务证券、贷款和其他应收账款）的所有人在将这些金融资产和其他资产交由另一机构单位处置时应收的一种投资收入（PSDS2011），是债务核算的重要因素之一。在收付实现制下，只能记录债务的收支金额，而缺乏对债务应计利息的处理过程，导致理论上无法反映债务应计利息的大小。而在权责发生制下，尚未支付的应计利息也将被处理为政府未偿债务的一部分。拖欠是指没有在支付到期日之前支付的款项。在收付实现制下，对于政府以自身信用进行的购买或者无法偿还的到期债务，这些拖欠信息如果没有编制特别的补充信息，是无法反映出来的。而在权责发生制下，拖欠时间、规模及其占比等信息都能很好地被反映出来。

最后，收付实现制无法提供翔实的政府债务信息（孙芳城、欧理平和马千真，2006），不利于债务管理和相关决策。政府债务信息主要包括债务规模、类型、期限、利率、偿还等，以及未来的预测信息，是对债务进行管理的重要参考和决策依据。以收付实现制为基础的债务核算无法提供完整的债务信息，将不利于政府未来债务管理和宏观调控政策的实施，对政府财政预算编制也会产生不利影响。而以权责发生制为基础进行债务核算时，这些信息在完整性和及时性上都能够得到很好的保障，这对防范债务风险、制定债务发行政策等都具有重要的指导意义。此外，以权责发生制为基础的债务核算也支持从资本市场供求机制角度分析与评价发行地方政府债务的经济可行性，有利于政府合理筹集资金，降低筹资成本（王鑫和戚艳霞，2012）。

根据所记录的政府资产和债务的类型，权责发生制可以分为四类（Chan，2010），如表2-5所示。在四类权责发生制中，政府债务的核算内容是渐进变化的。从"轻度"权责发生制到"激进"权责发生制，伴随着债务内容的不断丰富，其风险性也在不断增强。这是因为，"激进"权责发生制下会有更多的测量问题，债务内容在理论上争议更大，并且债务内容也更为主观。此外，相比收付实现制，权责发生制的执行难度更大，需要耗费更多的人力和物力资源。

表 2-5 权责发生制分类

分类	记录内容
1. "轻度"权责发生制	仅记录短期金融资产和短期负债
2. "适度"权责发生制	分类 1 记录内容＋长期金融资产和长期负债
3. "强度"权责发生制	分类 2 记录内容＋资产负债表中的各类资本资产
4. "激进"权责发生制	分类 3 记录内容＋法定的权利金负债

（2）各国对核算基础的选择。与收付实现制相比，权责发生制由于记录时间与资源的实际流动相符，能够提供更加全面、准确的债务信息，并且很好地估计了政府相关财政政策的宏观影响（GFSM2014），所以具有明显优势。权责发生制在确认、计量、报告政府经济资源方面也有着更大的优势，引入权责发生制对政府或有债务进行计量是必然选择（王银梅和潘珊，2014）。国际主权债务危机爆发后，对债务信息在全面性和透明度等方面提出了更高的要求，也不断促进各国利用权责发生制对政府债务进行全面核算。权责发生制已逐步成为世界主要国家首选的政府债务核算基础。目前，许多国家和地区都已经实现了由收付实现制向权责发生制的转变，如表 2-6 所示。但是，在一些国家，转变还不够彻底，正在采用修正的权责发生制或修正的收付实现制。

当前，国际上主要的政府债务统计核算手册以及会计手册，都以权责发生制作为核算基础。IMF 制定的《财政透明度手册》等数据质量通用标准，也要求相关统计数据以权责发生制作为核算基础。以收付实现制作为核算基础将成为历史，选用权责发生制作为核算基础是未来统计和会计核算的发展趋势。

表 2-6　部分国家和地区债务核算基础的变革

国家/地区	类型	核算基础 变革前	核算基础 变革后
美国	发达国家	收付实现制	权责发生制
英国	发达国家	收付实现制	权责发生制
日本	发达国家	收付实现制	权责发生制
德国	发达国家	收付实现制	权责发生制
加拿大	发达国家	收付实现制	权责发生制
澳大利亚	发达国家	收付实现制	权责发生制
新西兰	发达国家	收付实现制	权责发生制
中国香港	发达地区	收付实现制	权责发生制
新加坡	发达国家	收付实现制	权责发生制
南非	发展中国家	收付实现制	权责发生制
智利	发展中国家	收付实现制	权责发生制
阿根廷	发展中国家	收付实现制	权责发生制
意大利	发达国家	收付实现制	修正的权责发生制
俄罗斯	发展中国家	收付实现制	修正的权责发生制
西班牙	发达国家	收付实现制	收付实现制
韩国	发达国家	收付实现制	收付实现制
巴西	发展中国家	收付实现制	收付实现制
捷克	发展中国家	收付实现制	收付实现制
马来西亚	发展中国家	收付实现制	修正的收付实现制
法国	发达国家	收付实现制	修正的收付实现制
中国	发展中国家	收付实现制	修正的收付实现制

资料来源：孙琳，方爱丽. 财政透明度、政府会计制度和政府绩效改善——基于48个国家的数据分析[J]. 财贸经济，2013（6）．

第三节　地方政府债务核算计值与衡量

在资产负债表中，负债仅以金融负债的形式体现，这与债务由金融工具构成是相一致的。因此，地方政府债务的计值问题可以转换为金融负债工具的计值问题。当前债务工具的类型不断丰富，由于不同债务工具的属性和特点有所不同，所以债务的计值问题也变得更为复杂。此外，政府债务的计值不仅包括债务工具的计值，还包括对有息债务工具应付但未付利息的估值。地方政府债务计值的难点则在于如何对或有债务进行衡量和处理。

一、债务核算计值的价格问题

在以 SNA2008 为代表的统计核算标准中，其估价首选是市场价格[①]。然而，在核算的实践过程中，一些债务并不存在市场交易价格。因此，必须使用其他方法来进行估计。

1. 不同类型债务实际计值的价格选择

以市场价格或者利用市场价格而估算的价格计值，需要一个正规、活跃、自由的交易市场。而实际上，对于政府债务这类金融负债而言，许多债务工具一般不被交易或交易较少，也就没有可以参考的市场价格用于估价及计值。因此，SNA2008 认为，此时要根据债务人必须付给债权人以抵消债务的数额对债权进行估价，并且价格中不应当包括进行交易时对所提供服务支付的服务费用、酬金、委托金及其他类似费用（SNA2008，13.54）。[②] 基于上述分析，对于可交易的债务性证券[③]（或工具）应当按照现行市场价格进行估价，计值依据为市场价值，而债务性证券以外的债务工具则以名义值进行计值（PSDS2011，2.116）。

（1）可交易政府债务性证券工具的计值。市场价值是债权人可以获得的实际金额，它不仅考虑了债务工具的名义值[④]，还进一步考虑了还款风

---

① 交易的市场价格是指有意愿的买方从有意愿的卖方获取某物时所支付的金额。
② 这是因为债务人和债权人都应按相同金额将交易记录在同一金融工具中，佣金、费用和税金应记录在适当类别下，并与金融资产和负债交易的记录分开。但是，如果所有权转让费并不是单独支付，则应包括在金融债的计值当中。
③ 证券包括债务性证券、股本证券和投资基金股份（单位）。根据 SNA 中第 11.64 条的界定，债务证券是作为债务证明的可转让工具，包括票据、债券、可转让存款证、商业票据、债券证等。贷款、存款、贸易信贷和保险技术准备金是不可转让的金融工具，不属于债务性证券，本书将其称为非债务性证券工具。
④ 名义值是指债务人对债权人的欠债余额，包括未清偿的本金和所有应计利息。

险、市场利率、市场流动性、将工具用于回购（或类似）交易的能力、潜在购买者对风险的规避情况以及市场上的其他机遇。所以，国民账户和政府财政统计资产负债表、货币与金融统计以及国际投资头寸数据都更加偏好使用市场价值进行计值。如果证券的市场报价有买卖价差，那么应采用中间价计值，这是因为价差是由买方和卖方支付的隐含服务价格。可交易政府债务性证券工具的计值基础为市场价值，但有时需要同时记录债务工具的名义值。这是因为名义值是债务产生时的价值，并且需要借助名义值来确定后续经济流量。

可交易政府债务性证券工具市场价值的确定需要具备有组织的市场，或者有关工具被大量交易且定期标出市场价格的其他金融市场。而一些时候，此种市场可能并不具备，或者市场上可交易债务性证券工具的价格难以被观察。因此，需要通过基于适当市场利率的未来付款折算，来估算市场价值，并且由于可交易政府债务性证券工具的市场报价没有将付息时间未到的应计利息纳入考虑（"除息价"），在确定市场价值时，必须列入该利息（"含息价"）（PSDS2011，2.119）。对市场价值的普通估计方法主要有两种：一是利用市场利率，将未来现金流折算为现值；二是利用类似金融资产和负债的市场价格（PSDS2011，专栏2.2）。

对于第一种方法，需要保证未来现金流确切已知或可以估算，同时这种期限和可信度的市场利率（或者一系列市场利率）可以被观察到。在满足上述条件的基础上，将未来现金流的现值或基于期限的折算值作为市场价值基础，就可以计算该金融资产和负债的值，其市场价值计算见公式（2-1）。公式中，t表示金融资产和负债的剩余期限；（现金流）$_t$表示在期间t时预计未来现金流的数量；i表示用以折算期间t未来现金流的利率，既可以是单一利率，也可以是变动利率。

$$市场价值 = 折算现值 = \sum_{t=1}^{n} \frac{（现金流）_t}{(1+i)^t} \quad （2-1）$$

第二种方法是直接将类似金融工具的市场价格作为市场价值基础。实际中，通常会出现的情况是金融资产或负债可具有其他一些金融工具中的某些特征，但其特征一般不与其中任何一个工具类似。在这种情况下，需要对市场价值进行某种调整，以考虑到各工具之间的流动性及风险水平差异。具体来说，可利用有关可交易工具的市场价格和其他特征信息（如工具类型、发行部门、期限、信用评级等）来估算工具的市场价值。

（2）不可交易政府债务性证券工具的计值。尽管市场价值相对名义值具有更多的信息优势，但是，由于缺乏完善的市场及交易价格，并且市场价格很难被准确估算，使用市场价值对非债务性证券工具进行计值也就变得不可行。因此，需要使用名义值对非债务性证券工具进行计值。名义值是基于债务人的角度测算的价值，等于债务人对债权人的欠款金额，包括未清偿的本金和所有应计利息。以贷款为例，名义值等于最初的贷款加上其后的所有贷款，再加上所有应计利息，减去所有还款（包括偿还的应计利息）。之所以使用名义值，除了因为没有活跃的交易市场外，还在于数据获得较为容易，并且能够很好地保持债务人和债权人之间的对称关系。

与市场价值相比，名义值的特点是信用度的改变不会对债务值产生影响，这也决定了名义值不能全面反映债务人的财务状况。特别是遇到债务人有不良贷款或者债务拖欠等行为时，名义值可能会严重偏离债务性证券工具的公允价值[①]。当此种情况出现时，应当将债务性证券工具的公允价值列入备忘项，以揭示这种偏离及其可能形成的风险。需要注意的是，对于那些不产生利息的债务性证券工具，所欠金额就是名义值，如果到期时间异常得长，则应当以适当的现有合约利率对本金额进行减值，但同时也需要按照利率来计算累积的利息。

2. 统计核算计值与会计核算计值在估价选择上的比较

无论是统计核算还是会计核算，都是以货币单位来测度交易价值的。但是，对金融资产和负债的计值，统计核算和会计核算在估价选择上存在一定差异。在一般宏观经济统计中，金融资产和负债首选市场价格进行

---

① 公允价值是指在正常交易中了解情况的各方自愿进行资产交换或债务清偿的金额。

计值，即假设它们是在资产负债表呈报日（参考日）的市场交易中获取的（PSDS2011，2.115）。而相关会计核算的估价标准，如IPSAS29等则要求使用公允价值对资产和负债金融工具进行计值。

以公允价值进行计值可以分为三个层次（葛家澍和徐跃，2006），对此IPSAS29也进行了较为具体的介绍。第一个层次是使用活跃的交易市场中相同的金融资产和负债的报价，作为公允价值的估计。如果债务性证券工具能够同时进入多个活跃的交易市场，则相对于清偿所需支付的金额，各市场的价格差异是能够实现最小化的。第二个层次是活跃市场上仅存在具有相似特征的同类型金融资产和负债报价，则应当在相似报价的基础上通过调整各债务性证券工具的差异来估计公允价值。这种确定公允价值的方法与上文所介绍的第二种市场价值的普通估计方法是相同的。第三个层次是在前两个层次的条件都不满足时，通过一定的估值技术来估算公允价值。估计方法包括参照当前其他大致相同的金融工具，估计在熟悉情况、自愿下的一臂之隔市场交易[①]的公允价值，或者使用现金流量折现法或期权定价模型来确定公允价值（IPSAS29，51）。此外，另一种重要的估计方法是成本法，即对金融资产和负债的重置成本或现行成本进行调整。值得注意的是，在使用所选择的估计方法时，应当尽可能多地使用市场存在的相关参数，而尽量避免使用参与主体主观决定的参数，以保证估计结果的客观性。

以公允价值作为金融资产和负债的计值标准时，在操作层面上首选的价格依然为市场价值，这是因为市场价值是公允价值的最优估计。这也导致对于可交易的债务性证券工具而言，无论是统计核算的市场价值还是会计核算的市场价值，其计值基本上是一致的。而对于非债务性证券工具而言，当债务人具有良好的财务状况和信用时，非债务性证券工具的名义值可以作为公允价值的良好估计，此时两者核算是保持一致的。但是，当名义值与公允价值发生偏离时，会计核算的公允价值与统计核算的名义值将

---

① 一臂之隔市场交易是指在各独立方之间进行的只以商业对价为基础的独立市场交易。

不再统一。统计核算和会计核算的计值比较如表 2-7 所示。

表 2-7 统计核算和会计核算的计值比较

核算类型	债务性证券工具	非债务性证券工具
统计核算	1. 有市场价格的使用市场价格 2. 没有市场价格的进行估算 3. 需要记录名义值	1. 使用名义值进行计值 2. 名义值偏离公允价值较大时，将公允价值列入备忘项
会计核算	公允价值（价值确定同上）	公允价值（通过估值技术估算）

一方面，在统计核算中，使用名义值在操作层面上更为简单、方便，计值结果更为确定。债务性证券工具名义值的确定往往比较简单，一般借助合约中的信息就能够实现，并且计值往往是确定的；而非债务性证券工具公允价值的确定则是一个更为复杂的过程，需要采用一定的估值技术，难度更大，并且通过估值技术得到的计值结果往往会掺杂主体的一些主观性。另一方面，在统计核算中，名义值不能反映债务人的财务、信用状况，在一定条件下需要借助公允价值进行必要的信息补充。对于贷款、应付款项等债务性证券工具而言，当债务人的信用发生剧烈变化而形成不良贷款时，名义值与公允价值将发生严重偏离。此时，继续使用名义值进行计值显然不能够真实、准确地反映相关信息。因此，需要借助公允价值进行补充，列入备忘项。

从理论上说，公允价值作为金融资产和负债的计值应当是最佳的选择。但是，从债务人的角度看，使用名义值对不可交易工具进行计值时，操作更为简便，不仅能够得到确定的债务规模统计数据，而且能够在一定程度上最小化自身的偿债风险。

3. 计值风险讨论

在政府债务统计核算计值中，可交易工具和不可交易工具的估价确定有所区别，不可交易工具使用名义值，而可交易工具使用市场价值。名义值与市场价值可能相等，也可能不相等，需要具体分析。市场价值是统计核算的计值基础，能够反映债务人信用以及市场利率等的变化。然而，无论使用市场价值还是名义值进行计值，都需要承担一定的计值风险。

（1）市场价值计值风险。市场价值计值需要保证交易市场的正规、活跃与自由。正规、活跃与自由的交易市场，是获得可靠市场价值的有力保证。然而，当交易市场活跃程度不足，流动性匮乏或者出现无秩序时，仍使用市场价值对债务进行计值就需要承担很大的计值风险。可能的情况是，当政府信用或者市场发生恶化时，容易出现恐慌性的抛售，无秩序的交易市场很可能使市场价值并不能真正反映金融资产的内涵价值（黄世忠，2010）。2007年美国次贷危机的出现，对整个美国的金融体系造成了严重破坏，影响到了正常的交易秩序和流动性。在这一背景下，许多金融资产和负债的市场交易价格都发生了扭曲。在市场流动性不足的情况下，市场价格并不能代表实际的公允价格。因此，在此背景下使用市场价值进行计值，势必会造成对资产和债务性工具价值的低估。

除了交易市场的流动性外，债务性工具的市场价值还与还款风险、市场利率、将工具用于回购（或类似）交易的能力、潜在购买者对风险的规避情况等密切相关。一旦这些情况发生变化，都会影响到市场价值。由于政府作为债务人时，其信用比较稳定，所以使用市场价值计值的风险更多来自市场的无秩序变化。因此，从信用的角度来看，使用市场价值对政府债务可交易工具进行计值，所面临的风险相对较小。但是，市场价值是债务人和债权人博弈后形成的结果，市场价值计值隐含着这样一个假定，即作为债务人的政府，能够随时借助自身所能利用的资源，以市场价格回购其他债权人持有的债务。但是，如果政府并不参与到这种回购行为中，对于债务仅是到期支付本金和利息，那么使用市场价值进行计值并不能准确地衡量政府所面临的支出义务，这将十分不利于从政府角度对债务进行统计。

（2）名义值计值风险。名义值是从债务人的角度测算的价值，使用名义值对政府债务计值同样会面临计值风险。现实中，名义值不能反映债务人的偿还能力与预期的债务偿还情况，与公允价值往往存在偏离。当名义值与公允价值出现非常规性偏离时，使用名义值进行计值将难以准确、全面地反映债务规模。为了弥补这一缺陷，统计核算中要求当名义值与公允价值发生较大偏离时，应当将公允价值记录到备忘项。因此，使用名义值进行计值时需要有针对性地估算特定不可交易债务性工具的公允价值。

名义值计值风险还来源于债务人和债权人对同一债务性工具的计值大小可能不相等。使用名义值进行计值时，理论上债务人和债权人所得到的计值大小应该相等。但实际会计处理中，债权人对于不良贷款、拖欠款项等可能会根据有关信息计提一定的减值准备，从而导致实际计值少于名义值。当然，本书债务核算是基于债务人即地方政府的视角，名义值计值的债务规模反映的是地方政府未来需要承担的债务责任。因此，使用名义值对不可交易债务性工具进行计值所面临的计值风险相对不大。

二、应计利息核算与处理

在债务性工具的计值中，除了涉及如何选择估价方法外，另一个重要的内容是估算应计利息。利息是某种金融资产（特别提款权、存款、债务证券、贷款和其他应收账款）的所有人在将这些金融资产和其他资产交由另一机构单位处置时应收的一种投资收入（PSDS2011）。对于非债务性证券工具的计值而言，应计利息的确定尤为重要。这是因为非债务性证券工具，如贷款，其名义值等于贷出金额加上应计未付利息再减去任何还款，利息是债务余额的一部分。应计利息的确定应当按照合约安排，其形式较为多样，可以是未偿金额的一定百分数、某个预定的金额、取决于某个既定指标的可变金额，或者是其中几种方法的组合。

1. 非债务性证券工具的利息处理

通常，对于以存款、贷款和应收/应付款为形式的金融资产和负债，确定其应计利息的方法是将双方合约安排中确定的相关利率乘以会计期间各时点的债务余额。有些非债务性证券工具在整个存续期间具有固定利率，而有些非债务性证券工具的利率可能在整个存续期间具有一次或几次变化。对于各期间，应使用相关利率计算该期间内发生的利息。对于有些贷款和存款，可能也对到期偿付额或定期付款额（如息票）（或两者）进行指数化[①]来核定本金和利息。一般而言，非债务性证券工具的应计利息可以按照复利方法来计算。PSDS2011在专栏中详细介绍了复利的计算形式。

（1）基本复利。基本复利的计算公式为：

$$V_n = P \times (1+r)^n \qquad (2-2)$$

其中，V表示未来值；P表示现值；n表示整个应计利息期间的会计期间数；r表示年利率。

（2）连续复利。即利率是连续累计的，并不断将累计的利息加入本金中。实践中，利息可按日、月、季度或年度计算。连续复利的计算公式为：

$$V_n = P \times [1+(r \div p)]^{np} \qquad (2-3)$$

其中，V表示未来值；P表示现值；r表示年利率；p表示每年应计利息的次数；n表示整个应计利息期间的会计期间数。

（3）债务证券折价或溢价的应计利息。折价发行债务性证券的应计利息同上，而溢价发行债务性证券的应计利息为负。据公式（2-4）可得折价发行债务性证券应计利息的复利利率公式：

$$r' = 1+(r \div p) = (V_n \div P)^{(\frac{1}{np})} \qquad (2-4)$$

其中，r′表示每次应计复利利率；V表示未来值；P表示现值；r表示年利率；p表示每年应计利息的次数；n表示整个应计利息期间的会计期间数。

2. 债务性证券工具的利息处理

虽然债务人根据债务性证券工具初始期确定的条款和条件偿还债务，但在二级市场购买证券的持有人可能不了解甚至不关注发行时的利率，这使得可交易债务性证券工具利息的确认和计量变得更为复杂，可参照《国际收支和国际投资头寸手册第六版》（简称BPM6）。常见的确认和计量可交易债务性证券工具利息的方法主要有三种，分别为债务人法、债权人法和购买法（BPM6，11.52）。①债务人法中，应计利息为债务人必须支付给债权人的、超过债权人所提供款项的数额。债务性证券工具的应计利息根

[①] 指数化指的是借贷双方的利息与本金支付由固定的变为随某一经济变量的变化而变化，通常参照利率变化或者通货膨胀变化指标。

据工具初始期规定的条件按整个期间确定，应当采用最初的到期收益率。证券发行时确定的单个有效收益率可以用来计算至到期日各期间的应计利息。②债权人法中，应计利息等于任何时点该工具的市场价值所包含的未来应收款按照一定折扣率计算的收入。债权人法反映了当前的市场条件和预期，任何特定时间的应计利息都通过当前到期收益率确定。随着证券市场价格不同期间的变化，计算应计利息的有效利率也会不同。③购买法中，应计利息为在工具购买成本中所包含的以折扣率计算的部分价值。购买法中的应计利息反映了购买债务性证券工具时的市场条件和预期，利息是根据购买债务性证券工具时的剩余到期收益率确定的，有效利率仅当证券在二级市场转售时才会发生变化。

首先，对于已知现金流的可交易债务性证券工具，不同类型的处理也不一致。对于平价发行、折价发行、溢价发行以及本息分离证券，对应计利息的处理有较大差别，如表 2-8 所示。

表 2-8 已知现金流的债务性证券工具应计利息处理

债务性证券工具类型	应计利息处理
平价发行债务性证券工具	整个证券存续期间内的应计利息总额按定期息票支付确定
折价发行债务性证券工具——短期汇票和零息债券等	应计利息为合约期末需偿还的金额和最初借入的金额之间的差额
折价发行债务性证券工具——定期息票支付的高折扣债券	应计利息为定期应付息票金额加上各期间由于赎回价格与发行价格之间的差额而发生的利息金额
溢价发行债务性证券工具	应计利息的处理是将赎回价格与发行价格之间的差额在整个存续期间摊销，并减去各期间发生的利息金额
本息分离证券	非正式本息分离证券[a]根据发行本息分离证券时确定的利率计算；正式本息分离证券按标的证券的利率计算

资料来源：主要参考 BPM6 中 11.54~11.58 的内容整理得到。

a. 非正式本息分离证券与正式本息分离证券相对应，是指由未获得原发行人授权的第三方发行的证券；而正式本息分离证券是由原发行人授权，通过其指定的拆息交易商发行的证券。

其次，指数挂钩型债务性证券工具的安排不同，利息处理也不相同，并且十分复杂。指数挂钩型债务性证券工具将到期偿付额或息票支付与某具体指标结合在一起。以到期偿付额指数化的债务性证券工具为例，具体的偿付金额仅在债务性证券工具被赎回时才可知，而这之前利息流量是不确定的。所以，必须借助相关近似估算方法来得到参考指标值之前的预估应计利息。在估算时，应当区分指数挂钩型债务性证券工具的具体安排类型：①仅对息票支付指数化，而到期偿付额未指数化；②仅到期偿付额指数化，而息票支付未指数化；③到期偿付额和息票支付均指数化。具体如表 2-9 所示。

表 2-9 指数挂钩型债务性证券工具应计利息核算处理

指数挂钩型债务性证券工具安排	应计利息估计	适用范围
仅息票支付与指数挂钩	直接利用可知的指数值计算	息票支付的日期已经过去
	利用所涵盖的报告期间内的指数变动来计算	息票支付的日期尚未过去
仅到期偿付额与指数挂钩	按会计期初与期末之间由于相关指数变动引起的债务余额价值的变化进行计算	使用到期偿付额的广基指数化
	按照固定发行时的利率计算	指数化包含持有收益动机，即通常指数化基于单一且定义范围较窄的项目
到期偿付额和息票支付均与指数挂钩	应使用外币作为计价货币，并按市场汇率中间价折算成本币应计利息	到期偿付额和息票支付均与外币挂钩
	应计利息可以通过加总两个要素进行计算，即归属于该会计期间的由于息票支付指数化而产生的款项和会计期初与期末之间由于相关指数变动引起的债务余额价值的变化	到期偿付额和息票支付均与广基指数的参考项目挂钩

资料来源：主要参考 BPM6 中 11.59~11.65 的内容整理得到。

三、地方政府或有债务核算处理

或有债务是地方政府债务核算的重点和难点所在，或有债务所具备的主观评价性、不确定性和时效性三个特征，是或有债务核算困难的主要原因。

对地方政府或有债务进行核算,其主要问题在于如何对或有债务进行衡量。

1. 衡量或有债务的必要性

在宏观经济统计中,或有债务一般都不被确认为负债,除非在特定情况下这项债务满足被启用的条件。如欧盟在对政府作为担保人的债务进行统计时,只有政府连续三年对现有被担保债务付款,且预计这种情况将继续时,该项债务才被确认。国际会计准则也认为,虽然承担或有债务的现实责任是源于过去的事件,但是由于承担义务将导致经济利益或服务潜力资源的流出,并且不确定也不能可靠地测定出用于承担义务的利益流出量大小（IPSAS19,18）,所以PSDS2011建议使用备忘项来记录或有债务,并列示相关具体细节。然而,通过备忘项使用证券工具的面值大小来衡量或有债务,往往无法反映实际的风险,甚至会夸大可能出现的风险。这是因为,或有债务被启用的情况仍然无法得到反映。在地方政府或有债务中,地方政府最终可能需要承担多少,这个问题就是或有债务预期损失的估值问题,或者说是或有债务的衡量问题。换言之,或有债务的量化或者估值,是指确定或有债务由于违约而被最终启用的债务大小,或者说确定或有债务最终转化为直接债务的数量。

尽管对于或有债务的衡量并没有一种普适性的方法,但是对或有债务的衡量在一定程度上能够反映风险,提高债务数据的质量和透明度。Irwin（2007）也认为,对政府担保债务的成本进行计量和测算,能够使政府更好地选择是否承担风险,尤其是当风险很大时,近似的计量和测算往往比什么都不做要好得多。因此,估算或有债务的可能损失,不仅符合权责发生制的要义,而且对于债务风险的全面反映具有重要的现实作用。对此,SNA2008和PSDS2011都鼓励对或有债务进行监测和衡量。

2. 衡量担保债务的方法

显性或有债务主要以地方政府一次性担保债务为主。当前许多衡量或有债务的方法,大多是针对一次性担保债务而言的。政府担保债务的形成,过去常与其追求的政治目标紧密联系在一起,这些目标包括保护银行储户、促进出口和国内企业对外投资、扶持状况不佳的工业部门,以及对陷入财务困境的公司进行救助；而现在主要是通过政府担保来支持私人部门基础设施建设项目的融资，这在发展中国家更为常见（Mody 和 Patro，1996）。担保债务的总规模是确定可计量的，担保债务一旦出现违约，或有债务事项就将被启动，相应也就转化为直接债务。

目前，许多国家都借助一定的量化方法，对政府担保债务进行量化。例如，捷克和巴基斯坦等国家借助风险概率法来量化或有债务；瑞典等国家通过仿真模型来估算政府或有债务造成的损失；美国等国家使用或有权益分析模型来预测政府担保在未来五年甚至更长时间内的预算成本（刘溶沧和赵志耘，2003）。

（1）风险概率法。风险概率法使用概率大小来描述担保债务最终转化为直接债务的可能性。概率值介于 0~100%，概率为 0 表示不可能转化为直接债务，概率为 100% 则表示一定能够转化为直接债务。对于政府担保债务而言，使用风险概率法时首先应当确定若干类风险层级。这是因为每一笔担保债务发生的概率可能并不相同，所以不仅债务概率的确定比较困难，而且计算全部担保债务的价值也将变得非常繁杂。通过使用风险层级则能大大简化相关工作量，只需要结合对应层级担保债务的数额，就能确定地方政府全部担保债务转化为直接债务的期望大小，公式如下：

$$VG = \alpha_1 \times G_1 + \alpha_2 \times G_2 + \cdots + \alpha_m \times G_m \quad (2-5)$$

其中，VG 表示全部担保债务转化为直接债务的期望大小；m 表示划分的层级数；G_m 表示该层级担保债务的数额；α_m 表示对应层级担保债务转化为直接债务的平均概率。

风险概率法已被很多国家应用于对政府担保债务的量化，但是各国对层级的划分有所不同。例如，捷克政府将政府担保违约事项发生的可能性标准定为 5%、15%、30%、90%，继而将担保债务分为五个层级；巴基斯坦政府将标准设定为 15%、50%、75% 和 95%。我国财政报告中尚未使用风险概率法来量化政府担保债务，但针对或有事项导致经济利益流出的可能性，我国会计准则做出了具体的数量规定。参考加拿大的分类标准，我国会计准则中使用 5%、50%、95% 的划分标准，将转化的可能性分为极小可能、可能、很可能、基本确定四类。

风险概率法虽然应用比较简单，并且具有很强的操作性，但也存在着一些弊端。首先，确定某担保债务转化为直接债务的概率时通常具有比较强的主观性。某担保债务最终是否违约而转化为直接债务，往往是由很多因素共同决定的，预测难度很大。其次，在计算全部担保债务转化为直接债务的期望大小时，使用的是每一类风险层级的平均概率，而担保债务可能并不一定服从均匀分布。

（2）市场价值衡量法。该方法假定市场上的各种可比工具不管有无担保都是可观察的，且市场已经充分评估了担保所包含的风险。根据这种方法，金融工具担保的价值可以通过计算未担保工具的价值和包含担保工具的价值之差得到。在贷款担保的情况下，担保的名义价值是未担保贷款的合约利率与担保贷款的合约利率之差，再乘以贷款的名义价值。计算担保的市场价值时将运用市场利率而不是合约利率。

$$VG = I - I_G = VD \times r - VD \times r_G \qquad (2-6)$$

其中，VG 表示担保的名义价值；I 表示未担保贷款的名义利息；I_G 表示担保贷款的名义利息；VD 表示贷款的名义价值；r 表示未担保贷款的名义利率；r_G 表示担保贷款的名义利率。

市场价值衡量法运用市场信息对担保工具进行估值，对贷款和其他债务工具担保特别有用。由于需要足够多的市场信息，但实际可比工具的市场信息获得难度很大，所以限制了其使用范围。另外，由于一些债务可能仅是政府的隐性担保，这也加大了比较的难度。

（3）期权定价法。担保贷款与无风险贷款之间具有密切联系，无风险贷款价值应等于风险贷款价值与担保价值之和。Merton（1977）认为，国家对企业贷款进行担保，相当于国家对企业的资产发行了看跌期权，这使得持有者拥有在期权到期日以贷款票面价值出售这些资产的权利。所以，无风险贷款价值也等于风险贷款价值与看跌期权价值之和，这样担保就可以视作确保债券行使价格与票面价格相等的期权。通过利用担保与看跌期权之间的相似性来确定担保的预期成本，这就是期权定价法。

$$V_f = V_r + VG \tag{2-7}$$

其中，V_f 为无风险贷款价值；V_r 为风险贷款价值；VG 是看跌期权价值，即担保价值。

根据上述公式，Merton（1990）根据 10 家公司 1990 年 5 月 10 日和 8 月 2 日债券的无风险价格及其市场价格样本，估算了各自债券所隐含的担保价格，估算结果如表 2-10 所示。根据表 2-10 可知，各公司债券隐含担保价格占债券市场价格的比重并不一致，如 5 月 10 日，Pan Am 公司债券隐含担保价格占市场价格的比重高达 151.1%，而 Union Carbide 公司仅为 11.5%。此外，随着时间的推移，担保价格会发生变化，如 Pan Am 公司和 RJR Nabisco 公司 8 月 2 日的债券隐含担保价格比 5 月 10 日分别增加约 30 美元和减少约 8 美元。

表 2-10 公司债券隐含担保价格估算结果

公司	到期年限	5月10日 债券价格（美元）无违约风险价格	5月10日 债券价格（美元）市场价格	5月10日 担保价格（美元）隐含担保价格	5月10日 担保价格（美元）占市场价格的比重（%）	8月2日 隐含担保价格（美元）
Continental Airlines	6	109.12	66.00	43.12	65.3	49.07
MGM/UA	6	118.24	63.38	54.86	86.6	61.79
Mesa Capital	9	127.36	95.50	31.86	33.4	28.77
Navistar	14	100.00	89.00	11.00	12.4	12.59
Pan Am	14	147.23	58.63	88.60	151.1	118.27
RJR	11	88.80	70.88	17.92	25.3	17.89
RJR Nabisco	11	141.35	76.88	64.47	83.9	56.43
Revlon	20	117.25	80.75	36.50	45.2	41.29
Union Carbide	9	102.89	92.25	10.64	11.5	8.64
Warner Communications	23	124.11	97.00	27.11	27.9	28.24

看跌期权是一种重要的金融工具，期权的持有者拥有在期权合约有效期内按执行价格卖出一定数量标的物的权利，但不负担必须卖出的义务。当资

产的市场价格低于约定价格时，看跌期权的持有者将会行使期权，迫使期权的发行者以承诺支付的价值接受这些资产。也就是说，当贷款的市场价值低于面值时，通过使用期权协议来迫使国家以面值接受这些贷款。据此，政府对贷款担保的价值就等于看跌期权的价值，如表2-11所示。值得一提的是，期权定价是基于风险中性定价的，即期权的价格没有考虑任何风险溢价。

表2-11 担保作为看跌期权

	V ≥ F	V<F
风险贷款价值	F	V
看跌期权价值	0	F-V
无风险贷款价值	F	F

资料来源：Mody 和 Patro（1996）。

注：V是贷款的市场价值，F是名义价值（面值）。

期权定价法虽然比较复杂，但仍然被广泛应用于对基础设施融资担保中利息和本金支付的定价。期权定价法也有其局限性，主要是由于期权定价模型为相关资产价格假设了一个外生随机过程，但担保（特别是政府担保）的存在可能会对资产价格产生影响（PSDS2011，专栏4.1）。

（4）仿真模型法。蒙特卡罗模拟等仿真模型法通过数值模拟方法来估计担保损失的概率分布，而不是对担保有关风险因素的变化进行假定。然后，利用所估计的分布对担保进行定价，并估计在给定置信水平下未来可能遭受的最大损失。相比期权定价法，仿真模型法通常更为灵活，因为它允许同时考虑更多的影响因素（Cebotari，2008）。

蒙特卡罗方法常用于估算政府对基础设施建设项目进行担保的损失。基建项目融资至关重要，特别是发展中国家缺口较大，面临着长期性的金融和经济挑战，许多基建项目已由过去政府独立融资转变为公私合营，政府为吸引私人资本而主要提供担保支持（Piranfar 和 Masood，2012）。蒙特卡罗方法主要是用于模拟和估计项目未来现金流对担保债务的偿还能力，一旦项目现金流收入少于政府担保值，就需要政府额外支付，政府担保往往被处理为欧式期权或百慕大期权的一种。实物期权法是对 BOT 模式项目中的政府担保进行估值的一般方法，必须在经营期之前确定担保的数量和时间，导致这类静态方法并没有充分利用信息并且对风险覆盖不足，而混合最小二乘蒙特卡罗模拟方法能够使 BOT 在项目运行阶段更为灵活（Chiara 等，2007）。

3. 养老金或有隐性债务的界定

近年来，公共养老金计划及其可能引发的债务问题，已逐渐成为一个世界性的难题。公共养老金计划构成了社会福利保障制度的重要部分，它通常是由政府借助立法强制发起并管理，向参与计划的退休者支付规定额度的退休金。由于政府充当了养老金计划的执行者，相应也就需要承担起养老金发放的义务。而实际上，养老金的收缴和发放并不一定总是平衡的，由此会导致政府养老金或有隐性债务问题。

养老金计划可以分为定额给付养老金计划和定额缴款计划。在定额给付养老金计划中，雇主向参与计划的雇员及其家属承诺的养老金是有保证的，通常根据参与人员的工作年限和薪酬按公式计算；而在定额缴款计划中，雇主对基金的缴款水平是有保证的，但将来支付的养老金则取决于基金的资产（PSDS2011，3.54）。因此，在基金积累形式的定额缴款计划下，养老金支出多少取决于基金的收益情况，政府一般对养老金不负有偿还责任。

研究政府养老金缺口问题，必须将其与基本的养老金制度模式联系起来。根据融资方式的不同，养老金制度主要有两种模式：现收现付制和基金积累制（边恕，2008）。现收现付制是指利用当期参保未退休在职人群的缴费收入来发放退休老年人的退休金，简单说就是用在职人群收入来赡养退休人群。现收现付制具有代际转移、以支定收、管理简单、风险较少等特点。现收现付制一般与定额给付养老金计划是相匹配的。20 世纪 80 年代之前，许多高收入国家实行的都是此类制度。基金积累制则考虑长期收支平衡，将在职参保人员的缴费通过账户形式积累下来，待其退休后用于养老支出。1981 年开始，智利等拉丁美洲国家和加勒比地区的一些国家率先进行了定额缴款完全基金积累制改革。但是，这种养老金制度同样存在着老龄化带来的财政压力以及超高的转型成本（霍尔茨曼和帕尔默，2009），并最终形成巨大的财政资金缺口和负担。不同因素对现收现付制和基金积累制的影响如表 2-12 所示。

表 2-12 不同因素对现收现付制和基金积累制的影响

影响因素	现收现付制	基金积累制
人口因素 　负担系数增高	严重破坏收支平衡	对融资和支出水平无明显影响
金融因素 　投资收益率变化 　高通胀	不影响养老金水平 可能使养老金水平下降，但效果不大	直接影响养老金水平 显著影响养老金水平
宏观经济因素 　在职工人平均工资下降 　失业率升高	当期养老金水平下降 影响收支平衡，但对个人养老金水平影响不大	影响未来养老金水平 不影响融资，但会影响失业者养老金水平
政治因素	隐性代际合同可能中断，合同执行受财政预算影响	个人账户不受财政预算的影响

资料来源：边恕. 中国公共养老金隐性债务研究 [M]. 北京：经济科学出版社，2008.

不同的养老金制度对平衡的考虑是不同的，其所追求的平衡目标有很大差别，继而对养老金资金缺口的理解也有所不同。现金收付制的养老金制度追求的是当期平衡，这种制度顺利实施的前提是人口结构较为稳定。然而，随着世界各国均不断迈进老龄化社会，当期在职人员参保缴费数额必然不足以支付当期老年人的养老金，从而形成养老金缺口。这种缺口一旦出现并恶化，势必会威胁到财政的可持续性。相比而言，基金积累制的养老金制度考虑的是长期的收支平衡，所追求的是参保人员在职时的缴费支出与年老退休时所领取的退休金的平衡。此种状态下的缺口，与当期的收支缺口完全不同。

针对养老金缺口的定义，李扬等（2013）曾进行过总结：一是当期缺口，即参保在职人群缴纳的养老金保费用于支付老年人养老金的不足部分；二是累积缺口，即某一时点起至未来一定年限内的全部当期缺口的累积现值之和；三是转轨资金缺口，指由现收现付制向基金积累制转型引起的资金缺口。显然，第一类当期缺口应当是养老金当期显性债务，政府养老金隐性债务显然与后两者更为接近，但也并不完全相同。Iyer（1999）将养老金负债定义为对现有养老金制度履行过责任的所有人的未来收益的现值减去该人群将来缴费的现值。但是该定义假定实行现收现付制并且养老金计划没有任何累积资产，而实际上通常都会有一定的累积资产。因此，吉列恩等（2003）认为，养老金隐性债务的计算应当减去最初的储备。可见，养老金隐性债务与累积缺口的概念较为接近。但是，对养老金隐性债务的界定应当注意两点：一是所针对的对象应当是现有全部参保人员，未来新加入人员的养老金债务不应当包括在内；二是测算的收益和缴费都必须转化为现值，否则将不具备可比性。因此，从未来测算的对象和年份看，这种界定又与累积缺口存在较大分歧。由于完全的基金积累制并不存在隐性债务，所以有一部分学者认为养老金隐性债务在规模上应当等于现收现付制向基金积累制的转型成本。

笔者认为，吉列恩等（2000）的界定更为符合养老金隐性债务的性质，即当期养老金隐性债务应当等于对现有养老金制度负有责任的所有人的未来收益的现值减去该人群将来缴费的现值，再减去当前已有的资金储备。根据前文对债务概念的界定，债务应当是指过去所形成的义务导致的未来经济利益流出。所以，某一时刻养老金债务的对象应当是该时刻的全部参保人员。换言之，养老金隐性债务可以理解为在某一时刻终止该制度，但由于过去承诺而应当对这部分人群进行的偿付义务。只要这部分人全部去世，隐性债务责任和义务相应也就终止。

上述界定的养老金隐性债务，与 Holzmann 等（2004）总结的三种养老金负债的第二种是相同的。根据其总结，养老金负债有三种最主要的定义：一是养老金应计负债表示在应计权利的基础上未来应付的养老金现值，既不包括未来的缴费，也不包括这些缴费所对应的应计权利；二是封闭群体方法计算的负债，即假定养老金计划持续存在直到最后一个人死亡，并且未来不允许新人加入，现有人员的未来缴费以及他们新的权利基于现有规则确定，由此测算的当前员工和退休人员的预计负债；三是开放系统的负债，包括新员工在现有规则下的缴费和养老金，测算范围扩展至劳动力市场的孩童，一般可以选择任意时间段对此方法进行应用。

4. 养老金或有隐性债务的测算

养老金或有隐性债务是政府或有债务的重要组成，但在宏观经济统计体系中，政府对未来支付养老金的承诺不确认为负债，不管社会保障基金或其他单立账户的资产水平如何（PSDS2011，3.57）。也就是说，一般宏观经济体系并不确定养老金隐性债务的负债属性，而仅是将即将到期或已经到期但尚未支付的养老金确认为债务并处理为其他应付账款。这一点与前文对或有债务的处理是一致的，相应 PSDS2011 和 GFSM2014 也都建议将养老金或有隐性债务记录到备忘项并做详细说明。然而，无论政府养老金或有隐性债务是否被确认为负债，债务的衡量问题都是政府养老金或有隐性债务核算处理的关键。

根据前文定义，当期养老金隐性债务应当等于对现有养老金制度负有责任的所有人的未来收益的现值减去该人群将来缴费的现值，再减去当前已有的资金储备，从而可以直接建立起养老金隐性债务的数学测算公式：

$$TTPL(t)=PL(t)-CA(t)-F(t) \qquad (2-8)$$

其中，$TTPL(t)$ 表示 t 时刻的养老金隐性债务规模；$PL(t)$ 表示全部参保人员未来养老金收益总额在 t 时刻的现值；$CA(t)$ 表示在职人员未来缴费的现值；$F(t)$ 表示已有的养老金储备资金。

公式（2-8）假定该制度从 t 时刻不再有新人加入，t 时刻的隐性债务规模也就应按照当前的制度继续发展下去，直到全部的参保人员由于死亡都退出养老金计划，测算中需要对参保人员的未来缴费和收益情况进行假定。将公式（2-8）进一步展开，可以得到更为具体的测算公式：

$$\text{TTPL}(t) = \sum_{i=t}^{t+m} \frac{CA_i - PL_i}{\prod_{k=t}^{t+i}(1+\delta_k)} - F(t) \tag{2-9}$$

$$CA_i = c \times N_i^w \times \overline{W}_i \tag{2-10}$$

$$PL_i = k \times N_i^r \times \overline{W}_i \tag{2-11}$$

其中，m 表示从 t 时刻开始至全部已有参保人员死亡而退出养老金计划的年限；CA 表示在职人员的缴款；PL 表示对已退休人员的给付；δ_k 表示未来年份的折现率；c 表示养老金缴费率；N_i^w 表示 t 时刻全部参保人员在未来 i 时刻剩余的在职职工人数；$\overline{W}_i$ 表示平均工资；k 表示养老金水平决定值，也就是替代率；N_i^r 表示 t 时刻全部参保人员在未来 i 时刻的退休职工人数。

这里所界定的测算方法，实质上测算的是政府由于过去的承诺而导致的未来利益的流出，强调的是未来流出利益大小的现值。因此，在假定现有养老金制度较为稳定的情形下，未来年份的折现率 δ_k 的选择至关重要，将直接影响到最终的测算结果。也有一部分学者认为，养老金隐性债务应当为假定制度立即停止时，用于兑付已退休和正工作尚未退休职工的养老金待遇承诺，所应当积累的资金现值（何平，2000）。这类测算方法主要强调过去积累的不足，测算的重点也在于养老金转轨成本。虽然本书给出了养老金隐性债务的测算方法，但是目前为止，关于如何测算还有颇多问题尚未形成一致意见，并且我国存在的问题非常特殊，应当根据具体情况对方法进行调整。

第四节　地方政府债务数据编制与公布

范围确定和计值选择能够在内容与方法上保证地方政府债务核算的科

学性和可靠性。接下来需要考察如何在此基础上利用相关数据进行统计编制,以保障最终核算结果的可靠性与及时性。完善的债务统计编制体制、可靠的数据来源、科学的编制方法以及合理有效的数据列示,能够为债务核算及最终核算结果的科学可信提供有力保障。具体而言,地方政府债务数据收集、编制和公布的主要过程如图 2-3 所示。

源数据系统或编制者	・会计系统 ・金融管理系统 ・债务管理、纪录和报告系统 ・其他系统
数据来源的主要类型	・债务办公室 ・资产负债表 ・定期调查 ・其他来源
公安部门债务统计的编制和发布	・分散债务机构 ・中央编制机构 ・地方政府债务统计数据发布

图 2-3 地方政府债务数据收集、编制和公布过程

资料来源:参考 PSDS2011 中图 6.1 整理得到。

一、数据编制和公布的制度问题

1. 中央编制机构及职责

地方政府债务核算是一个自下而上、协调统一的过程,核算实践中必须有明确的机构负责这一整套地方政府债务统计数据的编制和公布。这一负责机构一般被称为中央编制机构,主要有中央银行、财政部、独立债务管理部门或国家统计机构。中央编制机构的主要职责在于将分散的地方政府债务数据集中,在此过程中对相关数据生成机构[①]进行协调,从而在避免重复工作的同时,保证数据编制方法和内容的一致性。因此,必

---

① 相关数据生成机构包括源数据生成机构和分散编制机构。

须制定一整套完善的机制，为机构间的数据分享和协调提供便利，并保证及时有效地将源数据提供给负责公共部门债务统计编制的中央（或分散）机构。

由于地方政府债务核算涉及范围较广，所以债务统计数据可能由不同的机构共同编制。因此，中央编制机构必须从下述几个方面进行保障（PSDS2011，6.10）：

（1）保障编制过程中所用概念和所列示工具的一致性。例如，地方政府债务核算基础、内容和计值方法必须保持一致性。总体来说，中央编制机构应制定有关数据提供的专业标准，对这些标准进行监督，确保其他机构提供的统计数据符合数据范围、概念、评估原则、记录基础等要求，并保证数据提供的频率和及时性。

（2）保障统计数据能够满足数据使用者的需求。地方政府债务统计数据的使用者包括中央政策制定者、地方政府债务发行和管理者、市场投资者以及研究学者等。中央编制机构在制定有关标准时，应当在自身统计力量的基础上，充分考虑数据使用者的需求。

（3）保障具有合理的统计数据纠错机制。中央编制机构应当制定定期对数据质量进行核查和评估的制度。一方面，需要对数据进行审计，保证统计数据的真实性；另一方面，同一数据有不同的数据来源时，应当对各来源数据进行充分比较和评估，选择更为合适的数据进行编制和公布。

2. 法律框架保障

地方政府债务涉及面较广，其统计数据及结果相对较为敏感。由于债务状况可能会对地方政府财政收支治理情况、财政资源分配、领导政绩等产生重要影响，所以在数据收集及编制过程中难免会出现人为因素干扰最终统计结果的现象。由此，通过法律框架来保障地方政府债务统计工作的顺畅以及统计结果的真实性就变得尤为重要。地方政府债务统计数据的收集、编制与公布是一个复杂、漫长的过程，涉及许多统计制度的执行问题，这也使得相关统计法律的支撑变得必不可少。良好的法律制度框架不仅能够科学有效地组织和推进统计工作，还能规范国家机关、社会团体、各种经济组织以及公民在统计活动中的行为,保障统计资料的准确性、及时性和全面性(王智童,2007)。

由于历史惯例、政治体系等多方面的原因,各国统计法律框架有所不同。针对地方政府债务统计核算,法律框架的建设应当充分考虑以下两个方面(PSDS2011,6.13):

(1)明确编制机构的职责,加强监督。法律框架构建需要充分考虑中央编制机构可获得数据的类型及目的,明确各编制机构的职责。应当建立监管委员会,保证编制机构的专业性和客观性。

(2)制定适当的惩罚机制。针对调查对象没有及时响应的情形,进行适当的惩罚。制定相关的数据保密规定,对泄露信息的编制机构以及个别员工施以适当的惩罚措施。通过惩罚措施和机制保证数据编制的独立性,禁止有关当局以统计数据编制外的其他目的使用个别实体提供的信息。

二、数据来源与编制实践

1. 债务数据来源

对于地方政府债务统计核算而言,如果各债务主体即地方政府都完整地统计了相关债务信息,那么债务统计数据就能很容易地从相关财政信息管理系统或债务记录和报告系统中获得。然而事实上,受限于核算基础以及核算制度,许多债务未能准确地被记录。总体来说,地方政府债务数据不能仅仅通过债务人来获取,还应当考虑债权人所统计的信息。

根据PSDS2011的观点,应当特别区分债务工具的四种来源,它们分别是债务办公室、资产负债表、调查问卷(定期调查)以及其他来源。

(1)债务办公室。当地方政府作为独立的债务证券发行主体时,应当建立自己的债务办公室。政府债务办公室一般隶属于财政部、政府部门或中央银行下属的独立机构,需要履行七项基本职能,包括政策制定、监管、资源提供、记录、分析、控制以及运营。其记录职能主要是指负责记录所有相关债务管理信息，并处理与贷款融资、偿债支付的预算和储备条款以及偿债相关的活动，从而使其成为债务证券和贷款的存量（和流量）数据的主要来源。统计数据的准确性和及时性是决定债务办公室能否有效履行职责的关键（无论是运营能力还是分析能力），因而在进行债务数据记录、编制和公布时（如果债务办公室为中央编制机构），应该严格保证政府债务办公室工作的及时性和全面性。

（2）资产负债表。通常，地方政府以权责发生制为会计基础，按照国际会计准则要求编制包括资产负债表在内的财务报表；而地方政府预算外单位、社会保障基金单位等，也应当按照国际会计标准编制资产负债表。资产负债表按照债务工具的形式，列示了金融负债的期初期末存量和变化量。应当注意，资产负债表的主表通常只能提供各债务工具的汇总数据信息，而债务结构、对公司部门和个人的担保债务、不良债务等额外细节信息需要从注释和备忘项目中获取，甚至需要通过其他来源进行补充。另一个需要注意的问题是，在利用资产负债表中的债务数据时，应当明确债务的核算基础、分类以及计值方法。当资产负债表中的债务信息与地方政府债务统计核算结果存在偏差时，应当相应地进行调整，保证其在数据上的一致性。

（3）调查问卷（定期调查）。在很多国家，地方政府级的单位数量庞大，并且它们的数据报告经常无法令人满意或不完整，因而要想收集每个报告期数量众多的地方政府的详细数据是不现实的（Cotterall 和 Wickens，2007）。在这种情况下，可以通过调查形式对地方政府单位进行科学抽样，借助抽样得到的信息，估算出所有这些地方政府单位的债务信息。以调查作为数据获取方式，一方面可以解决债务办公室和资产负债表的数据不完整问题，另一方面可以检验是否存在可信度较低的债务数据。在组织调查时，所有的债务工具都应该包括在调查问卷（定期调查）之中，并且应当制定清晰的报告说明。可以通过三种方法来确保编制机构对数据的获得：调查的法律支持、政策制定的驱动以及鼓励形成报告文化[①]。对于调查所得

---

① 鼓励形成报告文化的措施包括：经常与潜在答复者举行会议，讨论相关问题；制定符合管理报告体系的报告，避免过于复杂；公正透明地公布最终结果；阐述最终结果的有用性。

到的数据，可以通过两种方法来检验其可靠性：一是如果所提供的调查数据来源于被调查单位的财务报表，则数据可信度相对较高；二是将调查数据与其他来源的关联数据进行核对比较，分析差异形成的原因，并据此检验调查数据的可信度。

（4）其他来源。当通过债务办公室、资产负债表或调查途径都不能得到所需的债务数据时，则考虑通过其他数据来源获取。对于地方政府债务而言，通常有两种类型的数据需要使用其他数据来源：一是雇员养老金计划资金缺口所形成的负债；二是标准化担保计划准备金负债。这两类债务数据通常无法直接获取，需要借助精算等方法进行估算。表 2-13 归纳了各债务工具债务数据编制可能使用的数据来源。

表 2-13 各债务工具债务数据编制可能使用的数据来源

债务工具	货币和存款	债务证券	贷款	保险、养老金和标准化担保计划	其他应付款
地方政府债务	B、C	A、B、C	A、B、C	B、C、D	B、C

注：A—债务办公室；B—资产负债表；C—调查问卷（定期调查）；D—其他来源。

事实上，这里并没有包括地方政府为公司部门和私人部门进行一次性担保而可能形成的债务损失。后文将深入介绍如何对一次性担保债务可能的损失进行衡量，其数据来源与保险、养老金和标准化担保计划相类似，为资产负债表、调查问卷（定期调查）以及其他来源。

2. 债务数据编制

债务数据编制对于地方政府债务统计核算十分重要。PSDS2011 建议，债务数据的编制最好是在工具对工具、款项对款项的基础上进行，并且以原始货币计价。借款工具应当编制的基本信息包括：一是可生成摊销和支付表的核心细节及条款；二是实际支付细节，以及未付金额因取消和（或）增长而产生的变动（如项目贷款）；三是实际债务交易细节（PSDS2011，6.43）。

对地方政府债务各债务工具的数据进行编制时，应当尽可能地保证其全面性。对此，PSDS2011给出了各债务工具债务数据编制所需信息，如表2-14所示。编制所需信息应当包括基本信息、细节信息以及条款信息。基本信息可以从贷款或信贷协议或相关文件获得，应包含借款人（借方）、承诺金额、宽限期和到期日、利率（可变或固定）、应支付的所有费用、利息支付的日期以及本金还款类型等。债权人及债权人类型、支付货币以及偿债等细节信息，对于分析债务人风险暴露水平等较为重要。条款信息能帮助债务办公室预测每个债务工具的偿债要求。此外，债务办公室还需要编制各种支付费用信息，包括实际支付费用和预计支付费用等，有关偿债支付的所有数据也必须定期、及时地进行编制。

表 2-14　各债务工具债务数据编制所需信息

债务工具及所需信息	描述
一、借款	
贷款目的	描述性标题
协议日期	签署协议的日期
工具类型	贷款工具的类型
生效日期	贷款生效的日期
贷款类型	单一币种、多币种或多款项
借款金额	原始借款金额或因取消和增加而更改后的金额
借款币种	原始币种及支付和偿还币种
参与方：	
借款人	地方政府部门（及其担保的非地方政府部门）
执行代理机构	项目执行机构
债权人	姓名及债权人类型（多边或双边等）
支付代理机构	如与贷款人不同，请填写姓名
债权人保险人	姓名（如果不是本国居民，请注明国家）
担保状态	由地方政府担保的私营部门借款，以及担保比例
已投保	贷款是否已由出口担保机构在债权人国家进行担保，以及担保比例
经济部门	获得贷款的经济部门
基金使用	是否用于项目融资等

续表

债务工具及所需信息	描述
二、支付	
支付期限	支付持续的时间
支付方式	如直接支付或偿付
预期支付模式	针对贷款如何支付的预测
实际支付	币种以及每次支付的金额
三、借款	
利息	利息类型（固定或可变利率）、可变利率（利息基础、参考及利润、差价）、利息时段（支付日期）、利息计算的基础（转换因素：每日、每月、半年、每年等）
佣金费用	未付金额的佣金费用（全部或部分）
罚金	延迟支付利息和本金的罚金
其他费用	如代理费用、管理费用、首次订购费
本金	到期（偿还期限）、偿还类型（等额或年金等）
四、实际偿还支付	每次支付（利息、本金和其他费用）
五、汇率	交易日相关货币和当地货币的汇率
六、利率	每个计息周期债权人使用的可变利率
七、债务重组	重排计划、再融资（自愿或非自愿）、勾销等重组产生的条款变更
八、金融衍生工具	金融衍生工具合同交易、市场价值和名义金额的头寸

三、核算结果的合并与列示

1. 债务统计核算数据的合并及影响

所谓合并，是指将一组单位（或实体）的统计数据作为一个单位加以列报的方法，涉及被合并单位之间发生的所有交易和债务人（或债权人）关系（GFSM2014，3.152）。合并包括汇总和轧差两个过程，汇总是对框架内的数据进行加总，而轧差则是将内部之间的项目相互抵消。合并的结果是仅衡量被合并的单位与该范围之外的单位之间的交易或存量，合并后的总量不反映该集团之内的经济互动，而仅反映那些与其他所有机构单位相关的交易或存量（O'Connor 等，2004）。

合并的实施在 SNA2008 和 GFSM2014 中存在一些差异，而造成差异的原因主要是统计数据的用途有所不同。GFSM2014 旨在编制适于分析政府运营影响的统计数据，强调的是整个政府的情况，因而需要通过合并来去除政府内部间的影响。因此，使用合并的统计数据评估对整个经济或政府运行可持续性的总体影响更加有效。而 SNA2008 旨在全面衡量生产和各部门之间的关系，一旦对部门间的交易进行合并，许多信息将不再能够反映出来，也就失去了其应有之意。因此，对于产出和中间消费的衡量处理，SNA2008 建议在基层单位的层次上按总额记录，部门账户也应在总额的基础上衡量产出和中间消费。由于本书地方政府债务统计核算的目的与 GFSM2014 更为接近，所以需要对地方政府债务统计数据进行合并。

合并对统计结果最主要的影响在于总计的大小方面，即去除了内部之间的存量和流量，仅列入与其他部门或非本国居民进行跨境交易的资金流和存量状况。GFSM2014 认为，对政府财政统计数据进行合并，不仅能够消除不同国家或不同时间由于行政安排产生的扭曲效应，而且能够简化流量和存量的测算，避免重复计算（GFSM2014，3.158）。对于同样的活动水平，采用统一的预算机制进行交易的国家未合并的总量会小于使用预算外账户（资金来自预算）的国家未合并的总量（O'Connor 等，2004）。合并只需要测算地方政府与其他部门间的存量和流量，而不需要测算各地方政府机构之间与内部的情况，因而能够简化测算。合并可以避免重复计算各单位之间的交易或存量，从而产生不受内部交易影响的总量，这就使合并后的数据具有更高的分析效用（O'Connor 等，2004）。

2. 合并实践中的数据偏离问题及经验法则

根据 SNA2008、PSDS2011 以及 GFSM2014，每一笔交易的双方都应同时等值记录交易形成的流量。因此，对于每一笔已确定需要合并的交易，从理论上讲都可以在交易的对应方账户中获取相应的款项。然而，在对交易进行实际合并的过程中，合并单位之间的数据会存在差异。如上级地方政府对下级地方政府有一笔未付款的货物交易，但在检查下级地方政府的账户时，可能没有记录这笔款项，或者记录款项的时期不同，或者记录的会计类别不同，甚至所记录的款项价值也不相同。这些偏离问题，是地方政府债务数据合并中面临的主要困难。

导致合并双方记录结果偏离的原因是多方面的。记录时间以及会计差异可能是核算基础导致的。在权责发生制下，记录时间能够保持一致性，但以现金收付制作为核算基础时，合并双方都以实际现金流为记录标准，这就很有可能造成记录时间的不一致。现金收付制由于无法反映应计利息等信息，也可能导致会计差异的出现。另外，不对称记录可能来自两组账户的分类差异。

上述债务统计数据偏离问题是合并实践需要解决的主要困难，而一些经验原则往往能够为编制者提供有用且必要的技术，帮助确定所需合并的交易是否存在、存量规模和收集成本分析是否应当衡量以及哪个单位所记录的最为可靠。PSDS2011 与 GFSM2014 对这些经验法则和分析顺序的建议保持了一致性（PSDS2011，8.31；GFSM2014，3.165）：①通过对所涉部门之间的关系进行全面了解，确定是否有需要进行合并的单位内部存量；②对关系了解后，需要进一步确定部门内和（或）部门间的存量是否可以计算或估测，以及所涉账户是否会对分析结果产生重要影响；③如果数额有可能很大，则需要确定为合并而收集数据及其他信息的努力和成本，与预期账户及其对汇总结果的影响是否成正比；④合并中通常使用"单方"经验准则，将可信交易者记录数据估算到另一方；⑤自上而下的经验准则，交易发起者的记录往往更加完整、及时、详细和准确，如在确定上级地方政府对下级地方政府的某项贷款时，可以将这笔交易的记录时间及其价值估算记录到该级地方政府上；⑥债权人记录可靠原则，即债权人可保留大部分可靠记录，如对于二级市场可交易的无记名有价证券，只有债权人才可以获得合并所需的信息。

3. 统计核算结果的列示

地方政府债务的核算结果需要对外公布，所以必须借助相关列表工具进行列示。列示与债务的分类密切相关，地方政府债务可以按照债务工具类型、计值类型、债务人层级、债权人类型、期限等进行单独分类或交叉分类。针对公共部门债务统计，PSDS2011 建议用以列示的表格应包括两个汇总表、五个细目表和六个备忘表。与公共部门债务有所不同，地方政府债务统计并不强调债务的净值结果。因此，列表内容应当不再含有与净值项目有关的表格，但同样应当包括汇总表、细目表和备忘表。

地方政府债务统计的汇总表如表 2-15 所示。表 2-15 中，按市场值计算是指债务证券按照市场价格计值，保险、养老金和标准化担保计划按照与市场估值相当的原则计值。除此之外，所有其他债务工具都按名义价格估值，而并非全部债务工具都按照市场价格计值。

表 2-15 地方政府债务汇总表

	按名义值计算的债务总额	按市场值计算的债务总额
债务总额合计		
按债务工具类型开列的债务总额 　货币与存款 　债务证券 　保险、养老金与标准化担保计划 　其他应付账款		
按原始期限开列的债务总额 　原始期限——短期 　原始期限——长期 按剩余期限开列的债务总额 　剩余期限——短期 　剩余期限——长期		
按利率类型开列的债务总额 　固定利率工具 　可变利率工具		

续表

	按名义值计算的债务总额	按市场值计算的债务总额
按债权人居民地开列的债务总额 　　国内债权人 　　国外债权人		
按债务人层级[a]开列的债务总额 　　州政府 　　地方政府		
备忘项 　　地方政府为其他单位担保债务 　　拖欠款项（逾期债务）		

资料来源：参考 PSDS2011 表 5-1 整理得到。

a. 本表根据美国政府层级分类，将中央政府以外的其他政府分为州政府和地方政府，而我国可以将地方政府分为省级、市区级、县级和乡镇级，具体可见后文的相关论述。

细目表是在汇总表的基础上，对相关分类统计进一步拓展，包括按债务工具期限和类型开列的债务总额、按利率类型和计值货币开列的债务总额、按债权人居民地开列的债务总额以及未偿债务总额的偿债付款时间表等。备忘表包括：按名义值计算且按债务工具期限和类型开列的地方政府担保债务；按拖欠类型和债务工具类型开列的拖欠款项；按债权人所在机构部门的居住地和类型对债务证券工具的市场价值和名义价值的调整；按原始期限和债务工具类型开列的平均利率。

3 我国地方政府债务核算现状述评与国外经验

目前，我国国债和外债统计体系与制度已经较为完善，但尚未形成真正意义上的专门的地方政府债务统计体系与制度。地方政府债务统计体系与制度的不健全，不仅暴露出我国各项制度的不完善，还折射出我国地方政府举债的复杂性。本章将介绍我国地方政府债务核算现状，在此基础上提炼出存在的一些问题，并有针对性地介绍国外的核算经验。

第一节 我国地方政府债务核算现状

我国目前尚未形成规范的地方政府债务核算和报告体系，以收付实现制为基础的政府预算会计体系在先天上就存在着不足。为了摸清我国地方政府债务的规模和结构，我国以地方政府性债务为口径实行了数次债务数据审计。但是，已有的地方政府性债务审计不仅本身存在着诸多问题，而且很难从根本上弥补地方政府债务核算和报告体系在制度上的缺失。

一、地方政府债务核算体系与制度的缺失

企业作为一个独立的经营主体，通过相关会计信息能够完整地展现其资产负债及经营状况；同样，对于政府而言，完善的会计制度也能够帮助提供基本的债务信息。但是，我国现行政府会计制度并不能直接提供地方政府债务规模的相关信息，客观上要求尽快改革我国现行的政府会计制度（陈均平，2010）。

1. 面向预算管理的政府会计体系

我国当前实行的政府会计体系以预算管理为核心服务对象，通过记录政府预算编制和执行的具体过程，来反映和监督预算执行情况。我国现行预算会计的主要构成制度包括财政总预算会计制度、行政单位会计制度以及事业单位会计制度等，其中财政总预算会计制度是核心。根据利益相关者的不同信息需求，预算管理对应着两种不同的内涵，分别是法定预算管理和单位内部预算计划管理（张琦等，2011）。法定预算具有非常严格的限制，在制订有关财政资金收支的具体来源、用途和数量等财政收支计划时，需要通过法定程序审批。因此，法定预算具有事前批准性、严格性、全面性以及公开透明性等特点。与法定预算相比，单位内部预算计划则相对宽松，弹性较大，并且具有非强制性特点。然而，无论是法定预算还是单位内部预算计划，其基本核心都在于收入和支出两个方面，即关注的焦点在于财政指标的流量层面。

关注收支的政府预算会计虽然能够较好地发挥出其在预算控制、执行记录以及执行结果报告等方面的功能（财政部会计司，2013），但是对政府资产、负债以及净资产等方面信息的反映严重不足，并且无法有效评价政府的支付能力及支出效率，使相关政府财务信息得不到充分揭示。因此，在政府预算会计体系下，对于地方政府债务而言，仅能够直接获取到

举借的债务收入及已偿还的债务规模等信息，而对于债务总体规模、未来到期债务规模、债务期限和债务工具结构等信息则无法获取。陈均平（2010）也认为，在我国现行的政府预算会计制度下，被核算或报告的地方政府债务范围过窄，地方政府的直接隐性债务、或有显性债务以及或有隐性债务并没有被核算和报告，并且对直接显性债务的核算也不够全面。预算会计之所以在地方政府债务核算方面存在局限，除了因为预算会计过度关注财政收支等流量指标外，还因为其核算基础存在先天不足。

2. 基于收付实现制的政府预算会计

我国现行政府预算会计的基础是收付实现制，除中央财政总预算会计中的五类事项[①]以及事业单位经营性收支业务核算可以使用权责发生制外，其他事项的会计记录都必须以收付实现制为基础。在政府预算会计体系中应用收付实现制往往具有先天的优势，能够较好地反映和控制现金的流转，这也是由预算会计的主要目标所决定的。但是，作为政府预算会计基础的收付实现制并不适合政府财务会计体系，在政府资产和负债核算方面具有先天不足。前文已经述及，在收付实现制下，对债务信息的记录不全面，难以准确反映某一时点的应计利息和拖欠，从而无法提供翔实的政府债务信息。张琦和程晓佳（2008）也认为，在收付实现制下，无法提供政府财务会计所需要的资源及其消耗、承担的债务以及发生的全部成本等信息，并且对固定资产折旧的处理也容易造成误解，必须引入权责发生制。因此，要对地方政府的债务信息进行核算，必须以权责发生制为基础建立和完善政府财务会计体系，全面披露地方政府承担的债务责任。

3. 政府财务会计体系缺失

按照受托责任要求，政府除向公众及时公布真实的财政收支信息外，还

[①] 根据2001年实行的《财政总预算会计制度》暂行补充规定，这五类事项分别为：预算已经安排，由于政策性因素，当年未能实现的支出；预算已经安排，由于用款进度的原因，当年未能实现的支出；动支中央预备费安排，因国务院审批较晚，当年未能及时拨付的支出；为平衡预算需要，当年未能实现的支出；其他根据国务院领导批示精神，需作结转处理的事项。

有必要报告政府资产、负债以及净资产信息,这是保证政府财政透明度的关键所在。事实上,我国当前的政府预算会计并不纯粹,它包含了一些政府财务会计的内容,是财务会计与预算会计的混合体(张琦和程晓佳,2008)。如当使用预算资金购买固定资产时,它能够在一定程度上反映出固定资产存量的增加。针对地方政府债务核算,当前政府预算会计体系也部分地担负起了财务会计的职能。但整体来看,我国当前以预算会计体系为主的政府会计所包含的政府财务会计内容十分有限,甚至可以说当前我国政府财务会计体系基本是缺失的。

与政府财务会计体系相适应的会计基础是权责发生制。要建立完善的政府财务会计体系,必须转变现有的会计基础。这是因为:首先,收付实现制只能核算地方政府自身举借的直接显性债务,而对于融资平台、国有企业以及私人部门举借的债务(无论地方政府是否进行过担保),则无法进行核算;其次,这些非政府单位举借的债务之中,有一部分是通过债务承继或代偿债务等债务重组方式确定,最终需要由地方政府偿还的,这部分债务的规模及结构在现有会计制度下也无法得到确认;再次,收付实现制下只能确定借款的规模,实际的应计利息大小和债务总余额规模都不能得到反映;最后,对于地方政府承担的担保债务(或有显性债务)、可能需要承担救助责任的债务以及政府隐性养老金债务(或有隐性债务),在收付实现制下的政府会计体系中也无法进行核算和报告。

由此可见,我国政府财务会计体系无法提供完整、准确的政府资产、负债等指标信息,相应地也就无法直接提供地方政府债务核算所需要的债务规模、结构等具体信息。

二、地方政府性债务审计及其评价

由于现有政府会计体系无法直接提供地方政府债务信息,而我国地方政府债务规模近年来的膨胀又是不争的事实,所以为了摸清我国地方政府债务规模及债务风险情况,在相关部门的通力协作之下,审计署先后于

2011年3月至5月以及2013年8月至9月，按照"见人、见账、见物，逐笔、逐项审核"的原则，组织了两次全国范围的地方政府性债务审计。虽然地方政府性债务审计填补了此前该数据的空白，但是从后期各方的反应来看，地方政府性债务审计结果并未取得一致认可。

1. 地方政府性债务介绍

（1）地方政府性债务内容。审计署在2011年的审计调查工作中对政府性债务的定义为：地方政府（含政府部门和机构）、经费补助事业单位、公用事业单位、政府融资平台公司等为公益性（基础性）项目建设直接借入、拖欠或因提供担保、回购等信用支持形成的债务，以及地方政府（含政府部门和机构）为竞争性项目建设直接借入、拖欠或因提供担保、回购等信用支持形成的债务。2013年审计署组织的审计调查工作沿用了这一定义，但是在分类上有所变化，将地方政府性债务分为地方政府负有偿付责任的债务、负有担保责任的债务以及其他相关债务三类。另外，地方政府性债务的确认范围相比2011年进行了一些调整，具体界定如表3-1所示。

表3-1 2013年审计中各类地方政府性债务的定义及内容

地方政府性债务分类	债务的定义	具体内容
负有偿付责任的债务	地方政府（含政府部门和机构）、经费补助事业单位、公用事业单位、政府融资平台公司和其他相关单位举借，确定由财政资金偿还，政府负有直接偿债责任的债务	1. 地方政府债券、国债转贷、外债转贷、农业综合开发借款、其他财政转贷债务中确定由财政资金偿还的债务 2. 政府融资平台公司、政府部门和机构、经费补助事业单位、公用事业单位及其他单位举借、拖欠或以回购等方式形成的债务中，确定由财政资金（不含车辆通行费、学费等收入）偿还的债务 3. 地方政府粮食企业和供销企业政策性挂账

续表

地方政府性债务分类	债务的定义	具体内容
负有担保责任的债务	因地方政府（含政府部门和机构）提供直接或间接担保，当债务人无法偿还债务时，政府负有连带偿债责任的债务	1. 政府融资平台公司、经费补助事业单位、公用事业单位和其他单位（简称四类举债主体）举借，确定以债务单位事业收入（含学费收入）、经营收入（含车辆通行费收入）等非财政资金偿还，且地方政府（含政府部门和机构）提供直接或间接担保的债务 2. 地方政府（含政府部门和机构）举借，以非财政资金偿还的债务，视同政府担保债务 3. 全额拨款事业单位为其他单位提供直接或间接担保，且由非财政资金偿还的政府负有担保责任的债务
其他相关债务	地方政府在法律上对该类债务不承担偿债责任，但当债务人出现债务危机时，政府可能需要承担救助责任	1. 四类举债主体为公益性项目举借，由非财政资金偿还，且地方政府（含政府部门和机构）未提供担保的债务（不含拖欠其他单位和个人的债务） 2. 四类举债主体通过融资租赁、集资、回购（BT）、垫资施工、延期付款或拖欠等新的方式形成，用于非市场化方式运营的公益性项目，由非财政资金偿还，且地方政府及其全额拨款事业单位未提供担保的其他相关债务 3. 国有独资或控股企业（不含地方政府融资平台公司）、自收自支事业单位等新的举债主体，通过举借、融资租赁、集资、回购（BT）、垫资施工、延期付款或拖欠等方式形成，用于公益性项目，由非财政资金偿还，且地方政府及其全额拨款事业单位未提供担保的其他相关债务

资料来源：《国务院办公厅关于做好地方政府性债务审计工作的通知》（国办发明电〔2011〕6号）；《2013年关于做好提供政府性债务审计工作有关资料的紧急通知》，黑龙江省海林市审计局网站，2013年7月29日。

（2）地方政府性债务主体。在两次审计中地方政府性债务审计对象发生了变化。2011年第一次审计时只包括省、市、县三级地方政府（含政府部门和机构），经费补助事业单位，公用事业单位，政府融资平台公司及相关单位；而2013年第二次审计增加了33091个乡镇的地方政府性债务，审计对象的层级扩展到四级。地方政府性债务主体的具体界定如表3-2所示。

表3-2 地方政府性债务主体的具体界定

债务主体	具体界定
地方政府（含政府部门和机构）	地方政府及所属部门和机构，地方人大、政协、司法等机关单位视同地方政府（含政府部门和机构）
经费补助事业单位	接受国家经费补助的事业单位，包括全额拨款事业单位、差额拨款事业单位，不含全额或差额拨款事业单位性质的公用事业单位
公用事业单位	国家予以财政补助的供水、供气、供热、污水处理、垃圾处理、城市公共交通等事业单位或国有独资、控股企业，不含融资平台公司性质的公用事业单位
政府融资平台公司	由地方政府及其部门和机构、所属事业单位等通过财政拨款或注入土地、股权等资产设立，具有政府公益性项目投融资功能，并拥有独立企业法人资格的经济实体，包括各类综合性投资公司，如建设投资公司、建设开发公司、投资开发公司、投资控股公司、投资发展公司、投资集团公司、国有资产运营公司、国有资本经营管理中心等，以及行业性投资公司，如交通投资公司等
其他相关单位	上述四类主体之外，由政府负有偿债责任债务和政府负有担保责任债务的单位，包括自收自支或企业化管理的事业单位、融资平台公司之外的其他企业

资料来源：《国务院办公厅关于做好地方政府性债务审计工作的通知》（国办发明电〔2011〕6号）中的附件三《地方政府性债务审计相关概念的说明》。

（3）地方政府性债务分类。在审计过程中，按照政府层级、举债的主体对象、债权人、债务支出投向以及余额未来偿还情况对地方政府性债务进行了分类。

在审计结果中，债权人类别包括银行贷款、BT、发行债券（地方政府债券、企业债券、中期票据、短期融资券）、应付未付款项、信托融资、其他单位和个人借款、垫资施工和延期付款、证券和保险业等金融机构融资、国债和外债等财政转贷、融资租赁、集资。这里的债权人类别与传统意义上的债权人分类有很大区别，实质上更接近于债务工具分类。根据SNA2008中负债工具的六大分类界定，上述债权人类别都可以归入债务证券、贷款以及其他应付账款之中。因此，在地方政府性债务审计结果中，并不能直接体现债务的债权人信息，并且地方政府性债务中的外债和内债也是没有区分的，这与PSDS2011中的债权人分类存在很大差别。

地方政府性债务审计结果解释了债务资金的去向，主要为基础设施建设以及公益性项目。审计结果显示，资金去向的前三项分别为市政建设、土地收储和交通运输设施建设，显示出举债主要是用于政府投资建设支出，而非一般政府事务性支出。地方政府性债务审计也统计了债务存量偿还的到期期限。但是，这仅仅能反映出债务的剩余偿还期限，而无法体现出所举借债务原始期限的长短特性。2013年地方政府性债务具体分类如表3-3所示。

表3-3 2013年地方政府性债务具体分类

分类依据	政府层级	举债主体类别	债权人类别	债务资金投向	偿债年度
类别	省级 市级 县级 乡级	政府融资平台公司 政府部门和机构 经费补助事业单位 国有独资或控股企业 自收自支事业单位 其他单位 公用事业单位	银行贷款 BT 发行债券 　地方政府债券 　企业债券 　中期票据 　短期融资券 应付未付款项 信托融资 其他单位和个人借款 垫资施工和延期付款 证券、保险业和其他金融机构融资 国债、外债等财政转贷 融资租赁 集资	市政建设 土地收储 交通运输设施建设 保障性住房 教科文卫 农林水利建设 生态建设和环境保护 工业和能源 其他	2013年7月至12月 2014年 2015年 2016年 2017年 2018年及以后
类别总计	4	7	11	9	6

资料来源：审计署发布的全国政府性债务审计结果（2013年12月30日公告）。

2. 地方政府性债务内涵分析

在地方政府性债务内涵的界定和分类中，有两个重要问题：一是是否由财政资金偿还；二是是否为公益性项目举债。只要债务确定由地方政府财政资金偿还，则都属于地方政府负有偿还责任的债务。地方政府负有偿还责任的债务的规模，直接反映出未来财政资金用于债务偿还的量，其对财政带来的压力也是最为直接的。根据相关界定，财政资金是指地方政府一般预算资金、政府性基金预算收入、国有资本经营预算收入、预算外收入等，不包括车辆通行费收入和学费收入。这也意味着一些属于一般政府部门范畴的机构单位所举借的债务，只要不承诺使用财政资金偿还，则都不属于地方政府负有偿还责任的债务。而实际上，在政府融资平台公司、经费补助事业单位和公用事业单位举借的债务中，有很大一部分并不能通过自身经营收益来偿还，虽然不直接使用财政资金，但是当前仍然实行以债养债的展期模式，即借新债还旧债。而最终这部分债务必然要成为地方政府的债务责任，中长期看仍然需要通过财政资金来化解。

地方政府性债务强调公益性项目举债这一条件。所谓公益性项目，是指为社会公共利益服务，不以营利为目的，且不能或不宜通过市场化方式运作的政府投资项目。根据有关界定，这些项目主要包括基础设施项目（公共交通、市政道路等）和公共服务支出项目（义务教育、基础科研、公共卫生、保障住房等）两大类型。对于政府融资平台公司、经费补助事业单位、公用事业单位、自收自支事业单位、国有独资或控股企业等非地方政府单位举借的债务，如果举债目的不是用于公益性项目，且地方政府或全额拨款事业单位未提供担保，则该项债务不属于地方政府性债务的范畴。实际上，在进行地方政府性债务审计时，对于一项债务是否属于公益性项目举债往往难以判断。按照有关界定，公益性项目判定的两个基本条件为：一是不以营利为目的；二是不能或不宜通过市场化方式运作。判定是否以营利为目的，往往需要将其与项目收益结合起来，但有收益并不等于以营利为目的。而判断项目是否适合通过市场化方式运作，也往往具有很强的主观性。张苏隽（2011）认为，项目是否有收益与是否以营利为目的之间并不存在必然联系，不能作为公益性项目判定的依据；从政府角度判断是否适宜市场化运作，与从债务主体角度所得到的判断结果可能完全不同，甚至与事实不吻合。

地方政府性债务并不是真正意义上的地方政府债务，两者之间存在很大差别。首先，从债务偿还责任的分类来看，地方政府性债务的三类划分与前文财政风险矩阵所界定的政府债务分类相对应：负有偿付责任的债务应当属于直接显性债务；负有担保责任的债务应当属于或有显性债务；可能承担救助责任的其他相关债务则属于或有隐性债务。这显示出地方政府性债务中包括了诸多或有债务内容，仅负有偿付责任的债务构成了地方政府的当期责任，其他债务是否最终构成政府责任以及构成多少责任都是不确定的。因此，在使用地方政府性债务审计结果衡量地方政府性债务风险时，不能一概而论（刘尚希和赵全厚，2013）。其次，从债务主体对象来看，前文已述及，地方政府性债务的主体对象虽然范围较广，但其直接显性债务的主体对象仍然局限在地方政府部门和机构，政府融资平台公司和各类事业单位等主体都被排除在外。最后，从债务内容的范围来看，由于以公益性项目投资作为判定依据，所以地方政府性债务并没有包括地方政府所应承担的隐性养老金负债、地方国有银行的不良贷款等。

综上所述，应用地方政府性债务统计结果来分析地方政府债务风险情况有其先天不足，既难以全面反映地方政府短期的债务压力和风险，也不利于衡量债务的长期性风险。

3. 地方政府性债务评价

不可否认，地方政府性债务统计口径对于摸清我国地方政府债务实际状况具有重要参考价值。但是，其局限性也较为明显，主要表现为以下四个方面：

（1）债务主体范围过窄，债务口径较为局限。首先，地方政府性债务的债务主体仅为地方政府有关部门和机构，而政府融资平台公司和事业单位等并未成为事实上的债务主体。有学者认为，地方政府性债务统计口径中包含了许多政府融资平台公司、事业单位和其他单位的公益性项目举债，其债务主体也因此由地方政府部门和机构进一步扩大到与政府职能履行紧密相关的政府公共性企事业单位（赵全厚，2011）。这种观点其实是片面的，只看到了举债表象，而没有深究债务的属性。政府融资平台公司、事业单位等举借的债务一旦确定由财政资金偿还，实质上已经发生了债务承继，相应地其偿债义务也就转移给了地方政府，债务主体就变为地方政府有关部门和机构。其他没有明确由财政资金偿还的公益性项目举债，虽然并非由地方政府直接举借，但是这些都构成了地方政府的或有负债内容。如果地方政府性债务主体扩大到了这些公共性融资平台、企事业单位，那么这些债务主体的全部债务都应当是直接显性债务，对非公益性项目举债进行担保形成的债务也都应该包括进来。其次，以举债目的是否具有公益性作为界定标准，会导致债务范围的确定具有很强的主观性，并且使债务范围过窄。公益性的界定标准不仅与债务的内在性质严重不符，而且具有强烈的主观性。最后，由社会保障缺口形成的隐性债务、国有企业亏损、金融机构不良资产损失等重要的或有负债，也都没有纳入债务口径范围。在我国现收现付制下，虽然无法反映出养老金缺口等债务的具体大小，但是社会保障存在巨大缺口却是不争的事实，且地方政府通常也会出手对陷入财务困境的国有企业进行救助，这些或有债务都有可能对地方政府未来财政带来风险。因此，应当将这些债务纳入我国地方政府债务统计口径之中，并对这些债务信息进行统计和披露。

（2）提供的债务信息较为有限且分类上仍存在不合理之处。由于我国政府会计体系以预算会计为主，无法提供政府机构和部门运行中的债务等财务信息，所以在地方政府性债务审计之前，我国并没有官方的地方政府债务数据。虽然地方政府性债务数据填补了这一空白，但事实上除了其债务主体及口径方面存在不足外，所提供的债务信息以及分类也存在一些不足。首先，以举借为依据的审计没有包括债务的应计利息，无法反映各类债务的成本。地方政府性债务审计了债务来源、使用以及债务余额未来偿还情况。实际上，债务种类和期限不同，其举债成本也有所区别，因此在债务核算过程中必须计入特定时点的应计利息。其次，债务信息中没有提供清晰的债权人分类等信息，无法反映债务来源的对应方信息。地方政府性债务中没有提供真正意义上的债权人信息，而这一信息是非常重要的。如 PSDS2011 将国内债权人所在的机构和部门类型分为广义政府、中央银行、央行外的存款吸纳公司、其他金融公司、非金融公司、住户与非营利住户服务机构六大类，从而有利于分析地方政府债务对其他机构和部门的影响及风险等问题。最后，只包括债务存量的剩余偿还期限信息，而没有提供债务举借的原始期限结构等信息。与剩余偿还期限相比，债务的原始期限结构信息同样重要，不仅能够反映债务的举借成本，也能在一定程度上反映债务的稳定性与风险性。

（3）数据结果的权威性及真实性难以得到侧面验证。当前地方政府性债务不仅在统计口径上较为特殊，其统计结果的真实性一直以来也受到了质疑。许多学者认为我国地方政府性债务数据在较大程度上被低估了（李衡，2013；王志浩等，2013），这是因为其他统计机构的统计数据与地方政府性债务审计数据存在很大偏差，来自不同部门的统计数据相互之间不能得到印证，出现所谓的"打架"现象。地方政府融资平台银行贷款数据的巨大差距，是形成这一争论的核心所在。除地方政府性债务审计提供了地方政府融资平台银行贷款数据外，我国银监会也对地方政府融资平台的银行贷款进行了相关统计。然而，两者对地方政府融资平台的界定及最终的统计结果都存在较大差异。在银监会的统计口径下，地方政府融资平台包括机关法人、事业法人和企业法人三类[①]，而审计署的统计口径仅限于企业法人类的地方政府融资平台公司。从数据来看，银监会统计数据显示，截至 2010 年末，地方政府融资平台数量为 9800 余家，全国地方融资平台贷款余额约 9.09 万亿元；而审计署同期审计的地方融资平台数量为 6576 家，地方融资平台三类地方政府性债务余额总计仅为 4.97 万亿元，全部债务主体的银行贷款总额为 8.47 万亿元。彭博新闻社一篇题为 *China Debts Dwarf Official Data with Too-Big-to-Finish Alarm* 的报道指出，截至 2011 年 12 月 10 日，231 家公布了其负债数据的地方政府融资平台（包括短期融资、中期票据和企业债发行人）的负

[①]《中国银监会关于切实做好 2011 年地方政府融资平台贷款风险监管工作的通知》（银监发〔2011〕34 号）。

债总额已高达3.96万亿元,其中大部分是银行贷款,这一统计结果意味着231家融资平台的债务规模占审计署2010年底审计的6576家融资平台债务规模(4.97万亿元)的近80%。虽然两者比较的年份并不一致,但是不到3.6%的融资平台数量,其债务规模却占到了近80%,这难免令外界猜想审计署的债务数据存在低估。笔者后文的测算结果也表明,融资平台在口径界定方面的不同,不能解释两者银行贷款统计结果之间的全部差异,前两次审计的最终数据结果存在一定程度的低估。

(4) 地方政府性债务的实际界定存在很强的主观性,人为因素很容易影响最终的数据结果。对此,许安拓(2012)也认为,地方政府债务的不透明使其在博弈中处于优势状态,极易产生机会主义行为,使得中央政府的目的难以实现,甚至连基本的数据也是地方政府根据上级部门的意图而得到的符合地方利益的产物。与前两次审计结果的低估相比,未公开发布的2014年地方政府性债务审计结果却明显存在一定程度的高估。对此,财政部认为一些地方债务数据存在虚报,需要进一步核实是否存在将不应由政府偿还的企事业单位债务调整为政府债务,将以后年度拟举借的债务列为存量债务,以及多报合同金额、重复统计的做法。导致此次债务审计结果虚高的主要原因在于财政部制定了《地方政府存量债务纳入预算管理清理甄别办法》,债务审计结果将与债务存量纳入预算管理直接联系在一起。因此,地方政府不仅不会像前两次审计那样对一些债务进行隐匿,反而会多报债务存量数据。一方面,地方政府寄希望于得到更多的中央政府转移支付等支持;另一方面,可以为政府未来扩大自主发债规模提供更多空间。而这都是因为地方政府性债务口径的界限比较模糊,许多债务是否应当划入地方政府性债务范围存在较大的主观性,从而十分不利于未来将地方政府债务存量纳入预算管理。

三、其他政府部门的界定与评价

地方政府性债务口径及审计数据,是我国当前有关地方政府债务的主要口径及数据,但这并非我国针对地方政府债务所做的唯一界定。实际上,我国财政部、国家发展改革委等中央政府部门也做出了一些界定。

1. 财政部预算司的界定与评价

前文已经述及,财政风险矩阵常被用于政府债务界定,财政风险矩阵将政府债务分为直接显性债务、直接隐性债务、或有显性债务和或有隐性债务四类。我国财政部预算司按照我国地方政府债务的实际情况,界定了我国地方政府财政风险矩阵,如表3-4所示。

表3-4 地方政府财政风险矩阵

债务来源	直接债务 (无论如何都会发生)	或有债务 (依赖于随机事件的发生)
显性债务 (法律和合约所确立的明确的政府义务)	1. 主权外债(财政部转贷给地方的国际金融组织的贷款) 2. 本级政府的国债转贷 3. 借入上级财政的周转金、农业综合开发贷款等款项 4. 地方政府财政部门举借的外债 5. 各种拖欠款(工程款、公务员和教师工资、出口退税欠款等)	1. 地方政府担保的主权外债(外国政府的贷款) 2. 地方政府的国债转贷中由建设单位负担的部分 3. 地方政府担保的国内金融机构贷款 4. 国债项目配套资金 5. 粮棉、供销等企业的政策性挂账
隐性债务 (基于公众预期、政治压力、避免社会动荡而承担的道义责任)	社会保障制度缺口	1. 下级政府的财政缺口和债务 2. 下级地方金融机构的不良资产和债务 3. 地方国有企业单位的亏损、欠债或损失挂账 4. 地方国有事业单位的亏损、欠债或损失挂账 5. 自然灾害和突发事件的超常救援 6. 以政府名义融资,违规运行形成的或有债务 7. 对非公共部门债务的清偿 8. 地方政策性投资公司呆坏账损失

资料来源:中华人民共和国财政部预算司.财政部代理发行2009年地方政府债券问题解答(汉英对照)[M].北京:中国财政经济出版社,2009.

通过财政风险矩阵的债务分类对政府债务进行管理，是国际上较为惯用的手段，其意义不容忽视。然而，我国地方政府举债过程具有多方面的特色。过去由于《预算法》的约束，地方政府必须保持预算平衡，不能直接通过发行债券等方式融资。因此，许多地方政府通过组建融资平台，绕开《预算法》的限制，达到举债的目的。可见，地方政府融资平台是为地方政府"排忧解难"的，是以企事业法人的身份在履行部分政府公共投资功能，是地方政府公共财政职能的"延伸链条"（赵全厚，2011）。此外，我国还有大量事业单位，它们大部分是由政府出资建立的，并且多数为政府行政机关单位的下属机构。事业单位是我国特有的社会组织形式，是传统计划经济体制的产物，其主要职能是在政府的支配下完成一些应该由政府来履行的非生产性任务。伴随着各种行政职能和其他公共职能的履行，事业单位在发展过程中背负的债务规模也十分庞大。

我国地方政府举债中的这些特殊情形，使得单纯以地方政府作为债务主体的财政风险矩阵将不适合应用于对地方政府债务统计口径和分类的界定。债务矩阵探讨的是地方政府的财政风险，其出发点和落脚点都要归结到地方政府的责任上。而我国的现实情况是，政府融资平台和许多事业单位实际上都与地方政府捆绑在了一起。对于这些实体所举借的债务，无论是否由财政资金偿还，以及地方政府是否担保，或者是否为公益性项目举债，一旦发生支付困难，地方政府都必须出手救助。并且，许多地方政府担保或者隐性担保的债务，最终都需要借助财政资金进行偿还。地方政府的直接显性债务中也应当包括这部分已经发生债务承继的债务，因为地方政府已经成为这部分债务的实际债务人。因此，仅考虑地方政府，而不将这些主体的债务全面纳入地方政府债务范畴，就难以准确评价我国地方政府债务的实际状况。

上述问题直接表现为核算数据结果的解释力较差。从我国地方政府财政风险矩阵看，直接显性债务规模较小，而或有债务的规模则十分庞大。对于地方政府而言，或有债务是可能发生的债务，其发生概率介于 0 到 1

之间。这些或有债务，特别是融资平台和事业单位形成的或有债务，对于自身来说是直接债务，在法律上必须进行清偿。目前的实际情况是，这些实体所举借的债务大部分被投入到了基础设施建设和公益性项目中，而这些项目具有很强的公共属性，资金收益率很低。根据周沅帆（2012）的研究，我国地方政府融资平台资产收益率和净资产收益率分别仅为2.54%和4.43%。而2012年以后，我国银行1年期的贷款基准利率却维持在6%及以上，这些项目的收益甚至难以弥补债务融资的成本。虽然很多融资平台和事业单位都在实行"以债养债"的策略，借新债还旧债，但无法否认这些或有债务正在向着概率为1的方向逼近。而我国地方政府是这些实体最后的"东家"，不能只管借不管还，这些债务最后终归需要地方政府来买单。可见，规模庞大的政府融资平台和事业单位债务蕴藏着极大的债务风险甚至财政风险，而在我国地方政府的财政风险矩阵中，这些或有债务风险却因其"或有性"而得到了掩盖，这不利于真实反映实际状况。

2. 国家发展改革委办公厅的界定与评价

《国家发展改革委办公厅关于进一步规范地方政府投融资平台公司发行债券行为有关问题的通知》在附件中界定了地方政府债务余额的具体统计口径和加总方法。根据其口径，地方政府债务可以分为直接债务和担保债务两大类，这两大类又分别包括11个小类和6个小类。在加总时，将担保债务的50%与直接债务相加，得到最终的债务余额，具体如表3-5所示。

表3-5 地方政府债务余额及综合财力统计表

单位：万元

地方政府债务 （截至××××年××月）	金额	地方综合财力 （××××年度）	金额
（一）直接债务余额		（一）地方一般预算本级收入	
1. 外国政府贷款		1. 税收收入	
2. 国际金融组织贷款		2. 非税收入	
（1）世界银行贷款		（二）转移支付和税收返还收入	

续表

地方政府债务 （截至××××年××月）	金额	地方综合财力 （××××年度）	金额
（2）亚洲开发银行贷款		1.一般性转移支付收入	
（3）国际农业发展基金会贷款		2.专项转移支付收入	
（4）其他国际金融组织贷款		3.税收返还收入	
3.国债转贷资金		（三）国有土地使用权出让收入	
4.农业综合开发借款		1.国有土地使用权出让金	
5.解决地方金融风险专项借款		2.国有土地收益基金	
6.国内金融机构借款		3.农业土地开发资金	
（1）政府直接借款		4.新增建设用地有偿使用费	
（2）由财政承担偿还责任的融资平台公司借款		（四）预算外财政专户收入	
7.债券融资			
（1）中央代发地方政府债券			
（2）由财政承担偿还责任的融资平台债券融资			
8.粮食企业亏损挂账			
9.向单位、个人借款			
10.拖欠工资和工程款			
11.其他			
（二）担保债务余额			
1.政府担保的外国政府贷款			
2.政府担保的国际金融组织贷款			
（1）世界银行贷款			
（2）亚洲开发银行贷款			
（3）国际农业发展基金会贷款			
（4）其他国际金融组织贷款			
3.政府担保的国内金融机构借款			
4.政府担保的融资平台债券融资			
5.政府担保向单位、个人借款			

续表

地方政府债务 （截至××××年××月）	金额	地方综合财力 （××××年度）	金额
6. 其他			
地方政府债务余额＝（一）＋（二）×50%		地方综合财力＝（一）＋（二）＋（三）＋（四）	
债务率＝（地方政府债务余额÷地方综合财力）×100%			

资料来源：《国家发展改革委办公厅关于进一步规范地方政府投融资平台公司发行债券行为有关问题的通知》（发改办财金〔2011〕2881号）。

表3-5中，地方政府债务的口径界定比较明确，加总方法具体且具有很强的操作性。但是，这一界定仍然具有较多不妥之处。首先，只包括直接债务和担保债务，地方政府债务的内涵明显过窄。根据前文对地方政府债务内涵的界定，其除了履行法定的债务责任之外，还应当履行基于公众预期、政治压力、避免社会动荡而承担的道义责任。因此，不仅需要包括显性债务，还需要包括诸多隐性债务。如地方政府性债务界定的那样，除了政府负有偿还责任的债务以及负有担保责任的债务外，还包括地方政府可能承担救助责任的其他相关债务。这些相关债务可能是基于地方政府的隐性担保，也可能是基于道义责任。其次，直接债务内容并不全面。此处地方政府的直接债务应当是指地方政府负有直接偿还责任的债务。而实际上，除上述11类外，还有一些债务是由于地方政府对融资平台、事业单位等担保而承继过来的债务。这部分债务虽然并非地方政府直接举借，但是必须由财政资金进行偿还，所以也应当将其纳入直接债务之中。最后，加总中对担保债务的处理方式值得商榷。这里对担保债务的衡量计值使用的是风险概率法，将担保债务最终转化为直接债务的概率假定为50%。这样一种主观假定虽然便于操作，但是并没有太多根据，其合理性有待检验。

第二节 我国地方政府债务核算现状评价

前文对我国地方政府债务核算现状进行了介绍和分析。总体来看，我国地方政府债务核算还存在诸多问题，归结起来主要有三个方面。

一、核算对象尚未明确

明确核算的具体对象，是对地方政府债务进行统计核算的首要问题，同时也是界定债务口径的关键所在。在界定地方政府债务核算对象时，至少应当清晰地界定出债务主体（债务人，即地方政府的具体边界）和债务客体（债务内涵下的债务范围及工具）。而当前我国有关地方政府债务的界定中，无论是对债务主体还是对债务客体的界定，都存在一些明显缺陷。

1. 地方政府主体边界不明确

地方政府主体范围的界定是进行债务口径问题研究的出发点。前文已述及，地方政府的内涵有狭义和广义之分。狭义的地方政府仅指地方行政机关，而广义的地方政府则接近SNA2008中对广义政府部门的界定，即不仅包括政府法律实体，还包括政府控制的不作为公司处理的公共企业、社会保障基金以及政府控制的非市场性NPI等。而公共部门是对广义政府部门的进一步拓展，将政府所控制的公司予以纳入。从债务统计核算的相关国际标准以及各国经验来看，明确的债务主体界定都是进行债务统计核算的前提。

我国地方政府性债务以是否由财政资金偿还作为区别依据，债务主体边界并不明确，既非狭义的地方政府，也与广义的地方政府界定存在巨大差别。债务主体边界的模糊性，可以从全国地方政府性债务审计结果中明显看出。例如，2013年6月底地方政府性债务余额举借主体情况显示，由政府部门和机构举借的债务中有9684.20亿元被界定为政府或有债务中政府负有担保责任的债务。这显然说明，即使债务由地方政府部门和机构所举借,只要没有确定由财政资金进行偿还,也不会构成地方政府的直接债务。

由债务的偿还资金来源作为界定债务类型的最主要标准,显然使债务主体变得名存实亡,债务主体的边界相应也就很不清晰。而模糊的债务主体边界不仅会造成核算对象的不确定性,也将导致债务内容较易混淆。笔者认为,2014年底的地方政府性债务审计报告之所以被打回重做,正是由于财政资金偿还在界定上存在主观性,一些地方政府由此具备操作空间,将部分属于国有企业的债务调整为地方政府债务。地方政府债务的主体必须有一个客观明确的边界,只有这样,债务的举借和偿还责任才是明确的,也才能准确界定出地方政府债务的统计口径。

事实上,我国地方政府主体边界的具体界定相对较为复杂,在不同的实践和研究中有所区别。杜金富等(2015)认为,参照国际标准将我国政府主体分为狭义政府、广义政府及公共部门三个层次,可以全面分析不同层级政府的资产负债状况及其对经济的影响。该研究还认为,政府控制的事业单位都属于非市场非营利机构,应包括在广义政府部门之中,并主张将地方政府投融资平台作为公共部门的一个虚拟子部门。笔者认为其对地方政府投融资平台的处理以及对广义政府部门的划分值得商榷,对诸多基金会和民办非企业单位等社会组织,以及村民委员会等自治组织的处理也有待进一步探讨。我国机构部门的复杂性要求在界定地方政府的边界时,必须充分按照国际准则中的有关要求并结合我国的实际情况,做到更加审慎和客观。

2. 债务工具分类不合理

前文已经对地方政府性债务的分类进行了分析,揭示了其在分类方面的不足。我国当前所实行的金融工具统计分类与西方国家和国际准则有很大区别,如表3-6所示。杜金富(2012)认为,实际工作中我国当前金融工具分类主要存在以下问题:分类方式复杂;不同机构、不同币种的业务分类不同;不易进行汇总和合并;难以全面反映金融机构的现状和风险。具体而言,主要表现在下述几个方面。

表 3-6　国际货币基金组织和中国目前的金融工具统计分类

国际货币基金组织	中国
货币黄金和特别提款权	现金
货币黄金	存款
特别提款权	企业存款
通货和存款	机关团体存款
通货	储蓄存款
可转让存款	农业存款
银行间头寸	其他存款
其他可转让存款	代理财政性存款
其他存款	贷款
非股票证券	短期贷款
零息票（贴现）形式的短期证券	中长期贷款
固定利率的长期证券	票据融资
资产支持证券	证券
证券或嵌入式衍生工具	金融证券
贷款	国债
股票和其他股权	其他债权
投资基金中的股份	自营证券
股票和其他股权	应收应付账款
保险技术准备金	同业往来
住户生活准备金中的净股权	同业存款
住户养老基金中的净股权	同业拆借
预付保险费和对未终止要求权的准备金	回购协议
养老金经理人的养老基金债权	外汇买卖
非养老金福利权利	各项准备
标准化担保代偿准备金	所有者权益
金融衍生产品	其他
远期类合约	金融衍生产品
期权合约	代理证券
信贷、能源、气象、保险衍生工具	代理外汇买卖

续表

国际货币基金组织	中国
其他应收/应付账款 商业信贷和垫款 其他	系统内资金来往 递延项目

资料来源：杜金富.金融统计标准及诠释[M].北京：中国金融出版社，2012.

首先，我国金融工具的分类仅适用于银行业等金融机构，不仅难以适用于证券业、保险业等金融机构，对地方政府部门和机构更是难以适用。我国当前金融工具分类标准的应用范围较为狭窄，其几乎为银行业金融机构专用，无法适用于银行以外的机构。如我国金融机构信贷收支表中，金融机构的范围就具有很大的局限性，非存款性金融公司（其他金融性公司）只包括了信托投资公司和金融租赁公司两类，大部分非存款性金融公司尚未被纳入信贷收支统计范围。由此可见，对于其他金融机构及非金融机构的资产和负债统计而言，我国尚缺乏一套统一完整的金融工具分类标准。

其次，分类的依据有所不同。PSDS2011将债务工具分为六大类，分类的依据是债务工具的流动性程度以及债权人与债务人关系的法定特征，金融工具的流动性包括可流通性、可转让性、可销售性和可转换性等特征（PSDS2011，3.17）。而我国金融工具分类主要是依据会计特征，并随着会计制度的变化而变化，具有明显的资产负债特征和历史特点。在一定程度上说，会计分类和计值是统计实践的基础和前提，不能抛开会计进行统计工作。但是，应该清楚地认识到，我国当前会计准则与国际标准还存在很大差距，会计制度与统计标准的衔接并不完善。完全按照会计制度建立的统计分类，不仅分类机构不明晰、分类的稳定性较差，而且统计数据难以进行国际比较。此外，由于会计制度是不定期修订的，而金融工具的发展则瞬息万变，所以很有可能造成金融工具分类的滞后性。

最后，金融工具统计分类在内容上并不完整。金融工具的分类首先应当保证内容上的完整性，但目前我国许多新型金融工具只进行了简单统计甚至尚未被纳入统计范围，难以准确反映金融资产和负债的规模及风险。另外，我国当前对或有金融工具的统计也不够充分。PSDS2011 建议对担保等或有债务按照面值进行统计和披露，并鼓励通过一定的方法对或有债务的损失进行衡量。但在我国目前的金融工具分类中，担保、承诺等或有金融工具难以得到反映。

3. 对或有债务的核算及披露不充分

地方政府债务不仅包括由法律或合约确认的政府债务，还包括一系列基于道义责任而承担的债务。前者主要是地方政府需要承担直接偿付责任的债务以及对其他机构和部门进行担保的债务，后者主要是地方政府需要承担救助责任的债务。在我国当前地方政府债务的各种核算口径中，对后者的披露不够充分。

首先，地方政府性债务是以举债资金是否用于公益性项目为标准，来判定是否是政府承担救助责任的或有债务，这与实践中的情况存在明显出入。实践中，地方政府对于某一债务是否需要承担救助责任，往往更多是基于公共利益的考虑。例如，江西赛维 LDK 太阳能高科技有限公司为非国有企业，2011 年债务规模膨胀，公司债务到期后面临违约。出于各方面考虑，新余市政府和江西省政府对其债务进行了多次救助，2012 年 7 月，新余市人大常委会将该公司偿还信托贷款的缺口资金纳入年度财政预算。从上述案例可以看出，尽管该公司并非国企，其举债资金也并非用于公益性项目，但是地方政府仍然需要对其债务承担一定的救助责任，而对于地方国有企业的债务更是如此。从社会稳定的角度出发，当地方国有企业不能偿还债务时，地方政府会进行一定的救助，扮演最后支付人的角色（李扬等，2013）。因此，不能简单以举债资金是否用于公益性项目来判断地方政府是否具有债务义务。对于地方政府基于公共利益和利益集团的压力进行救助的企业债务，也应当将其纳入地方政府承担救助责任的债务范畴，并对此适当进行披露。

其次，地方银行等金融机构的不良资产应当作为地方政府的或有债务进行披露。近年来，银行的独立性有所增强，但是一些方面仍然不够完善。一些国有银行在实际业务运行过程中仍然存在着地方政府出手干预的情况，这影响了银行的独立性。当银行等金融机构面临规模庞大的不良贷款时，政府会出手对其进行救助。1999年以来，我国政府曾通过东方、信达、华融、长城四大资产管理公司，剥离了大量的国有银行不良资产。可见，银行等不良资产也应当作为政府或有债务的重要组成部分。当地方银行出现大量不良资产时，无论是从产权属性看还是出于金融和社会稳定的考虑，地方政府都会出手对其进行救助。截至2014年12月末，银行业金融机构不良贷款率和商业银行不良贷款率分别高达1.64%和1.29%，为2010年以来的最高水平。可见，地方银行等金融机构的不良资产所引起的地方政府或有债务问题不容忽视，核算地方政府债务时应当加强对相关债务信息的披露。

最后，应当在合理框架下核算并披露养老金或有隐性债务中地方政府承担的部分。伴随着养老金制度改革进程的不断深入，我国养老金债务缺口问题受到了越来越多的关注。到目前为止，对我国养老金隐性债务进行测算的主要是世界银行专家和国内学者。这些测算结果之间差别很大，并且没有任何一个得到了官方的认可。可见，我国养老金隐性债务的测算还有许多难题有待解决。但是，应当注意到一些地区的养老保险基金已经到了较为严重的"空账"运行状态，养老金制度的进一步改革和风险防控已迫在眉睫。为此，有必要在合理框架下核算并披露地方政府需要承担的养老金隐性债务。

二、核算方法和内容有待改进

在对我国地方政府债务进行核算时，除了需要明确核算对象外，还必须具备科学合理的核算方法。然而，在我国当前的核算实践中，关于怎样核算的问题并没有得到很好的解决，仍存在诸多问题有待改进。

1. 直接显性债务工具计值价格和内容需要改进

（1）计值价格选择不够科学。债务工具根据是否具有可交易性，可以分为可交易性债务工具和不可交易性债务工具。不同类型的债务工具，其使用的计值方法是不同的，并且统计核算和会计核算在方法的选择上也有所不同。在宏观经济统计中，可交易的债务性证券应当按照现行市场价格进行计值，而可交易债务性证券以外的债务工具则应以名义值进行计值。我国地方政府性债务包括了诸多类型的债务工具。根据审计署对地方政府性债务的审计结果，我国地方政府性债务中既有银行贷款、其他单位和个人借款、应付未付款项等不可交易性债务工具，也有地方政府债券、城投债等可交易性债务工具。由于审计署是从地方政府机构和部门等获取债务数据的，所以只能按照票面价值进行计值，即对于所有债务工具都以名义价值作为计值依据。这与SNA2008、PSDS2011等国际准则将市场价格作为首选的计值价格存在较大差别。

（2）计值时尚未将应计利息纳入。我国当前地方政府债务数据来源于政府会计的记录，而政府会计是以收付实现制为基础的预算会计。在此情况下核算出的债务结果只能是根据合同等内容得到的债务融资数额，难以进一步反映当前债务中的应计但未付利息。债务工具根据是否需要支付利息，可以分为有息债务和无息债务。对于有息债务而言，应计利息不仅能够反映债务成本，而且构成了政府债务负担，是债务规模的重要组成部分。

（3）需要进一步核算其他相关债务信息。在地方政府债务核算中，除了债务规模和期限结构外，还有一些信息也特别重要。首先，要核算地方政府债务的成本。债务的融资成本通常比较受关注，这与债务可持续性、债务风险状况等密切相关。因此，应当根据债务的利息情况，进一步核算各类债务的融资成本。其次，要核算债务资金的收益情况。成本是与效益紧密联系在一起的，在核算债务资金成本的同时，也应当对其收益状况进行核算。债务资金的收益情况可以通过项目的平均收益来反映。财政部出台的《地方政府存量债务纳入预算管理清理甄别办法》（财预〔2014〕351号），就是根据项目收益状况来甄别地方政府负有偿还责任的存量债务。

然而，由于缺乏必要的项目收益信息以及更为具体的甄别标准，导致此次债务甄别对一些债务的处理引起了很大争议。最后，需要对各类债务的转换信息进行统计核算。目前，我国的政企问题并未得到很好的解决。对于地方金融机构和国有企业的一些债务，我国地方政府不论进行了法定担保还是隐性担保，一旦这些债务面临违约，都会对其进行债务重组，将其中一部分转化为地方政府债务。这些债务重组过程中的转化信息，对于或有债务损失的衡量是非常关键的。

2. 担保等或有债务损失的衡量有待进一步完善

在我国地方政府性债务审计中，将政府负有担保责任以及可能承担救助责任的债务全部以账面大小纳入。从两次地方政府性债务审计结果来看，这两类债务的实际规模非常庞大，不容忽视。实际上，在宏观经济统计（如政府资产负债表）中，并没有将这些或有债务与直接显性债务进行统计加总，而仅是在备注中进行披露。之所以不在表内统计核算而在表外披露，并不是因为这些债务不重要，而是因为这些债务最终需要由政府承担的责任大小并不确定。

前文对传统的、可量化的政府担保或有债务损失的衡量方法进行了介绍，主要有风险概率法、市场价值法、期权定价法等。在这几种方法中，风险概率法相对具有更强的操作性。在准确界定我国地方政府债务的基础上，确定担保债务的统计口径和范围，根据历史的转化信息以及被担保单位的财务状况等进行分类，来衡量地方政府担保债务的预期损失，将会使政府债务责任和风险都更加明确和具体，使债务数据的质量和透明度得到提高。

三、数据来源和质量评估方面有待提高

除了核算对象、方法和内容方面存在不足外，我国现有的地方政府性债务审计在数据来源和质量评估方面也存在诸多缺陷，其直接后果就是许多学者质疑审计数据的真实性。审计署相关官员曾出面澄清，认为审计过程中并不存在数据造假。笔者认为，地方政府性债务审计结果出现不同程度的失真，关键原因并不在于审计工作人员，而在于债务数据来源单一，

并且缺乏必要的数据质量评估与修正体系。

1. 数据来源方面的不足

地方政府性债务审计数据来源方面的不足主要表现为下述三个方面：

（1）会计基础先天不足。我国目前以预算会计为主体的会计制度，其核算基础仍然是收付实现制。与权责发生制的核算基础相比，收付实现制对政府债务的确认、计量和报告具有明显的劣势，无法全面反映政府债务信息。

（2）政府财务报告体系缺失。我国目前缺乏政府财务报告体系，这既是对地方政府性债务进行审计的直接动因，也是审计结果失真的重要原因。当前，许多国家都建立起了政府财务报告制度，并通过资产负债表来反映政府债务情况。由于资产负债表的建立是以一整套较为完整的制度作为保证的，所以数据的真实性以及数据质量能够在一定程度上得到保障。然而，地方政府性债务审计是中央有关机构和部门对地方政府上报的数据进行审计，在中央与地方审计动机和目标不一致的情况下，很难获得完整、准确的债务数据。

（3）数据来源方式过于单一。地方政府性债务审计数据为各地区上报结果，其数据来源于各层级政府的相关会计记录。由于没有规范的财务报告体系来约束，仅根据这些上报数据得到的最终结果显然质量较差。实际上，地方政府性债务的数据来源并不应仅限于各级地方政府，一些市场性债务工具数据也能够从对应的监管机构获得。如地方政府的银行贷款数据可以从人民银行和银监会得到，当然保证数据可靠性的前提是要形成统一规范的统计口径；中央代发地方政府债券数据可以从财政部获得；由于地方政府债券、城投债的发行需要公开，所以相关数据可以借助证监会以及Wind 数据库等获得。相比各级地方政府，这些监管机构与债务统计结果并不形成直接的利益冲突，因而数据更为真实、可靠。

2. 缺乏质量评估与调整体系

针对审计结果中各类债务数据与其他来源数据的偏差，如融资平台银行贷款数据与银监会公开数据之间差异巨大，相关审计负责单位并未做出有效的质量评估报告，也没有采取相应的调整措施。质量评估与调整体系的缺失，也是在审计过程中地方政府从自身利益出发上报债务数据的一个重要原因。2014年底的审计结果迟迟没有公布，也正是由于地方政府多报直接债务，而财政部只能通过"打回重做"来"惩罚"地方政府。如果能够形成可靠的质量评估与调整体系，那么财政部等在审计过程中显然可以掌握更多的主动权。

对地方政府性债务审计结果进行质量评估与调整的方法是多样的。最常见和最有效的方法是对上报数据进行局部抽查，并组织审计人员对被抽查对象的有关会计账本和记录进行审计。实际上，我国地方政府性债务的主要来源是市场性债务，包括银行贷款、城投债、信托融资以及地方政府债券（含中央代发）。在不改变数据来源的前提下，诸多监管机构的统计数据可以作为重要的质量评估与调整标准。

第三节 国外地方政府债务核算经验

我国地方政府债务核算中存在诸多不足，如核算对象、方法和内容以及数据来源等诸多方面都有待进一步改进。为此，有必要梳理和介绍国外在核算实践中的具体做法，并有针对性地吸收和借鉴相关经验。

一、国外核算经验——政府主体

统计口径是研究地方政府债务问题的逻辑起点，而地方政府债务主体的确定又是债务统计口径确定的关键所在。这里主要介绍美国和欧盟地方政府债务主体界定的情况。

1. 美国地方政府主体

在美国，政府被认为是在给定区域内经由法定程序设立的特殊类型的法人，包括立法机关、司法机关和行政机关。政府的主要职能是向社会或个人和家庭提供商品或服务，利用税收和其他收入手段进行调节，通过转移支付重新分配收入和财富，以及从事非市场性生产。

（1）会计层面的财务报告主体。美国联邦政府会计包括政府预算会计和政府财务会计，政府的资产和负债状况主要通过政府财务报告来对外公布。在 FASAB（即美国联邦政府会计准则）2014 中，对报告主体做出了一系列规定和要求。FASAB2014 认为，政府财务报告需要界定一个明确的报告主体，联邦财务会计准则第 2 号公告（SFFAC 2）给出了五点理由：一是保证在每一个报告层次没有实体遗漏的加总信息，并在合适的同一水平下提供报告单位的合并和加总信息；二是有助于降低选择实体附属机构的可能性，增进报告实体之间的可比较性；三是在提供类似服务或产品时，有助于替代方法间的比较；四是能够保证正确和充分地分配成本，并恰当地分配资产和负债的责任；五是推动绩效评估、责任和控制，特别是其中一个机构是服务的提供者或接受者，但其可归属于另一个机构或得到另一个机构的资助。作为报告主体，必须全部满足这样三个条件：一是对于控制和调配资源、生产产出和成果、执行预算或其部分（假设实体列入预算）要负有管理上的责任，并对实体的绩效负责；二是该实体财务报表将提供运营和财务状况的有意义的表示；三是相关意向者也可以成为财务报表的使用者，能够利用报表信息分配资源和进行其他决定，对服从其部署和使用资源的实体负责。

一个机构单位是否应当成为政府财务报告主体，美国政府会计准则委员会（GASB）对此设定了两个具体的判定标准（SFFAC 2）。第一个判定标准是指定性标准。例如，是否出现在联邦预算部门的"机构和项目联邦账户"中就是一个指定性标准。任何组织、程序或预算账户，包括预算外账户和政府公司等，只要出现在这份名录中，都应该成为政府财务报告的主体。第二个判断标准是指导性标准。出于进行财务报告的目的，当将不在名单的机构、组织或账户纳入财务报表时，能够减少报表的误导性，并提高其完备性。判断一个不在清单内的机构是否应纳入财务报告实体，具体的指导性标准主要包括：①它是否行使了政府的任何主权权力去执行联邦职能；②它是否是由联邦政府拥有的；③它是否被报告实体直接或持续管理控制；④它是否执行联邦政府的任务和目标；⑤它是否能够接受由联邦政府提供的服务结果或处分；⑥它是否与报告主体存在一种信托关系。

1994年，美国政府会计准则委员会发布的第14号公告，进一步定义了适用于州和各级地方政府部门的财务报告主体标准。财务报告的主体主要包括：①基本政府；②基本政府负有财务受托责任的组织；③其他排除在政府之外会导致报告主体的财务报表发生误差或者导致不完整情况的组织。基本政府是财务报告主体的核心，但其范围并不限于任何一个州政府或者一般地方政府（市或县政府），只需要满足这样三个条件：①有一个独立的当选权力机构；②法律上独立；③财务上与其他州和地方政府相互独立。基本政府的组成单位是法律上独立的组织，包括基本政府负有财务受托责任的组织和其他组织。判断是否为基本政府负有财务受托责任的组织有两个具体标准：一是基本政府是否能够任命这个组织中大多数有表决权的成员，并且基本政府可以将它的意志施加于这个组织，或者这个组织有可能会给基本政府带来特别的财务利益或财务负担；二是该组织在财务上是否依赖于基本政府，而不管这个组织是否有一个相对独立的权力机构、一个由上一级政府任命的权力机构或者一个联合任命的委员会。

（2）统计层面上的广义政府。美国政府被分为三个层级，分别是联邦政府、州政府和地方政府。联邦政府为中央政府，州政府和地方政府之和相当于我国的地方政府。例如，美国收入和生产账户（NIPAs2014）中将全部的机构单位分为商业部门、住户和机构部门、广义政府部门三类，广义政府部门包括除政府企业外的所有联邦政府以及州和地方政府机构（BEA，2014）。美国广义政府部门的界定与SNA2008是一致的，不仅包括上述政府机构和部门，还包括其分支机构。这些分支机构为公有且被政府控制，其目的主要是履行政治责任和发挥经济调节作用，主要为公众提供非市场性服务。美国在实际核算中对政府企业采取的是混合的处理方式（Gutierrez，2005）。当核算生产活动时，政府企业与民营企业一起作为商业部门增加值的一部分；政府企业当前盈余的测算则作为政府部门的一部分，通过核算净储蓄和净贷款或借款来反映广义政府和政府企业的综合账户。可见，在进行借贷统计核算时，非市场性的政府企业是被列入广义政府部门之中的。

综上所述，美国的州政府和地方政府相当于中国的地方政府，无论是会计层面的政府财务报告还是统计层面的国民收入与产出账户，都有明确的逻辑来界定政府的主体范围，其都是指特定的广义政府概念。然而，政府财务报告中的报告主体与统计核算中的广义政府部门主体虽然有比较密切的联系，但是其界定所依据的标准是不同的。财务报告主体的基础是受托责任，其所界定的政府更多是参与财政预算的主体。因此，统计核算层面非市场性角度的广义政府部门作为地方政府债务主体，相对更为恰当。从美国所公布的政府债务数据来看，其也是广义政府部门债务。

2. 欧盟地方政府主体

欧盟在政府债务统计方面的手册主要有两个：一是《欧盟国家和地区账户体系2010》（以下简称ESA2010），二是基于ESA2010的《政府赤字和债务手册2014》（以下简称MGDD2014）。ESA2010为政府债务统计提供了方法和规则上的界定，MGDD2014旨在协助各方适用ESA2010并以此核算政府债务。

（1）广义政府部门及其判定的一般准则。MGDD2014明确提出，政府赤字和债务统计报告的主体是国民账户中所定义的广义政府部门。因此，欧盟政府债务的主体也是广义政府部门。根据ESA2010的定义，广义政府部门是由一系列非市场生产者的机构单位组成的，这些单位的产出用于个人和集体消费，它强制由其他部门进行支付，并主要从事国民收入和财富的再分配。广义政府部门可以分为中央政府、州政府、地方政府和社会保障基金四个子部门，社会保障基金包括中央、州和地方三个层级。由此，欧盟的州政府和地方政府以及州和地方层级的社会保障基金，相当于我国的地方政府概念。

欧盟广义政府部门主要包括四种类型的实体单位：一是通过法定程序成立的广义政府实体，这些实体具有法律权威性，能够为有关活动提供管理或资金支持，但其主要功能在于提供非市场性货物和服务以维护社会利益；二是非市场性的公共生产者，包括由政府控制的非市场性的公司和准公司；三是由政府控制和确认为独立法律实体的非营利性机构，并且是非市场生产者；四是确认为独立机构单位并且在法律上具有贡献责任的养老基金，政府对基金的管理主要体现在结算或审批方面。判断一个实体是否属于广义政府部门，MGDD2014 给出了三个具体的判定标准：一是实体应当为机构单位；二是实体是受政府控制的机构单位；三是实体为非市场性的机构单位。进一步，MGDD2014 对上述三个标准给出了详细的判断准则，且这些判断准则的设定与 SNA2008 保持了很高的一致性。

例如，对实体是否为非市场性的机构单位，判断标准为是否以经济上的显著价格销售货物和服务（ESA 2010, 20.19）。经济上的显著价格，是指出售价格能够对生产者的供给和购买者的需求产生显著影响。非市场生产者通常以免费或者经济上不显著的价格提供其产出。MGDD2014 给出了关于广义政府部门的判断树，如图 3-1 所示。

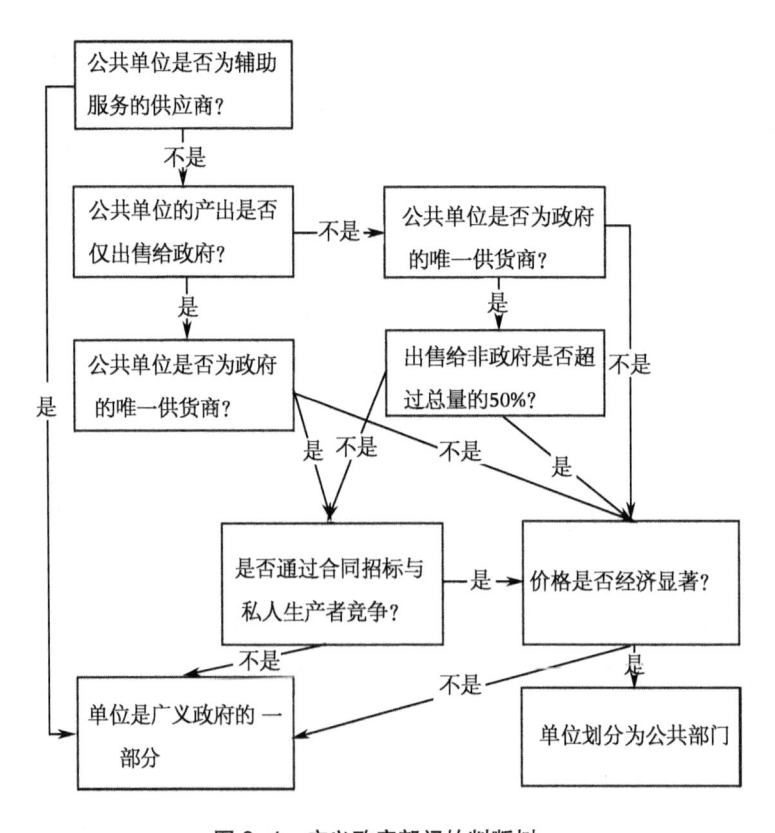

图 3-1 广义政府部门的判断树

MGDD2014认为，市场生产者必须以经济上的显著价格来销售其产品，而在实践中则表现为生产商的销售所得能够覆盖其大部分的生产成本，即可以通过"50%检验"来区分市场生产者和非市场生产者。如果销售所得大于成本的50%，那么生产者就是市场生产者；否则，生产者就是非市场生产者。销售所得等于市场产出加上非市场产出的付款，指的是广义政府部门或机构除产品税以外全部得到的付款总额以及这类活动的全部生产者的补助，而其他收入来源，如股份收益、股息、投资补助和其他资本转移，都不包括在销售所得之中。生产成本为中间消耗、雇员报酬、固定资本消耗、其他生产税和净利息费用之和。为了保证在应用"50%检验"时销售所得和生产成本在概念上具有一致性，生产成本排除了上述成本之外的其他估算成本。MGDD2014除了介绍广义政府部门的一般判定准则和"50%检验"外，还对几类特殊机构的分类进行了论述，这些阐述为广义政府部门的具体分类提供了更为明确的指导。

（2）"马债"的政府债务主体。《欧洲联盟条约》第126条规定，委员会应当对成员国的政府债务存量进行监督，具体标准为政府债务占国内生产总值的比重是否超过警戒线值，如果超过该值则需要使其以一个令人满意的速度逐步减少并接近警戒线值。《欧洲联盟条约》附录的第12号EDP协议书，进一步对此进行了解析，即成员国政府债务（以下简称"马债"）占国内生产总值的警戒线值为60%，并以市场价格测算。"马债"中的政府也是指广义政府部门，其定义与ESA2010和MGDD2014中的界定是完全一致的，包括中央政府、区域或地方政府以及社会保障基金，并排除商业性机构。"马债"的总额是由广义政府部门内部债务和成员国之间债务合并得到的。但是，在债务具体构成和计值方法上，"马债"与ESA2010和MGDD2014界定的政府债务又有所不同。

综上所述，ESA2010以及MGDD2014对广义政府部门的界定与SNA2008保持了高度的一致性，并且其分类实施具有很强的实践操作性，"50%检验"、60%警戒线标准以及对特殊实体的界定都具有重要的借鉴意义。

二、国外核算经验——核算基础

不同的会计确认基础,其提供信息的侧重点有所不同。目前,许多发达国家都已经完成了由收付实现制向权责发生制的改革。而我国政府预算会计仍然是以收付实现制作为确认基础的,无法提供地方政府债务的全面信息,因此有必要借鉴国外相关经验对其进行改革。

1. 美国政府债务核算的确认基础

美国债务统计核算以权责发生制作为记录的确认基础。NIPAs2014指出,无论是对于财务会计核算还是经济核算而言,权责发生制核算方法都是极为重要的原则。权责发生制是在收入和支出发生时记录,而不是以现金实际被收到或支出为标准,因而能够确保收入和支出在同一核算时期被记录。NIPAs2014对根据收付实现制记录的数据,按照权责发生制进行了调整(BEA,2005)。2014年9月22日更新的《美国国际经济账户:概念与方法》(以下简称IEACM2014),也明确提出当金融资产在经济所有权发生变化时,建议使用权责发生制进行记录。与金融资产相对应,债务也应当在经济所有权而不是法律所有权发生变化时记录。经济所有权变化,意味着资产所有权上的风险和报酬同时发生转换。风险包括:损坏、偷窃或者持有造成的潜在损失;管理、转让或维护成本高于预期的损失;交易对手方对金融资产的违约;等等。而报酬主要是指使用资产进行生产的能力、服务的产生、财产性收入的产生以及潜在的销售。交易是在服务被执行或提供时记录,而不是付款时。对于收入而言,交易应当在应付款产生时记录,而不是收入被支付或收到时。IEACM2014认为,以权责发生制为基础对事件所引起流量(这些流量还包括了非货币性交易、虚拟交易和其他流量)所做的记录是最全面的,这为流量的整合及变化提供了保障,并且能够使之同其他统计保持一致。

在美国州与地方政府会计财务报告中,使用的也是权责发生制的记录基础。《美国州和地方政府会计与财务报告准则汇编》中提出,权责发生制基础或修正的权责发生制（在合适的情况下），应当用于计量财务状况和运营活动的成果。进一步，其认为权责发生制基础对于任何组织的基金资源来说，是一种最好的会计基础。权责发生制基础使会计计量基于交易或事项的实质，而不仅仅是现金的收取或支付，这不仅符合实质重于形式的会计要求，还增加了所提供信息的相关性、中立性、及时性、完整性和可比性。

2. 欧盟政府债务核算的确认基础

在欧盟相关统计核算标准中，使用的也是权责发生制基础。ESA2010认为，流量应当根据权责发生制来记录，即当经济价值被创造、转换或消失时，或者当债权和债务发生、转换或被取消时记录，权责发生制基础适合所有货币和非货币、单位内部以及单位之间的流量。一项资产的销售应当在资产换手时被记录，而不是完成相应的支付时才记录；对于利息而言，不论其是否在会计期间内发生支付行为，都应当进行记录。对于广义政府税收和其他流量而言，通常是根据收付实现制来记录的，事实上从收付实现制到权责发生制的精确转换是比较困难的，因此往往需要使用近似的方法进行调整。此外，由于会计规则的适应性以及可能的实际差异，交易可能在不同的时间被记录，对此也需要进行调整。欧盟议会和理事会条例是与ESA2010保持一致的，在政府账户中也明确提出要使用权责发生制基础对流量进行记录，并对权责发生制下的利息及相关债务工具的利息记录展开了详细论述。在权责发生制下，利息根据债权人方法记录，也就是基于债务工具被创立时确定的利率或收益率进行记录。

MGDD2014进一步对政府相关流量记录的会计基础做出了较为详细的阐述。MGDD2014认为，交易的记录时间对政府净贷出／借入会产生影响，但是长期来看，权责发生制和收付实现制之间的差别能够被消除，这是因为权责发生制的记录只是将现金交易转移到不同的时间段。"其他应收／应付账款"这一金融工具能够用于桥接交易与现金流量之间出现时间差别的情形，由此"其他应收／应付账款"的记录将不会对政府债务造成影响。虽然长期来看"其他应收/应付账款"的存在使两种基础下的政府债务核算结果十分接近,但是债务核算尤其是存量核算是某一时点的结果。因此,仍然需要采用权责发生制的会计确认基础。

三、国外核算经验——核算处理

地方政府债务的核算处理涉及多个方面的内容,且不同国家在处理时有所不同,尤其是关于或有债务核算内容的界定与处理。下面将介绍美国、欧盟和新西兰的一些核算处理经验。

1. 美国地方政府债务的核算处理

美国政府债务核算处理可以分为两大体系:一是会计核算处理,二是统计核算处理。美国政府债务的会计核算内容在州和地方政府财务报告中展现,主要涉及债务类型分类、计值以及或有债务处理等。包括州和地方政府债务在内的美国政府债务,主要是通过美国金融账户来反映的,这也是统计核算的主要工作所在。

(1) 会计核算处理。美国政府会计是以基金为基础来组织和运营的,在会计系统中,州和地方政府债务情况是以资产负债表的形式呈现的。《美国州和地方政府会计与财务报告准则汇编》显示,美国州和地方政府合并资产负债表中的负债概念,与前文所界定的债务概念是基本一致的,并没有包括股权等内容。

1) 负债分类。在美国州和地方政府资产负债表中,债务内容都是财务报告主体的直接显性债务,并没有包括担保等或有债务内容,债务分类也与统计分类有较大区别,具体构成和分类如表3-7所示。但是,应计未付的利息包括在债务之中。除主表内容外,还可以通过财务报表附注来披露政府直接显性债务的相关信息,这些信息包括长期负债以及到期债务的偿还等,如表3-8所示。从上述债务内容可以看出,美国州和地方政府财务会计中所包含的政府债务类型十分全面,几乎覆盖了政府债务的全部内容。

表 3-7　美国政府基金合并资产负债表中的负债项目

（19X2 年 12 月 31 日）　　　　　　　　　　　　单位：美元

资产	政府基金类型			
	普通基金	特种收入基金	偿债基金	资本项目基金
负债	118261	33850	—	49600
应付单据	57600	18300	—	119000
应付合约款	—	2000	—	33800
应付判决款	—	—	—	10700
应计负债	—	—	—	—
受限资产产生的应付项目：				
建造合约	—	—	—	—
财务代理人报酬	—	—	—	—
应计利息	—	—	—	—
收入债券	—	—	—	—
押金	—	—	—	—
应付其他征税机构款	—	—	—	—
应付其他基金款	24189	2000	—	1000
应付基本政府款	—	—	—	—
应付学生款	—	—	—	—
递延收入	15000	—	555000	—
预售普通基金款	—	—	—	—
应付到期债券	—	—	100000	—
应付到期利息	—	—	2000	—
应付组成单位租赁款	—	—	—	—
应付普通责任债券	—	—	—	—
政府负责的特种税捐债务	—	—	—	—
应付收入债券	—	—	—	—
负债合计	**215050**	**56150**	**657000**	**214100**

资料来源：《美国州和地方政府会计与财务报告准则汇编》。

表 3-8　截至 2002 年 12 月 31 日的年度长期负债活动情况

单位：千美元

	期初余额	增加	减少	期末余额	一年内到期数额
政府活动：					
应付债券和票据：					
收益性债券	32670	22205	22300	32575	2729
普通债券	14485	15840	14485	15840	1040
再发展代理债券	14965	18000	540	32425	1300
特种税捐债券	—	1300	—	1300	92
设备票据	1203	—	954	249	249
减递延的偿还数额	—	3409	341	3068	—
应付债券票据总额	63323	53936	37938	79321	5410
其他负债：					
带薪休假	5537	2744	2939	5342	2138
要求权和判决负债	8070	2669	2864	7875	1688
其他负债总额	13607	5413	5803	13217	3826
政府活动长期负债	76930	59349	43741	92538	9236

资料来源：美国政府会计准则委员会第 34 号公告。

美国政府会计准则委员会第 34 号公告（GASBS34）规定，在提供的总债务信息中区分短期债务和长期债务，并且应当对其他基金的应付款项及组成单位单独报告。该公告附录 C 也认为，债务应当根据流动性进行分类。美国政府会计准则还认为，政府基金中的债务不是普通长期资本债务就是经营债务，对此应当进行区分。在美国政府会计准则委员会第 11 号公告（GASBS11）中，普通长期资本债务是指那些期望通过政府基金的财务资源偿还和提供长期资金以取得资本资产（包括基础设施），或为具有长期经济效益的特定非重复发生项目或活动提供长期资金的负债；经营债务是指为政府基金提供财务资源并期望用政府基金的财务资源偿还的债务，以及同资本资产（包括基础设施）的购置和具有长期经济效益的特定非重复发生项目或活动融资有关的债务。

2）政府债务的计值问题。对于各类债务的计值，美国政府会计准则委员会第 72 号公告（GASBS72）中的"公允价值计量和应用"部分进行了较为详细的界定。债务的公允价值被认为是在测算日债务转移给市场参与者时的价值，债务的转移是假定债务仍然是未偿付的，而市场参与的受让人必须履行该项义务。即使没有可观测的市场来提供债务转移的价格信息，但如果债务被其他方视为资产持有，那也可能有一个可观测的市场。

对于其他实体持有作为资产的债务，政府应当按照一定的次序[①]来测算债务的公允价值。首先，在价格可得的情况下，使用活跃市场中该项目被另一方持有作为资产的报价（Level 1）；其次，如果市场报价不可得，则使用其他可观察到的价格，如在不活跃市场上该项目被另一方持有作为资产的报价（Level 2）；最后，如果上述两类价格都不可得，则需要使用市场法或收入法等其他估值技术（Level 3）。公允价值计值应用如表 3-9 所示。市场法是参考类似负债的报价；收入法是估计市场参与者期望从持有的债务中得到的未来现金流。GASBS72 指出，当其他方持有的债务资产受到特定因素的影响而不能直接使用公允价值进行计量时，政府应当对债务报价进行调整。GASBS72 针对债务性证券给出了计值方法实例，如表 3-10 所示。

表 3-9　19X1 年 12 月 31 日公允价值计值应用

单位：百万美元

债务性证券	12/31/X1	相同资产在活跃市场的报价（Level 1）	其他资产的显著可观测数据（Level 2）	显著的不可观测数据（Level 3）
美国财政债券	85	85		
商业抵押支持证券	50		45	5
债务抵押债券	30		5	25
居民抵押支持证券	149		24	125
公司债券	93	9	84	
债务性证券总额	407	94	158	155

资料来源：美国政府会计准则委员会第 72 号公告。

---

① 该次序是依据所观察的市场价格来区分的，对应的计值方法可以分为三类水平，即 Level 1、Level 2 和 Level 3。

表 3-10 各种债务性证券的计值

债务分类	子类	期限	可赎回	计值
市场性债务工具	短期国库券	1 年	到期日	按未折价摊销的债务面值净值进行计值，用直线法折价进行摊销
	中期国债	2~10 年	到期日	按未折价或溢价摊销的债务面值净值进行计值，用直线法折价或溢价进行摊销
	长期国债	10~30 年	到期日	按未折价或溢价摊销的债务面值净值进行计值，用直线法折价或溢价进行摊销
	E/EE 储蓄债券	10~40 年	6 个月后需要时	当前价值
	H/HH 储蓄债券	10~30 年	6 个月后需要时	票面价值，不需折价或溢价进行摊销
	州和地方政府债券	各类	需要时	票面价值，不需折价或溢价进行摊销
	国内系列零息债券	20~40 年	到期日	按未折价摊销的债务面值净值进行计值，用利息法进行折价摊销
	国外系列国库券	1 年	需要时	按未折价摊销的债务面值净值进行计值，用直线法进行折价摊销
	零息债券	20~30 年	到期日（第一类）	按未折价摊销的债务面值净值进行计值，用利息法进行折价摊销
			需要时（第二类）	当前价值

资料来源：美国政府会计准则委员会第 72 号公告。

对于具体债务工具计值价格的选择，联邦财务会计准则第 5 号公告（SFFAS5）给出了一个非权威的表格，用于说明当前美国各债务性证券计值的具体做法。其有关各类债务性证券的计值方法选择是符合 GASBS72 中公允价值债务计值要求的。

3）或有债务的核算与处理。根据《美国州和地方政府会计与财务报告准则汇编》"财务报表注释"的规定，不需要应计的或有债务应当在财务报表注释中加以披露，这与PSDS2011所建议的将公共部门或有债务在备忘录中加以披露的处理是一致的。总体来说，美国会计系统对政府或有债务的核算与处理主要围绕政府担保和环境或有债务。

一是政府不可交易性金融担保债务。对于政府不可交易性金融担保债务，需要评估政府最终需要支付的可能性，这就必须考虑这些因素，例如：担保债务人是否启动破产或财务重组过程；债务合同违约所涉及的担保义务，如未能满足利率约定、不满足覆盖率或者拖欠本息等；是否出现重大财务困难，如未能按时完成对代理人或受托人的支付；是否建立储备金用于还本付息；导致债务还本付息受阻过程的原因；债权人让步；重大投资损失；主要收入来源的损失；与经营或当前收入相关的非资本性支出的显著增加或政府启动金融监管。在评估过程中，除考虑上述相关定性因素外，还应当结合已有的历史数据。

一旦评估出对其他单位或个人的不可交易性金融担保债务可能（概率大于50%）被启用，则政府应当在财务报表中对此债务进行确认，所确认的数额应当为由于担保而导致的预期未来现金流出的现值的最佳估计。如果没有最佳未来现金流出的估计而仅能确定一个范围，则确认的数额为该范围最小数额的折现值。GASBS70还认为，不管担保是否可能被启用，都应当根据担保类型披露其相关信息，包括担保的描述性信息[①]和在报告日期担保债务的未偿还金额。对于所确认担保债务的损失计量，主要有两种方法：一是在深度和流动的债务交易市场能够得到价格时，使用公允价值测算方法；二是政府预计会支付并解决债务时，则使用成本累积方法来测算债务金额。GASBS70认为成本累积方法更为合适，这主要是因为担保人一般不会对外出售或转让此类担保。

二是与环境相关的或有债务。美国全国政府会计委员会以美国环境

---

① 担保的描述性信息主要包括：法律权威性、延长担保的限制和义务担保的类型；政府与被担保人之间的关系；担保的期限长度；担保支付款项的回收安排。

保护机构（EPA）1991年10月9日发布的章程《固体垃圾处理设备标准》为基础，建立了市政固体垃圾掩埋场所（以下简称MSWLF）掩埋成本和后续维护成本的核算和财务报告准则要求。MSWLF掩埋成本和后续维护成本主要包括三个方面：①根据MSWLF运作计划安装的设备和建设的设施成本；②MSWLF期望的需要被覆盖的填埋区场地成本；③掩埋后期望的可用填埋区的监测和管理成本。在测算当前掩埋成本和后续维护总成本后，每年都应当考虑通货膨胀（或紧缩）、计划变更以及运营成本增加（或减少）等因素，对当前成本进行调整。

根据或有债务的定义，在停止接收固体垃圾日期之后以及在掩埋后的期间内，所引起的支出应当作为政府的或有债务，这是因为所引起支出的责任大小并不确定。然而，按照GASBS18对MSWLF掩埋成本和后续维护成本的核算和报告所做出的具体规定，无论是资本性的支出还是经营性的支出，都应当作为一项费用和一项债务进行确认。确认应当开始于市政固体垃圾开始接收之日，并在其接收固体垃圾期间继续进行确认，而在其停止接收固体垃圾时完成确认事项。当期成本的测算应当根据MSWLF的使用期间将估计的总成本现值进行分配，计算公式为：

当期成本=（估计的总成本现值×已使用的产能）/估计的总产能－之前确认的成本大小 (3-1)

而所估计的总成本现值减去之前确认的成本大小，所得到的就是计提的MSWLF掩埋和后续维护或有债务规模。

三是确定收益型下的与养老金计划有关的债务。应当注意的是，美国州和地方政府养老金债务是通过精算方法确定的，并在相关注释中披露，但仅限于确定收益型养老金计划。GASBS25和GASBS27对确定收益型养老金计划有关情况的处理做出了具体要求。GASBS25规定的财务报告框架将这两类信息分开：一是关于计划资产和财务活动的当期财务信息；二是长期角度由保险精算确定的关于计划的筹资状况以及在积累足够的资产用于到期福利上所取得的进展方面的信息。与上述两类信息对应，养老金计划有关的债务（或负债）也有两层不同的含义。

第一层是养老金计划在会计年度末的债务。这部分债务需要在财务报告中确认和反映，其通常由与计划成员有关的福利、支付给计划成员的退款以及应计投资和管理费组成。按照计划条款，福利和偿还额方面的计划债务在到期和应付时加以确认，其他一些计划负债应按照权责发生制基础确认。

第二层是精算的应计债务和未融资的精算应计债务。所谓精算的应计债务，是指在一系列精算假设条件下，由特定的精算方法确定的并且不由将来的正常成本提供的养老金和费用精算现值的一部分。与精算应计债务对应的是未融资的精算应计债务，其等于精算应计债务与精算资产价值的差额。按照 GASBS25 对确定收益型养老金计划财务报告提出的要求，相关精算的信息应当作为必要补充，直接列示于财务报表注释后面，至少应该包括六年[①]的信息，并且精算的应计债务和未融资的精算应计债务等信息的确定，应当使用相同的方法和假设。这主要包括精算假设（强调预计的长期未来趋势）、经济假设、精算成本方法等。GASBS 中介绍的精算成本方法共有六种，如表 3-11 所示。

表 3-11　精算成本方法说明及附注信息

精算成本方法	方法说明	该方法所包括的附注信息
单位信用精算成本方法	按照一贯的公式将包含在精算估计中的个人养老金（预计或未预计的）在估值的年度进行分配的方法，分配到估值年以前年度的养老金的精算现值成为精算的应计债务	附注 1[a]：①养老金如何在特定的区间分配；②用来预计养老金的程序；③描述用来评估养老金计划的某部分养老金的其他方法 附注 2：在该方法下，当精算利得（损失）发生时，通常会减少或增加未融资的精算应计债务

[①] 这里的六年一般是指精算评估年份和过去五年，这样就可以为未来趋势的预测提供重要参考。

续表

精算成本方法	方法说明	该方法所包括的附注信息
进入年龄的精算成本方法或进入年龄的正常精算成本方法	将包括在计算估计中的个人预计养老金精算现值在进入年龄和预计的退出年龄中间均分的方法，在评估日不由未来正常成本的精算现值提供的那一部分精算现值成为精算的应计债务	附注1：①是否根据收入或服务进行分配；②在计算程序中哪里进行了汇总；③进入年龄是怎样确定的；④当不同的养老金公式用于不同的服务期间时，应用的是什么程序；⑤描述用来评估养老金计划的某部分养老金的其他方法 附注2：在该方法下，当精算利得（损失）发生时，减少（增加）未融资的精算应计债务
到达年龄的精算成本方法	精算估值中的个人养老金预计现值超出应计负债的部分，按照个人的收入或者服务，在评估日和预计的退休日之间的期间内均等分配，使用单位信用精算成本方法确定精算负债	附注1：①是否根据收入或服务来分配；②在计算的程序中哪里进行了汇总；③描述用来评估养老金计划的某部分养老金的其他方法 附注2：在这种方法下，精算的利得（损失）发生时，减少（增加）未融资的精算应计债务 附注3：在该方法下的成本与在单位信用精算成本方法下的正常成本之间产生的差异，会影响未来精算利得（损失）判断
总计精算成本方法	包含在精算估值中的团体的预计保障金精算现值超出了资产精算价值的部分，在评估日和确定的退休日之间的期间按照收入和服务进行分配。在此方法下，精算的应计债务和精算的资产价值相等	附注1：①是否按照收入和服务进行分配；②在计算中如何进行汇总；③描述用来评估养老金计划的某部分养老金的其他方法 附注2：在这种方法下，精算的利得（损失）发生时，减少（增加）未融资的精算应计债务

续表

精算成本方法	方法说明	该方法所包括的附注信息
冻结进入年龄的精算成本方法	包括在精算估值中的小组的预计养老金的精算现值超出了资产的价值和未融资的冻结精算应计债务的部分，应该在评估日和预计的退休日之间的期间按照该小组的收入和服务进行平均分配，使用进入年龄的精算成本方法来确定冻结精算债务	附注1：①是否按照收入和服务进行分配；②在计算中如何进行汇总；③描述用来评估养老金计划的某部分养老金的其他方法 附注2：在这种方法下，精算的利得（损失）发生时，减少（增加）未融资的精算应计债务
冻结到达年龄的精算成本方法	包括在精算估值中的小组的预计养老金的精算现值超出了资产的精算价值和未融资的冻结精算应计债务部分，在评估日和预计的退休日之间按照该小组的收入和服务进行平均分配，使用单位信用成本方法来确定未融资的冻结应计债务	附注1：①是否按照收入和服务进行分配；②在计算中如何进行汇总；③描述用来评估养老金计划的某部分养老金的其他方法 附注2：在这种方法下，精算的利得（损失）发生时，减少（增加）未融资的精算应计债务

资料来源：美国政府会计准则委员会第25号公告和第27号公告。

a.附注1是指对方法进行描述时应该说明使用的程序。

（2）美国州和地方政府债务的统计。根据美国联邦储备理事会2011年7月发布的《交易和资本市场活动手册》，美国各类政府债务计值等核算处理所依据的都是会计委员会的相关准则，主要包括《特定债务和权益证券投资会计》（FAS115）、《金融资产转让和服务以及债务解除会计》（FAS 140）和《衍生与套期活动会计》（FAS133）等。考虑到财务会计委员会的财务会计标准和会计准则委员会的会计标准之间的一致性，美国统计体系中州和地方政府债务的确认、计值等核算处理，都是以会计系统中的数据为基础的。总体来看，美国州和地方政府债务统计体系是比较完善的，尤其表现为借助各种分类来反映债务结构信息。

1）金融工具分类较为翔实。美联储定期在《美国金融账户报告》（以下简称 Z.1）中发布按照部门分类的资产负债[①]数据。按照金融工具分类，资产和负债工具有 29 类，分类信息比较详细，几乎囊括了全部的金融资产和负债工具内容。由于美国对政府举债有严格规定，特别是对州和地方政府的限制更为严格，致使州和地方政府所能利用的债务工具形式较少。例如，2014 年美国州和地方政府的债务工具主要有 4 类，分别是市政债券、其他贷款和垫款（美国政府贷款）、贸易信贷以及杂项债务（主要为养老金参与者的权益），如表 3-12 所示。相比而言，美国联邦政府债务工具的内容和形式则更为多样化，包括的债务工具多达 9 类。

表 3-12 美国州和地方政府债务（按债务工具分类）

单位：10 亿美元

	2010 年	2011 年	2012 年	2013 年	2014 年
总债务	5050.4	5341.0	5348.4	4931.0	5044.2
信贷市场工具	3038.0	2985.3	2980.0	2941.1	2927.5
市政债券	3023.6	2970.0	2964.3	2924.9	2910.9
短期	63.0	52.3	56.1	45.3	38.6
长期	2960.6	2917.6	2908.2	2879.6	2872.3
其他贷款和垫款	14.4	15.3	15.7	16.2	16.6
贸易信贷	669.0	707.4	746.2	785.8	826.6
养老金参与者的权益	1343.4	1648.3	1622.2	1204.1	1290.2

资料来源：《美国金融账户报告》。

2）注重信贷市场债务信息统计。美国重点对信贷市场的债务工具信息进行了统计，以此来反映相关债务工具数量上的变化与趋势。美国信贷市场金融工具分为 9 类，州和地方政府利用的债务工具仅为市政债券以及其他贷款和垫款。具体而言，Z.1 分别从债务增长、借款（流量）、

---

① 由于这里的负债并没有包括股权等内容，所以实质上与债务的内涵是等同的。

未偿债务反映了州和地方政府信贷市场债务变化情况，如表 3-13 所示。

表 3-13 美国州和地方政府信贷市场债务相关数据

单位：10 亿美元

年份	债务增长	借款（流量）	未偿债务
2008	0.6	17.9	2855.4
2009	4.0	113.0	2968.4
2010	2.3	69.5	3038.0
2011	-1.7	-52.7	2985.3
2012	-0.2	-5.3	2980.8
2013	-1.3	-38.9	2941.1
2014	-0.5	-13.7	2927.5

资料来源：《美国金融账户报告》。

3）关注各类债务工具的净额变动。在美国金融账户中，将资产和负债的变动与收入和生产账户中的政府部门收支联系在一起。理论上说，当前收入加上债务净增加应当等于当前支出加上资产净购入，从而实现政府收支平衡。而实际上，两者之间通常会有一定的误差。因此，必须对各类债务工具的净值变化进行统计，如表 3-14 所示。

表 3-14 美国州和地方政府债务净增加（按债务工具分类）

单位：10 亿美元

	2010 年	2011 年	2012 年	2013 年	2014 年
债务净增加	383.5	302.3	336.1	290.7	305.1
信贷市场工具	69.5	-52.7	-5.3	-38.9	-13.7
市政债券	68.7	-53.6	-5.7	-39.4	-14.0
短期	-0.7	-10.6	3.8	-10.9	-6.7
长期	69.3	-42.9	-9.4	-28.6	-7.4
美国政府贷款	0.9	0.9	0.4	0.5	0.4
贸易信贷	38.5	38.4	38.8	39.6	40.8
养老金参与者的权益	275.5	316.6	300.1	289.9	278.0

资料来源：《美国金融账户报告》。

2. 欧盟地方政府债务的核算处理

（1）"马债"及其核算。"马债"中的债务主体为广义政府部门，这与 ESA2010 和 MGDD2014 中界定的政府债务主体是一致的。但是，无论是债务内容还是计值方法等，"马债"相对而言都更为简单。

1）"马债"的债务内容较为狭窄。"马债"主要包括三类金融债务工具，分别是货币和存款（AF.2）、债务性证券（AF.3）以及贷款（AF.4），如表 3-15 所示。这三类债务工具在内容上与 ESA2010 和 MGDD2014 的界定是完全相同的。但是，与 SNA2008、ESA2010 等标准相比，"马债"并没有包括养老金债务、保险技术准备金以及其他应付款等几项重要债务内容，并且由于金融衍生产品缺乏基本的本金到期的数额，以及股权并非债务工具，这两类工具都被排除在外。此外，"马债"仅包括了广义政府部门的直接显性债务，不仅没有包括标准化担保内容，而且也没有纳入一次性担保等或有债务。

表 3-15 "马债"的债务工具构成

	ESA2010 编码	N-4	N-3	N-2	N-1	N
广义政府合并总债务年末未偿债务名义价值类型：						
货币和存款	AF.2					
债务性证券	AF.3					
短期	AF.31					
长期	AF.32					
贷款	AF.4					
短期	AF.41					
长期	AF.42					

资料来源：MGDD2014。

2）"马债"以面值对债务工具进行计值。根据要求，"马债"应当以名义价值对债务工具进行计值，但实际上按照"马约"中的要求，债务工具的计值依据为面值,即在到期时政府应当支付给债权人的合同约定金额(MGDD2014)。以面值对债务工具进行计值与名义价值有所不同,前者不仅不能反映应计但未支付利息的大小,而且不能反映需要偿还的本金和利息。根据 SNA2008、ESA2010 等手册的相关规定,应计但未支付的利息也应当纳入对应的债务工具之中。另外,按照面值计值,不仅无法反映出货币的时间价值,而且可能高估(或低估)当期的债务责任。MGDD2014 还认为,应当进一步考虑以不同债务工具的名义价值计值,而不能简单地使用面值进行计值,并对此进行了指导性的解析,如表 3-16 所示。

表 3-16 各债务工具名义价值计值选择

债务工具	名义价值计值考虑
存款(包括可转让票据)	名义价值包括实际记录到持有人的应计利息,为本金和随时可支取的利息
指数挂钩型债券	名义价值是对应(初始)面值通过相关指数在年底应计资本变动调整后的价值,通常为最低的赎回价值
零息债券(如国债)	名义价值是赎回价值
资本化利息债券	名义价值是发行价值而不是赎回价值
分割债券	利息和本金的分割不改变原始债券的名义价值,当政府单位在二级市场上单独购买分割债券或者分割本金(债券由广义政府部门发行)时,整合过程需要一个基于原始债券名义价值的具体估计条款
金融衍生产品	不包括在政府债务之内,因为与其他债务工具相比,它没有名义价值
金融租赁	包括估算贷款在内的债务,在开始时期等于总的固定资本形成

资料来源:MGDD2014。

(2)欧盟广义政府部门债务及其核算处理。政府债务应当在核算期末以它们的市场价值在国民账户中广义政府部门的资产负债表中记录。与"马债"相比,ESA2010 所界定的广义政府部门债务在债务工具内容和计值方法上都有较大不同。

1）债务工具的构成。根据 ESA2010 的界定，广义政府部门债务的主要工具包括货币黄金和特别提款权（AF.1）、货币和存款（AF.2）、债务性证券（AF.3）、贷款（AF.4）、金融衍生品和员工股票期权（AF.7）和其他应付款项（AF.8），但是在一些特定情况下，还包括股权和投资基金份额（AF.5）以及保险、养老金和标准化担保计划（AF.6）。虽然 ESA2010 之中并没有明确界定广义政府部门债务的概念，但是 ESA2010 与 SNA2008 对于债务和负债的界定是保持一致的。根据 SNA2008 的界定，AF.1、AF.5 和 AF.7 都不是传统意义上的债务工具。因此，广义政府部门债务工具有五类，也就是在"马债"的基础上加上 AF.6 和 AF.8。应当注意的是，长期贸易信贷或者应收 / 应付账款安排应当归入贷款。这是因为长期贸易信贷与延长到期付款义务相当，涉及借款方的长期融资利益，有别于卖方通常向买方提供短期贸易信用的方式（MGDD2014）。

2）计值选择与实践。与"马债"使用面值对债务工具进行计值有所不同，ESA2010 所界定的广义政府部门债务是以市场价值进行计值的。市场价值是指金融资产在收购或出售时，交易双方自愿并且基于商业的考虑，在任何时点和一个流动性的市场，对债务进行交易的价值，它不包括佣金、费用和税收。确定市场价值时，交易双方需要考虑应计利息，因此，任何市场利率的变化都能够在市场价值中得到体现。市场价值是债务在可观测市场中的价格的集中体现。如果没有可观测的市场价格，即市场上近期该债务没有被出售，则应当通过其他方法对该债务的价格进行估计。ESA2010 对市场价值和名义价值计值之间的关系进行了阐述，即在任何特定时点，金融工具的市场价值等于名义价值加上由于市场价值变化引起的重估价变动。进一步，ESA2010 对各类金融工具具体计值的实施选择做出了明确规定，这里仅对各债务工具市场价值的计值处理进行了整理，如表 3-17 所示。

表 3-17 ESA2010 中债务工具市场价值计值处理

债务工具类型	计值处理
货币和存款（AF.2）	
货币（AF.21）	货币的名义价值
存款（AF.22）	在资产负债表中以名义价值记录
债务性证券（AF.3）	
短期（AF.31）	以市场价值进行计值；若市场价值不可得，在没有通货膨胀和高利率的情况下，市场价值可以由按面值发行的短期债券和短期贴现债券的名义价值近似估计
长期（AF.32）	以市场价值进行计值，不论是定期付息债权或折扣债券，还是很少或没有利息的零息债券
贷款（AF.4）	以名义价值进行计值，不论贷款是否为不良贷款
保险、养老金和标准化担保计划（AF.6）	
非寿险技术准备金（AF.61）	覆盖的尚未赚取的支付保费加上预留的索赔款，索赔款是期望的理赔支出，包括纠纷索赔以及已经发生但尚未报道的覆盖事故索赔的津贴
人寿保险和年金权益（AF.62）	覆盖所有的未来索赔的准备金
养老金权益（AF.63）	确定受益型养老金负债等于承诺收益的现值，缴费确定型负债等于基金资产的当前市场价值，且基金净值始终为 0
标准化担保（AF.66）	预期的索赔减去预期收回的价值
其他应付款项（AF.8）	
贸易信贷和进展（AF81）	以名义价值计值
贸易信贷和进展之外的其他应付款（AF.89）	以名义价值计值，但税收和社会贡献形成的应付款应排除在外

资料来源：根据 ESA2010 有关内容整理得到。

3）债务列示拓展与备忘录。实际上，ESA2010 还要求对已有的资产负债表在债务的列示方面进行拓展。ESA2010 的扩展是通过"由谁到谁金融账户"来实现的，它通过对相关债务工具的流量和存量进行统计,来揭示债权人与债务人的关系信息。"由谁到谁金融账户"是一个三维表,包括金融工具类型、债务人部门以及债权人部门,ESA2010给出了债务性证券的一个例子,如表3-18所示。"由谁到谁金融账户"的构建,说明欧盟在进行债务统计核算时,不仅需要按照债务人信息进行分类,还需要根据债权人信息进行分类。ESA2010还要求在资产负债表的备忘录中披露不良贷款信息。根据ESA2010的定义,不良贷款的形成包括以下情况:利息或本金支付逾期90天或以上;逾期90天或以上的应付利息被资本化、再融资或协议逾期;逾期不超过90天但是没有有力理由(如债务人申请破产)来支持债务被充分支付。在备忘录中需要记录的不良贷款信息包括该贷款的名义价值(在资产负债表中记录)以及该贷款的市场等量价值。

表3-18 债务性证券的"由谁到谁金融账户"

债权人部门 \ 债务人部门		债务性证券的净发生						
		非金融公司	金融公司	广义政府	住户及为住户服务的非营利机构	国民经济	国外	总和
债务性证券的净获得	非金融公司	30	11	67		108	34	142
	金融公司	23	22	25		70	12	82
	广义政府	5	2	6		13	19	32
	住户及为住户服务的非营利机构	65	43	124		232	43	275
	国民经济	123	78	222		423	108	531
	国外	24	28	54		106		106
	总和	147	106	276		529	108	637

资料来源:ESA2010。

4)政府或有债务的核算处理。ESA2010所涉及的政府或有债务问题不多,重点关注了政府显性担保债务及其核算处理。ESA2010认为，养老金隐性债务并不是中央政府、州政府、地方政府或者社会保障基金部门的负债，原因是它们的交易没有完全被记录，流量和存量并没有在核心账户中被记录，而仅是记录在应计的社会保险养老金权益的补充表中。

ESA2010对政府显性担保债务进行了分类，不同类别的核算及处理差别很大。ESA2010认为，对于广义政府部门而言，担保是一种不通过直接现金支出来支持经济活动的方式，担保可以改变金融市场的借贷环境，从而对经济主体的行为产生重要影响。政府显性担保被分为三类，分别为满足金融衍生工具定义的担保、标准化担保以及一次性担保，不同类型的担保其核算处理方式有所不同。[①]对于标准化担保而言，一旦创建，就需要在政府资产负债表的AF.66中被记录。标准化担保的计值，也就是所记录的值并不等于全部担保数额，而是等于担保预期被启用的现值大小，也等于担保人期望从违约借款人得到的净获得，一般使用精算的方法进行估计。根据ESA2010的规定，一般情况下，政府的一次性担保不会在资产负债表中反映。但是，当能够判断由政府对担保债务进行偿还时，则需要将担保债务计入相关债务工具。对此，MGDD2014给出了两个判定准则：一是重复启用，当政府每年都直接或间接通过经常性支付给借款人，使公司得以全部或部分对债务责任进行偿还时，一旦政府这样的支持正常化，就被认为是"直接或间接调用"，继而需要将它重新分类为政府债务；二是公共账户或类似文件规定表明，政府偿还债务的概率非常高，并且担保债务已经被确认为政府债务。政府担保债务启用的决策树如图3-2所示。

---

① 由于金融衍生工具（AF.7）并不是债务，因此这里不对满足金融衍生工具定义的担保的核算及其处理进行说明。

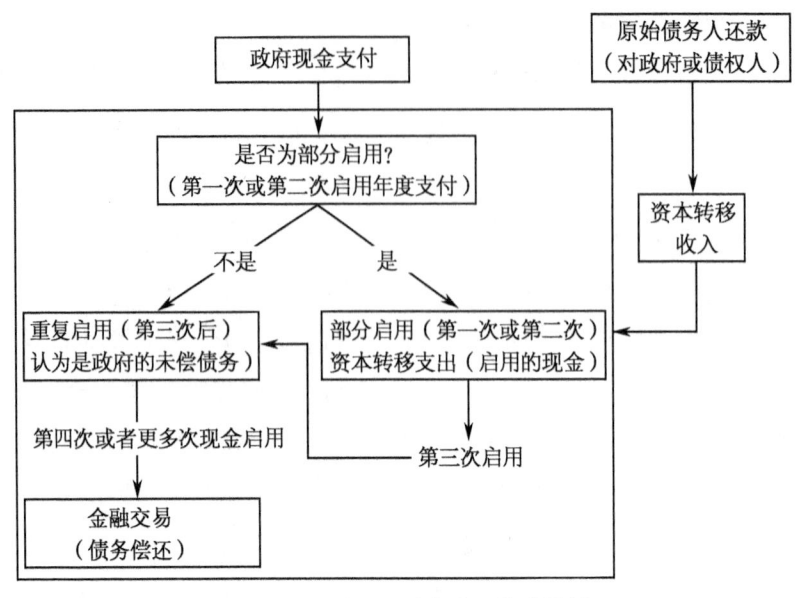

```
                    ┌─────────────┐              ┌──────────────┐
                    │  政府现金支付  │              │  原始债务人还款  │
                    └──────┬──────┘              │（对政府或债权人）│
                           │                     └──────┬───────┘
                    ┌──────┴──────┐                     │
                    │是否为部分启用？│              ┌─────┴─────┐
                    │（第一次或第二次│              │  资本转移  │
                    │  启用年度支付）│              │   收入    │
                    └──┬───────┬──┘              └─────┬─────┘
                   不是│       │是                     │
              ┌────────┘       └────────┐              │
    ┌─────────┴─────────┐      ┌────────┴─────────┐    │
    │重复启用（第三次后）│      │部分启用（第一次或第二次）│◄──┘
    │认为是政府的未偿债务│      │资本转移支出（启用的现金）│
    └─────────┬─────────┘      └────────┬─────────┘
              │                         │
    ┌─────────┴─────────┐          第三次启用
    │第四次或者更多次现金启用│
    └─────────┬─────────┘
        ┌─────┴─────┐
        │  金融交易  │
        │ （债务偿还）│
        └───────────┘
```

图 3-2　政府担保债务启用的决策树

3. 新西兰政府债务的核算处理

新西兰政府债务核算和报告体系是完全按照权责发生制的要求建立的，核算和报告内容非常完备。同时，新西兰也是在政府财务报告制度下来核算和报告政府债务的。《新西兰政府财务报表》提供了政府债务的详细内容，不仅包括相关的核算和报告数据，还借助大量财务报表备注来介绍核算方法及具体细节等内容。

（1）政府表内债务核算。新西兰在政府资产负债表中对政府负债内容进行了报告，主要有七项内容，分别是发行货币、应付账款、递延收入、借款、保险负债、退休计划负债以及准备金，如表 3-19 所示。这七项负债内容中，除发行货币外，其他的都是债务内容。在政府财务报表中，还根据负债主体进行了分类和报告。政府负债主体可以分为三类，分别是核心政府（Core Crown）、政府实体（Crown Entities）以及国有企业（State-owned Enterprises）。为了准确对相关内容进行加总，除上述三类主体外，还对各类型主体之间的债务进行了核算。此外，新西兰政府债务报告还关注各负债内容的进一步细分、到期期限结构等。总体来说，与美国、欧盟以及国际标准相比,新西兰政府表内债务核算的鲜明特点是将保险负债和退休计划负债纳入资产负债表中。

表 3-19 新西兰政府资产负债表中的负债

单位:百万新西兰元

预测值		负债	实际值	
2013 年预算	2014 年预算		2013 年 6 月 30 日	2014 年 6 月 30 日
4897	5072	发行货币	4691	4964
12360	11952	应付账款	11160	11294
1553	1802	递延收入	1714	1962
112201	103058	借款	100087	103419
35902	34900	保险负债	37712	35825
11766	10732	退休计划负债	11903	10885
6317	6320	准备金	7138	6955
184996	173836	**总负债**	174405	175304

资料来源:2014 年 6 月 30 日《新西兰政府财务报表》。

1)保险负债。新西兰政府债务是完全以权责发生制为基础界定的,未偿的索赔负债作为未来流出应当属于负债内容。按照保险的实体分类,新西兰保险计划负债主要包括三项内容,分别是事故赔偿公司(ACC)负债、地震委员会(EQC)财产损坏负债以及南部应对负债,其中 ACC 负债是新西兰保险负债的主要来源。按照负债的组成,可以将保险负债分为未偿索赔负债、预收保费负债以及预收保费负债缺口。新西兰政府负债有关分类具体如表 3-20 所示。

表 3-20 新西兰政府保险负债

单位:百万新西兰元

预测值			实际值	
2013 年预算	2014 年预算		2013 年 6 月 30 日	2014 年 6 月 30 日
		按实体分类		
31423	29209	ACC 负债	29446	29948

续表

预测值			实际值	
2013年预算	2014年预算		2013年6月30日	2014年6月30日
3743	4308	EQC财产损坏负债	6869	4747
698	1327	南部应对负债	1744	1434
48	56	其他保险负债	67	63
—	—	内部间抵消	（414）	（367）
35912	34900	总保险负债	37712	35825
		按组成分类		
		未偿索赔负债	35225	33358
		预收保费负债	2384	2196
		预收保费负债缺口	103	271
		其他	—	—
35912	34900	总保险负债	37712	35825
		按到期分类		
7306	8883	预期1年内	10103	9706
28606	26017	预计大于1年	27609	26119
35912	34900	总保险负债	37712	35825

资料来源：2014年6月30日《新西兰政府财务报表》。

保险负债是通过一定假设和方法估算得到的，《新西兰政府财务报表》给出了估算中所使用指标的具体假定数据。以ACC负债的估算为例，这些假设涉及无风险折旧率、风险边际率、通货膨胀率等一系列指标，具体如表3-21所示。

表3-21 新西兰ACC负债估算中有关变量的假设值

单位：%

假设	2013年6月30日		2014年6月30日	
	第二年	第二年之后	第二年	第二年之后
至报告日期的平均加权期限	15年11个月		15年8个月	

续表

假设	2013年6月30日 第二年	2013年6月30日 第二年之后	2014年6月30日 第二年	2014年6月30日 第二年之后
加权平均风险边际率	12.9		12.9	
负债充足率	75.0		75.0	
负债充足测试的加权平均风险边际率	18.2		12.9	
覆盖预收保费的负债充足率	75.0		75.0	
无风险折旧率	2.7	3.1~5.5	3.7	4.0~5.5
通货膨胀率（不包括叠加通胀）:				
周补偿	3.0	3.3~3.5	3.1	3.1~3.5
减值收益	1.1	2.0~2.5	1.9	1.9~2.5
社会康复收益（严重和不严重伤害）	2.2	2.5~2.7	2.3	2.3~2.7
医院康复收益	2.2	2.5~2.7	2.3	2.3~2.7
医疗成本	2.2	2.5~2.7	2.3	2.3~2.7
叠加通胀:				
社会康复收益（严重伤害）	2.1	2.3~5.4	1.8	2.3~5.7
社会康复收益（不严重伤害）	0.0	2.0~3.8	1.0	2.0~4.3
医院康复收益	5.0	4.0~5.0	5.0	4.0~5.0
医疗成本（医生）	2.0	3.0~4.0	4.0	3.0~4.0
医疗成本（放射）	4.3	5.0~5.8	5.8	5.0~5.8
医疗成本（理疗师）	1.7	2.0~2.3	2.3	2.0~2.3
其他医疗成本（专家）	1.8	2.5~3.3	3.3	2.5~3.3

资料来源: 2014年6月30日《新西兰政府财务报表》。

2）退休计划负债。新西兰政府为政府养老基金（GSF）的正式员工运营了一个确定收益型的退休金计划。员工定期支付给GSF，并且当员工退休时得到确定收入水平的回报。1992年7月1日起，GSF对不是该基金的员工不再开放。新西兰政府退休计划负债使用的估计方法是单位信用精算成本方法。根据该方法的测算，分配到估值年以前年度的养老金的精算现值成为精算应计负债,具体如表 3-22 所示。精算过程中的参数假设,也应当根据该年度及未来预测的有关数据进行调整。

表 3-22 新西兰政府养老金负债

单位:百万新西兰元

	2013 年 6 月 30 日	2014 年 6 月 30 日
净 GSF 责任		
确定收益负债的现值	15290	14560
计划资产的公允价值	(3382)	(3670)
未覆盖的确定收益负债的现值	11908	10890
确定收益负债的现值		
开放的确定收益责任	16557	15290
期望的当前服务成本	112	92
期望的放松贴现率	394	404
精算的损失(得到)	(920)	(365)
收益支付	(853)	(861)
封闭的确定收益责任	15290	14560

资料来源:2014 年 6 月 30 日《新西兰政府财务报表》。

新西兰政府养老金负债报告还注重对历史数据进行调整。对历史数据调整的报告中,不仅包括实际收益和损失(包括经验调整[①]),还包括估值日期精算假设变动的影响。一般情况下,除报告当年历史数据的调整外,还需要报告过去四个年度的相关结果,如表 3-23 所示。

表 3-23 新西兰政府养老金负债的历史数据调整

单位:百万新西兰元

	2010 年 6 月 30 日	2011 年 6 月 30 日	2012 年 6 月 30 日	2013 年 6 月 30 日	2014 年 6 月 30 日
确定收益负债的现值	12881	13311	16557	15290	14560

---

① 应当注意的是,这里的经验调整是指根据以前的精算假设与该年实际发生的参数之间的差异进行调整。

续表

	2010年6月30日	2011年6月30日	2012年6月30日	2013年6月30日	2014年6月30日
计划资产的公允价值	(2945)	(3195)	(3018)	(3382)	(3674)
未覆盖的确定收益负债的现值	9936	10152	13539	11908	10886
经验调整——计划资产增加（减少）	117	159	(210)	331	212
减去经验调整——计划负债增加（减少）	286	388	28	(90)	68
总的经验调整——增加（减少）	(169)	(229)	(238)	421	144
精算假设引起的变动	(1062)	(345)	(3658)	830	433
在该年度确定的精算增加（减少）	(1231)	(574)	(3896)	1251	577

资料来源：2014年6月30日《新西兰政府财务报表》。

（2）表外政府或有债务核算。新西兰对政府或有债务的核算和报告尤为全面，在诸多方面颇具借鉴价值。马恩涛（2010）曾对新西兰政府或有债务报告进行过介绍，并分析了或有债务的主要内容及其构成。他认为使用或有债务报告很好地弥补了政府会计只能反映直接债务的不完整性，有利于对财政风险进行全面监控。但是，该研究介绍并不全面，对一些重要细节并未提及。新西兰将政府或有债务界定为可量化的或有债务和无法量化的或有债务。

1）可量化的政府或有债务。对于政府可量化的或有债务而言，只要超过2000万新西兰元就必须独立量化、分类披露，没有超过的则在"其他或有负债"中披露。新西兰单独披露的可量化的政府或有债务有四大类，分别是担保和赔偿、未缴资本金、法律纠纷和索赔以及其他可量化的或有债务，具体如表3-24所示。整体来看，新西兰政府可量化的或有债务覆盖范围是非常全面的。①担保和赔偿。新西兰政府担保和赔偿主要来自新西兰出口信用社担保、新西兰航空信用证和履约债券以及新西兰住房抵押贷款等。②未缴资本金。未缴资本金主要是新西兰为了维护全球金融和经济稳定，作为一些机构的成员国而需要履行的出资义务。新西兰政府未缴资本金主要包括亚洲发展银行、国际货币基金组织的承兑票据和借款安排等。③法律纠纷和索赔。法律纠纷和索赔不包括任何利息成本，索赔金额为最大的潜在成本，但是并不表示索赔是有效的估计。新西兰政府法律纠纷和索赔主要来源于税收争端。④其他可量化的或有债务。主要包括输电公司资本支出的回收、无人认领的款项以及新西兰航空公司的债务等。

表 3-24 新西兰可量化的政府或有债务

单位：百万新西兰元

	2013 年 6 月 30 日	2014 年 6 月 30 日
可量化的或有债务：		
担保和赔偿	225	222
未缴资本金	6286	5662
法律纠纷和索赔	707	604
其他可量化的或有债务	432	357
总的可量化的或有债务	7650	6845
主体分类：		
核心政府	7350	6568
政府实体	35	44
国有企业	265	233
总的可量化的或有债务	7650	6845

资料来源：2014 年 6 月 30 日《新西兰政府财务报表》。

2）无法量化的政府或有债务。新西兰政府无法量化的或有债务主要包括三类，分别是赔款、法律索赔和诉讼以及其他无法量化的或有债务。①赔款。赔款是一个具备法律约束力的承诺，往往针对政府控制的某些特定机构，即当这些机构由于特定事件造成损失时，由政府来承担损失。在《新西兰政府财务报表》中详细列示了 14 个这类特定机构以及对应的

16种赔偿行为。②法律索赔和诉讼。虽然有大量起诉新西兰政府的索赔案件，但是这些案件中政府败诉的可能性较小，或者政府败诉的损失也不大可能超过2000万新西兰元。因此，并非全部的法律索赔都被披露。潜在成本超过2000万新西兰元且无法量化的公开索赔，主要包括ACC诉讼、新西兰航空公司诉讼、教育部诉讼、《怀唐伊条约》诉讼等。③其他无法量化的或有债务。这类债务主要包括犯罪所得（返还）、环境负债以及《怀唐伊条约》索赔（相关应付款结算）。

4

我国地方政府债务的核算改进、总量测算与分析

上一章分析了我国当前地方政府债务核算的现状和问题,并进一步介绍了美国、欧盟和新西兰的核算经验。本章试图在此基础上对我国当前核算提出一些改进建议,并结合已有的数据测算我国地方政府债务的总体规模,进一步分析我国真实的财政支出和赤字。

第一节 我国地方政府债务核算改进

当前我国地方政府债务核算尚未形成完善的核算体系,核算过程中存在诸多难点与问题,未来有待进一步改进。相较而言,国外政府债务核算的发展已较为成熟,许多具体做法在我国地方政府债务核算改进中都可选择性地借鉴和吸收。

一、我国地方政府债务核算主体改进

通过前文分析以及国外经验发现，我国地方政府债务核算的主体界定存在诸多不足。为此，一方面，需要将地方政府拓展到广义地方政府部门范畴；另一方面，应当根据我国机构部门的实际分类，划分和确定广义地方政府部门的实际边界。

1. 将主体界定为广义地方政府部门

美国和欧盟的政府债务所界定的债务主体都是广义政府部门，既非狭义的政府行政机关，也与公共部门主体存在明显区别。我国当前的地方政府性债务是以是否由财政资金偿还作为确定标准的，并没有明确的主体边界。而债务主体边界的不确定性，不仅会增加统计核算的难度，还容易影响统计结果的客观性。因此，有必要借鉴美国和欧盟的做法，将我国地方政府债务的主体界定为广义地方政府部门，即地方层级的广义政府部门。

对于广义政府部门的范围，美国和欧盟都提供了一套较为完善的确定制度。总体来说，两者对广义政府部门范围的界定，都与SNA2008保持了高度的一致性。我国广义政府部门的范围比SNA2008更为广泛，同样也比美国和欧盟的广义政府部门包括了更多的内容。对此，需要借鉴国外经验，并结合我国具体情况重新进行界定，以期更为合理、更具备可比性。

对我国广义地方政府部门的范围进行界定时，可以将美国和欧盟的情况进行综合。一方面，可以结合我国的基本单位统计，在已有基本单位名录库的基础上，按照欧盟MGDD2014所提出的一些实践准则，定期对我国基本单位的政府属性进行评估，从而确定广义地方政府部门的具体构成；另一方面，可以根据相关界定结果，形成类似于美国政府财务报告中的指定性标准的名录。这样，就可以将两者很好地结合在一起，相应也就能够形成我国广义地方政府部门较为稳定的动态框架。当然，对于一些新成立或者发生改革的机构单位，应当利用有关实践准则确定其具体分类。

2. 我国广义地方政府部门界定讨论

我国广义政府部门在核算实践（CSNA2002）中的界定，与SNA2008以及美国和欧盟都存在较大区别，这将十分不利于我国地方政府债务核算。因此，有必要重新界定我国广义地方政府部门的范围。各级地方政府的行政机关、各级人民代表大会、各级地方党委机关、各级司法机关以及地方政协委员会，都属于广义地方政府部门的范畴，一般都不存在争议。争议的焦点主要在于各级地方政府下属的各类事业单位、村民委员会、地方政府融资平台、社会组织以及国有企业的政府部门属性界定。笔者认为，对于这些特殊机构的界定，可以借鉴美国和欧盟以及SNA2008的普遍做法，从政府控制和非市场性这两个标准着手。

（1）事业单位。我国地方政府拥有大量各种类型的事业单位。按照经费来源状况，我国事业单位分为全额拨款事业单位、差额拨款事业单位和自收自支事业单位三类。全额拨款事业单位一般没有收入或收入不稳定，很显然这类事业单位的生产具有较强的非市场性，应当归入政府部门。自收自支事业单位的经费完全来源于自身经营性收入，政府不提供任何财政拨款，这类事业单位的生产具有明显的市场性，应当将其纳入非金融或金融公司部门。而对于差额拨款事业单位，由于政府补贴的不同，在操作层面难以进行判断。笔者认为，对于差额拨款事业单位的界定，应当区别对待。由于差额拨款事业单位仍然具有明显的政府控制特性，所以可以利用MGDD2014中的"50%检验"准则进一步甄别。如果该差额拨款事业单位的经营或销售所得小于总成本的50%，换言之，如果政府财政补贴（拨款）所得大于总成本的50%，则该差额拨款事业单位就属于广义政府部门；否则，就应将其纳入非金融或金融公司部门。

（2）村民委员会。在我国，村民委员会并不是一级政权组织，也不是乡镇人民政府的派出机构，而是村民自我管理、自我教育、自我服务的基层群众性自治组织，属于 SNA2008 中的 NPI 范畴。但是，乡镇与村委会之间存在着指导和服务的关系。在我国村民委员会，村干部报酬、村办经费以及一部分其他必要支出，均来源于政府财政补助。村委会在某些时候，如执行计划生育政策时，也必须接受乡镇政府的领导。无论是在乡镇政府对村民委员会领导方面，还是其经费来源方面，村民委员会都符合 SNA2008 中的政府控制要求。而就其所开展的业务来看，为配合上级政府单位而开展的计划生育、统计普查以及一些居民管理活动等，具有明显的非市场性。因此，村民委员会也属于广义地方政府部门范畴。

（3）地方政府融资平台。地方政府融资平台公司指由地方政府及其部门和机构等通过财政拨款或注入土地、股权等资产设立，承担政府投资项目融资功能，并拥有独立法人资格的经济实体。[①] 我国地方政府融资平台从设立到融资再到资金使用，都完全处于政府直接控制之下，并且由于其融资主要投向城市基础设施建设，所以具有明显的非市场性特点。地方政府融资平台虽然形式上是公司，但实质上更像地方政府控制的特殊目的实体，而这里的特殊目的是指举债融资。可以参考 MGDD2014 中有关 SPEs 独立性的判定标准，对我国地方政府融资平台的政府部门属性进行讨论。从实际情况来看，我国当前绝大多数的地方政府融资平台本身并不能独立行事，许多重大决定都是由政府安排。因此，地方政府融资平台应当归入广义地方政府部门之中。

（4）社会组织。我国社会组织分为社会团体、基金会和民办非企业单位三类，相关法律都规定了其非营利性特点。可见，社会组织都具备明显的非市场性。但是，一些学者从控制角度对我国社会组织的民间属性提出了疑问。我国政府对社会组织实行的是双重管理体制，由登记管理机关和业务管理机关两套管理体系分别对其实行管理。许多社会组织都是由党政机构发起而成立的，其负责人、职责、活动、经费等均由党政机构管理和决定。还有一部分社会组织为了方便取得合法地位，不得

---

① 《国务院关于加强地方政府融资平台公司管理有关问题的通知》（国发〔2010〕19 号）中的定义。

不采取挂靠党政机构的方式，成为党政机构的附属组织，其独立性与自主性受到严重影响（张宇和刘伟忠，2013）。此外，也有学者根据《国民账户体系非营利机构手册（2003）》中所介绍的"非营利部门[①]"的定义[②]，认定我国许多社会组织在私营性和自治性方面都或多或少受到政府控制或影响，应当排除在为住户服务的非营利部门之外。笔者认为，对于社会组织的政府部门属性不能一概而论，需要根据实际情况来判定其是否受政府控制。对于由政府控制的社会组织，应当将其纳入广义政府部门，否则应当将其纳入为住户服务的非营利部门。

（5）地方国有企业。我国国有企业虽然一直在不断改革，市场化程度不断提高，但是还有一部分国有企业在生产、财务、关键人事任命等方面受政府控制，具有较强的非市场生产者特性，政企分离改革还不够彻底。因此，对于地方政府控制的从事非市场性生产的国有企业，也应当纳入广义地方政府部门范畴。在操作层面上，笔者认为同样可以借鉴"50%检验"准则来区分是否属于广义地方政府部门。具体来说，如果地方国有企业销售所得大于成本的50%，那么该国有企业就是市场生产者，应当划入公司部门；否则，该国有企业就应当被纳入广义地方政府部门。

综上所述，我国地方政府债务的主体应当确立为广义地方政府部门，具体包括：各级地方政府的行政机关、各级人民代表大会、各级地方党委机关、各级司法机关和地方政协委员会；村民委员会；各级地方政府融资平台；符合条件的事业单位（全部的全额拨款事业单位和部分差额拨款事业单位）；社会组织；地方国有企业。

二、我国地方政府债务核算基础改进

我国目前的政府财务报告制度是以收付实现制（或者说是修正的收

[①] 这里的非营利部门可以对应 SNA2008 中所界定的 NPISH，即非政府控制的非市场性 NPI。
[②] 结构-业务定义认为，非营利部门必须包括所有属于以下情况的实体：组织、私营、非利润分配、自治和自愿，私营性即要求独立于政府，自治性则要求能够控制其本身的活动。

付实现制）为会计基础的决算报告制度，在预算收支执行、管理和监督等方面发挥了重要作用。但是，收付实现制下的决算报告制度无法准确、全面反映政府债务存量和流量相关信息。除应计利息以及担保和其他或有债务无法得到反映外，实际过程中发生的一系列涉及地方政府债务的重组问题也无法被准确记录。我国政府已意识到了这些问题，为此，2014年12月12日，国务院批转了财政部《权责发生制政府综合财务报告制度改革方案》（国发〔2014〕63号），要求在权责发生制会计基础下建立政府综合财务报告制度。实际上，在我国国民经济核算中，各种交易（包括机构内部之间的交易）的记录时间是按照权责发生制原则来确定的（CSNA2002），这为权责发生制在我国的实施提供了一定程度的经验借鉴。

虽然美国和欧盟等的政府会计和统计核算都提倡使用权责发生制基础，但是，我国当前以收付实现制为基础的政府预算会计已根深蒂固，短期内并不具备全面改革的条件和环境。笔者认为，对我国政府会计基础应当实行渐进式改革，现有的政府预算会计仍然按照收付实现制进行，但要引入权责发生制构建政府财务会计体系。在财务会计体系下，实施以权责发生制为基础的地方政府债务核算时，也应当稳步有序推进。对于广义地方政府部门主体的直接债务，应当严格按照权责发生制进行确认，并借助资产负债表进行反映；对于担保债务等或有显性债务，应当按照权责发生制进行确认，并在资产负债表外进行披露；对于地方金融机构不良资产以及地方国有企业等（指广义地方政府部门外的机构单位）的公益性项目举债中，地方政府未担保但可能需要承担救助责任的债务，应当在权责发生制下进行披露；对于养老金缺口或有隐性债务，在条件成熟时，也应当在权责发生制基础上通过精算方法进行核算，并对此进行披露。

三、我国地方政府债务核算处理改进

上述美国、欧盟以及新西兰政府债务核算处理的经验，为我国地方政府债务核算提供了诸多可借鉴之处。通过进一步梳理发现，我国地方政府债务核算处理可以在下述三个方面进行改进。

1. 债务核算中的分类改进

地方政府债务核算可以根据不同的标准进行分类，如债务工具、原始期限、剩余期限、利率类型以及债权人类型等。我国地方政府性债务虽然提供了许多分类信息，但是还存在一些不足之处有待改进。

（1）建立地方政府债务工具分类体系标准。与国外政府债务核算的分类相比，我国当前地方政府性债务分类既不同于传统意义上政府会计财务报告中资产负债表的分类，也不同于统计中的金融工具分类。杜金富（2012）认为，建立科学、统一的金融工具分类标准，不仅是编制金融业综合统计采集指标体系的基础，而且对于准确计量金融负债、合理进行国际比较和分析以及客观评估金融市场的稳定性都具有基础性的重要意义。笔者认为，我国发布的金融工具分类与 SNA2008、ESA2010 等国际标准具有很好的衔接性，又立足中国国情，所以可以在此基础上建立我国地方政府债务工具分类体系标准。

我国金融工具分类标准采用三层次复合分类体系。第一层次按或有性分为现期金融工具和或有金融工具；第二层次根据流动性和法律特征，并参照国际分类标准，将现期金融工具分为12大类；第三层次结合主体、期限和会计基础等特征，划分为具体的中国化产品。参照我国金融工具分类标准，并结合我国地方政府债务的实际内容，笔者提出了如下分类标准，如表4-1所示。该分类标准分为三级：一级分类与金融工具分类一致，为现期债务工具和或有债务工具；二级分类参考我国地方政府债务情况，将现期债务工具分为存款、非股票证券、贷款、养老和标准化担保计划以及其他应付款五类，将或有债务工具分为担保债务、救助责任债务以及养老金隐性债务三类；三级分类则参考地方政府性债务审计结果，进一步细分。

表 4-1　我国地方政府债务工具分类标准

一级	二级	三级
现期债务工具（表内债务）	存款	下级政府未上缴财政收入；资金存放；其他存款
	非股票证券	地方政府债券（中央代发和地方自主发行）；企业债券；中期票据；短期融资券；收益凭证；其他非股票证券
	贷款	普通贷款（银行贷款）；拆借；信托融资；回购协议；融资租赁；转贷款（国债、外债等财政转贷）；其他贷款
	养老和标准化担保计划	拖欠发放养老金（若存在）；学生助学贷款担保；农业贷款担保；其他标准化担保计划
	其他应付款	垫资施工的延期付款；拖欠工资和工程款；预收款项（预收税收）；应付未付款项；其他
或有债务工具（表外债务）	担保债务	担保的外国政府贷款；担保的国际金融组织贷款；担保的国内金融机构借款；担保的融资平台债券融资；其他担保
	救助责任债务	广义地方政府部门外单位的未担保公益性举债；广义地方政府部门外单位的破产清偿；地方金融机构不良资产和债务；地方政策性投资公司呆坏账损失；其他救助责任债务
	养老金隐性债务	精算的养老金隐性债务

实施该债务工具分类主要有以下几个优点：首先，与国际分类标准保持一致，有利于国际比较。我国地方政府性债务分类并不能很好地与国际标准和其他国家的做法相衔接，而将现期债务工具分为存款、非股票证券、贷款、养老和标准化担保计划以及其他应付款，便于实施比较。其次，该分类能够较好地与政府财务报告相对接。地方政府债务统计核算数据来源的基础是政府会计体系，目前审计有关数据也都来自会计系统。虽然我国尚未建立起完善的政府财务报告制度，但是根据《权责发生制政府综合财务报告制度改革方案》的工作安排，2016—2017年需要制定和发布与政府会计相关的具体准则及应用指南，并开展政府财务报告编制试点。

因此，保证与会计体系的对接也是债务工具分类的基本要求。再次，强调对或有债务进行统计，有利于全面反映债务规模和风险。当前，我国地方国有企业和其他非政府部门机构的公益性建设举债普遍需要地方政府担保或者承担救助责任，因此核算或有债务尤为重要。最后，我国地方政府在养老金方面存在缺口，这是不争的事实。虽然当前对于养老金隐性债务规模还没有一个权威的说法，但是对养老金债务规模进行精算，不仅必要，而且迫在眉睫。

（2）强化债务来源的部门统计分类。对债务按照债务来源（也就是债权人）进行分类具有重要意义。我国地方政府性债务分类尚未形成完善的债务来源统计，已有的按照"债权人类别"进行的分类存在较多问题。笔者认为，对我国地方政府债务来源进行分类时，可以借鉴欧盟的"由谁到谁金融账户"，对总债务以及各类债务工具根据部门进行分类（见表4-2）。

表4-2 地方政府总债务来源部门分类统计

债权人部门分类	非金融公司	金融公司		广义政府		住户及为住户服务的非营利机构	国内	国外	总和
		银行	银行外	中央政府	地方政府				
债务额									

（3）进一步加强对信贷市场债务的统计。信贷市场债务主要包括非股票证券和贷款，这是大部分国家政府债务的最主要组成，我国地方政府债务也是如此。信贷市场债务是一个十分敏感的存在，其对信贷市场的影响不言而喻。笔者认为，对于现期债务工具中的信贷市场债务，有必要对其进行专门统计，可借鉴美国的相关经验，具体如表4-3所示。在对信贷市场债务进行统计时，还应当专门对到期但未能及时偿付的违约规模进行核算。另外，应当对信贷市场各债务工具的平均利率水平进行统计。

表 4-3 信贷市场债务分类统计

分类标准	剩余到期期限	原始期限	债务工具	债权人居民地	利率
具体分类	1年内到期 2~5年内到期 5年以上到期	1年以内 2~5年 5~10年 10年以上	债券 　地方政府债券 　城投债 　其他债券 贷款 　银行贷款 　信托融资 　其他贷款	国内 国外	固定利率 浮动利率

2. 债务核算中的统计计值改进

债务工具的统计计值涉及的核心问题主要有两个：一是计值方法的选择；二是应计利息的计算。除"马债"计值较为特殊外，美国、欧盟等国外标准以及 SNA2008 和 PSDS2011 等国际标准，在统计计值方法和应计利息处理上都保持了较高的一致性。我国地方政府性债务的计值，无论是计值方法还是应计利息处理，都存在许多问题，有必要对此进行改进。

首先，确定以市场价值对我国地方政府债务工具进行计值的基本原则。美国政府债务核算中是以公允价值作为计价基础的，并将公允价值计值分为三个层次，这一点非常值得借鉴。以市场价值作为计值方法，就是当能够在活跃市场上得到该债务工具的价格时，就使用市场价值计值；如果市场上不能得到交易价格，则使用债务工具的名义价值进行替代。我国地方政府债务相关债务工具计值方法具体如表 4-4 所示。与美国相比，我国债务工具的计值相对更为简单，这主要是因为我国政府一般是到期赎回债券，而美国存在较多的提前赎回现象。①

---

① 需要注意的是，2015 年以来我国开启了地方政府债务置换计划，以利率水平相对较低的政府债券置换其他高利率债务，这在一定程度上拓宽了市场价值计值的应用范围。

表 4-4 我国地方政府债务工具计值方法

债务工具类型	计值方法
存款	以名义价值进行计值
非股票证券	以市场价值进行计值；若市场价值不可得，在没有通货膨胀和高利率的情况下，市场价值可以由按面值发行的短期债券和短期贴现债券的名义价值近似估计
贷款	以名义价值进行计值，不论贷款是否为不良贷款
养老和标准化担保计划	标准化担保为预期的索赔减去预期收回的价值
其他应付款	以名义价值进行计值

其次，选择恰当的方法计算应计利息。前文介绍了各类债务工具应计利息的处理方法，这些方法也适用于我国地方政府债务利息的处理。此外，我国人民银行颁布的金融行业标准《金融工具统计计值》，也介绍了应计利息的处理，包括计息方法（积数计息法和逐笔计息法）、单利和复利计算以及分段计息。对此，应当选择合适的方法来计算对应债务工具的应计利息。

3. 或有债务核算处理的改进

无论是在政府财务报告的资产负债表还是金融账户中，或有债务一般都不在主表中体现，而是在备忘录中反映。作为表外债务，或有债务信息实际上是非常重要的，尤其是在我国地方政府债务中存在大量或有债务的情况下。对或有债务的处理，美国、欧盟和新西兰都有自身的特点，与 SNA2008 和 PSDS2011 等国际标准也有一定的差别。借鉴前述或有债务的处理经验，笔者认为，我国未来或有债务核算应当在以下几个方面进行改进。

（1）拓宽我国地方政府债务的披露范围。欧盟对政府或有债务的披露范围相对较窄，主要是政府担保或有债务，美国则进一步对与环境相关的或有债务以及确定收益型养老金债务进行了核算。新西兰具有非常完备的或有债务披露和报告体系，或有债务核算经验十分值得借鉴。我国地方政府性债务核算是以担保和公益性举债的双重标准来界定地方政府或有债务的，这样一种界定方式在实际处理时具有很强的操作性。但是，其缺点也是显而易见的，即或有债务的范围明显十分狭窄，无法覆盖全部的风险。因此，有必要拓宽我国地方政府债务的披露范围。

我国地方政府或有债务的披露范围应当包括三个方面（见表4-1）：地方政府担保债务、救助责任债务以及精算养老金隐性债务。对或有债务披露范围的确定，关键在于如何界定负有救助责任的债务的范围。笔者认为，确定我国地方政府救助责任债务的披露范围时，可以借鉴新西兰的"重要性原则"。新西兰规定，或有债务只要超过2000万新西兰元，都要进行报告。我国也可以根据实际情况设立一个特定的披露界线，作为是否进行披露的依据。

（2）进一步完善担保或有债务的核算处理。将担保债务划分为标准化担保和一次性担保，是美国、欧盟以及国际标准的普遍做法，本书在进行债务工具分类时已做出了区分。担保债务核算处理的难点在于一次性担保或有债务。前文对一次性担保或有债务的核算处理与衡量问题进行了较为详细的探讨，也介绍了美国、欧盟和新西兰的处理方法。在实践中，美国、欧盟和新西兰对担保或有债务的核算处理方法有所不同。美国的做法是评估担保启用的可能性，只要超过50%，就以预期未来现金流出的现值的最佳估计在财务报表中确认该债务。欧盟是当能够借助判定准则判断出政府偿还或者将会偿还时，确认该或有债务，并将担保债务计入对应的债务工具。新西兰则是在或有债务中，统一对担保等债务按照担保的总额进行披露。

笔者认为，我国地方政府一次性担保或有债务的处理可以将上述三者的特点有机结合起来。首先，对在核算时期能够判断为政府偿还或者将会偿还（大于75%[①]）的担保债务（第一类），应当计入相应的债务工具，并在表内债务中反映。具体可借鉴欧盟的判定准则以及美国担保债务发生概

[①] 这里75%的概率界线和后面30%界线的确定，参考了我国银行贷款的五级分类。五级分类中，将损失概率在75%~100%的贷款界定为"损失贷款"，将损失概率在30%~75%的贷款界定为"次级贷款"和"可疑贷款"。

率的评估方法。其次，对在核算时期不属于第一类，但是启用可能性较大（30%以上）的担保债务（第二类），应当重点关注。最后，上述两类之外的担保债务则仅以名义价值进行披露。

对担保或有债务的核算，还应当重点关注对历史到期债务的实际转化信息的统计。地方政府担保债务都具有一定的期限，一般情况下，在到期日如果债务人无法偿还，则担保被启用。根据担保合约的规定，一旦担保被启用，地方政府则变为债务人，需要承担规定的责任。因此，应当对核算年度和之前担保债务启用的金额比率进行统计。

（3）要强化对各类救助责任债务及其转化信息的统计。在地方政府的全部或有债务中，救助责任债务的范围和内容都是最为广泛的。我国地方政府救助责任债务包括广义地方政府部门外单位的未担保公益性举债和破产清偿、地方金融机构不良资产和债务以及地方政策性投资公司呆坏账损失等。对于救助责任或有债务的核算处理，可以参考担保债务。对在核算时期能够判断为政府偿还或者将会偿还的或有债务，应当以地方政府最佳的估计损失数额，将该或有债务计入对应的债务工具；其他救助责任债务则以名义价值进行披露。此外，也应当对各类救助责任债务相应的转化信息进行统计。

（4）加强对精算养老金隐性债务的披露。各方对我国养老金隐性债务的测算结果差异之大，令人惊叹。根据前文分析，原因主要集中在两个方面：一是缺乏权威的关于养老金隐性债务的界定；二是测算过程中的参数设定差别巨大。应当认识到，我国养老金隐性债务的测算是一个比较复杂、庞大的工程，实际测算必须得到政府有关部门的大力支持。一方面，应当统一讨论后由政府给出我国养老金隐性债务的界定，这样大家才会普遍接受。另一方面，政府有关部门掌握着全部参保人的个体信息，从而有利于提高测算的准确性。养老金参与者的个人信息包括性别、年龄、缴费年限、缴费金额、养老金发放金额等，这些信息并没有对外公布，因此，测算过程中必须由相关部门进行协助。

此外，应当借鉴美国和新西兰关于确定型养老金债务的核算处理经验，在介绍具体精算方法的同时列出相关参数的假定结果，并且注重公布历史年份精算结果,以反映未来发展趋势。

第二节 我国地方政府债务规模总量测算

测算我国地方政府债务规模总量,对于了解债务的整体风险状况意义重大,这也是我国政府不遗余力地多次开展债务审计,以及诸多学者对此问题大打"口水仗"的主要原因。我国地方政府债务总量目前尚无定论,这里试图在改进的我国地方政府债务核算框架下,以地方政府性债务审计结果为主要数据基础,对我国地方政府债务规模总量进行再测算。

一、已有地方政府债务规模测算评价

对地方政府债务进行测算的研究很多,通过梳理发现,总的脉络主要有两条:一是基于地方政府性债务的统计口径和数据,对其中一些类型的债务进行调整或者加入未审计到的债务类型。二是立足于我国政府资产负债表,界定地方政府债务的有关内容,并基于已有数据进行测算。

1. 基于地方政府性债务审计结果的调整测算

此类研究大部分未区分地方政府性债务与地方政府债务之间的差别,而是简单地将两者等同,然后重点考察统计口径和数据的低估问题。这些研究估算的数据来源包括两次地方政府性债务审计结果、Wind 的城投债数据以及银监会公布的融资平台银行贷款数据等。为了便于比较和论述,这里主要选择测算时点为 2012 年底和 2013 年 6 月的有关研究,如表 4-5 所示。

表 4-5 我国地方政府债务规模有关估算

研究来源	测算口径表述	2012 年底	2013 年 6 月
审计署等	地方政府性债务	负有偿还责任 96281.87 亿元; 负有担保责任 24871.29 亿元; 救助责任 37705.16 亿元	负有偿还责任 108859.17 亿元; 负有担保责任 26655.77 亿元; 救助责任 43393.72 亿元

续表

研究来源	测算口径表述	2012 年底	2013 年 6 月
王志浩等（2013）	地方政府性债务	N	21.9 万亿~24.4 万亿元
覃圣尧等（2013）	地方政府债务	15 万亿~16 万亿元	N
李衡（2013）	地方政府债务	145397 亿元	N
项怀诚（2013）	地方政府债务	20 万亿	N
成一虫（2013）	地方政府债务	18.5 万亿~24.6 万亿元	N
张晶等（2013）	地方政府债务	153183 亿元	N

注："N"表示该研究未进行测算。

在各研究中，对于我国地方政府债务的测算结果差别很大。虽然有些对地方政府性债务的调整很具有借鉴意义，但是归纳起来可能还有以下几方面的问题：首先，地方政府债务与地方政府性债务并非同一概念。根据前文分析，地方政府性债务是一个中国特色化的概念，是用于摸清我国狭义地方政府债务责任的一个特殊表达，与地方政府债务存在很大差别。因此，这些测算存在统计口径不足的问题。其次，将担保债务和可能承担救助责任的债务全部直接相加作为地方政府债务有失偏颇。根据前文的界定，地方政府债务应当是一种未来利益流出。担保债务和救助责任债务都属于或有债务，其发生是按照一定概率进行的，2007 年以后这两类债务最终由财政资金偿还的比例最高为 19.13% 和 14.64%[1]。实际上，除了 2011 年审计结果公告中将三类债务直接相加外，2013 年的审计中并没有加总的结果，笔者猜测这应当是为了减少对审计结果的误读。

---

[1] 梁红. 地方政府债务规模有多大 [J]. 证券市场周刊, 2015（20）.

综上所述，利用地方政府性债务审计结果进行的测算，其调整过程具有借鉴意义，但由于仍然是基于地方政府性债务的口径，最终测算结果除了能反映狭义地方政府的最大债务责任外，实际意义不大。

2. 资产负债表框架下的地方政府债务测算

近几年，尤其是 2012 年以来，我国涌现了大量政府资产负债表方面的研究。通过地方政府资产负债表中的负债项目，能够测算出地方政府债务规模。在已有研究中，最引人注目的是由马骏、曹远征、李扬和杜金富牵头试编的我国政府资产负债表。笔者对这四项研究公开发表的成果进行了梳理，发现它们对地方政府债务的界定和测算处理有很大差别。[①] 除上述四项研究外，汤林闽（2014）关于我国政府资产负债表的研究也颇有借鉴意义。

（1）马骏团队研究评述。在该资产负债表研究中，地方政府负债是与地方政府性债务完全等同的。研究中 2010 年底的数据为第一次全国地方政府性债务的审计结果，并根据一定的增速测算了 2002—2009 年的各类债务，具体如表 4-6 所示。

表 4-6 马骏团队研究中的地方政府债务

单位：亿元

	2002年	2003年	2004年	2005年	2006年	2007年	2008年	2009年	2010年
地方政府负债	14022	17712	22374	28263	35702	45098	55687	90169	107175
地方政府债券	966	1258	1589	2007	2535	3202	3954	6367	7567
地方政府银行贷款	11077	13993	17675	22328	28204	35628	43993	71243	84680
上级财政借款	589	744	940	1187	1499	1894	2339	3767	4478

---

① 由于曹远征的研究主要集中在中央政府债务上，对地方政府债务的处理与马骏的研究相类似，因此这里仅介绍马骏、李扬和杜金富的研究。

续表

	2002年	2003年	2004年	2005年	2006年	2007年	2008年	2009年	2010年
其他单位和个人借款	1347	1736	2193	2770	3349	4420	5457	8792	10450

资料来源：马骏，张晓蓉，李治国. 国家资产负债表研究成果及其应用 [J]. 科学发展，2013（12）.

该研究的不足是显而易见的，不仅未包括第二次审计中新增的各类负债内容，而且存在其他诸多不足，借鉴价值不高。

（2）李扬团队研究评述和借鉴。该研究对地方政府债务和地方政府负债进行了区分。李扬等（2013）将地方政府债务分为地方政府融资平台债务和非融资平台债务。前者的融资形式为银行贷款、城投债和基建信托类融资，数据来源于非审计数据的其他公开渠道。后者则利用审计数据测算得到这些主体的三类地方政府性债务。该研究最终得出2011年末我国地方政府债务规模为17.53万亿元的结论。该研究结论也是在地方政府性债务的基础上，对融资平台债务调整后得到的。

李扬等（2013）还利用财政风险矩阵，在地方资产负债表中界定了地方政府总负债的内容，并通过总资产减去总负债得到了我国地方政府的净资产，相关总负债及具体构成内容如表4-7所示。

表4-7 我国地方政府总负债及其构成

	2007年	2008年	2009年	2010年	2011年
总负债	138932.2	157734.69	189351.81	240953.14	288592.18
1. 直接显性负债	2367.7	2167.76	4342.49	6972.84	9591.1
A. 地方政府债券	—	—	2000	4000	6000
B. 地方性政府主权外债	2367.7	2167.76	2342.49	2972.84	3591.1
2. 直接隐性负债	18120.53	20095.72	20353.79	22126.48	24287.95
3. 或有显性负债	27337.31	41408.12	123341.03	151047.66	157940

续表

	2007年	2008年	2009年	2010年	2011年
A.地方政府负有担保责任的负债	9833.79	12142.77	19661.57	23369.74	24835.02
B.地方公共部门负债	17503.52	29265.35	103679.46	127677.92	133104.98
（a）公共事业单位负债	7503.52	9265.35	15002.46	17831.92	18949.98
（b）地方政府融资平台负债	10000	20000	88677	109846	114155
4.或有隐性负债	91106.66	94063.09	41314.5	60806.16	96773.13
A.地方金融机构不良资产	6697.26	2958.15	2625.9	6566.74	5561.64
B.地方国有企业负债	84409.4	91104.94	38688.6	54239.42	91211.49

资料来源：李扬等.中国国家资产负债表2013——理论、方法和风险评估[M].北京：中国社会科学出版社，2013.

总体来看，这里所界定的地方政府总负债具有很强的局限性：首先，地方政府直接显性负债内容过窄。这里所界定的直接显性负债，仅是地方政府自身举借的债务。而实际上，判断是否为直接显性负债，是以是否承担偿还责任作为依据的。许多债务虽然不是地方政府自身举借的，但是只要负有直接偿还责任，都应当纳入直接显性负债之中。其次，总负债的统计口径过于宽泛。这里的总负债不仅包括直接显性负债，还包括各种隐性负债和或有负债。从前面介绍的美国、欧盟和新西兰资产负债表中的负债内容看，总负债一般只包括政府直接负债，或有负债只有当确定将由政府偿还时才在负债中确认，或有负债等仅在表外通过附注或备忘录的形式进行披露。最后，计算总负债时直接加总有扩大债务风险的倾向。政府负有担保责任和可能承担救助责任的债务，并非全部转化为政府的债务责任。

虽然存在许多不足，但是李扬等（2013）的研究在地方政府债务数据测算方面提供了许多值得借鉴之处,尤其是其对审计数据和其他公开数据的利用。

（3）杜金富团队研究评述和借鉴。相比以上两个研究,该研究有所突破,对涉及的核算范围与层次进行了界定：一是界定了政府机构部门核算的范围和层次。该研究将政府的范围分别确定为狭义政府、广义政府及公共部门三个层次,并探讨了与之对应的我国机构单位的具体划分,如表4-8所示。需要注意的是,这里的广义政府与前文所界定的广义地方政府部门有较大区别,这里的事业单位、学会、协会等社团组织仅考虑政府控制,而没有进一步考察其非市场性。二是界定了资产负债工具核算的范围和层次。除单独对外负债外,国内负债部分均按负债工具和居民交易方分类,负债工具与PSDS2011中的界定是完全一致的。

表4-8 我国政府层次和负债工具的范围

政府层次	定义	具体构成	负债工具及构成
狭义政府	我国行使立法权、执法权和司法权的实体	包括党的机构、人大、政协、政府及其组成部门、军队、司法机构等,其范围基本与中央机构编制委员会办公室所列行政机构的范围相一致,但将中央银行划入公共金融机构	总负债为16.8万亿元,其中,对外负债占3.6%,债务性证券占55.4%,保险技术准备金占31.6%,其他应付账款占9.2%
广义政府	狭义政府部门和政府控制的非市场非营利机构	非市场非营利机构主要包括政府控制的事业单位、学会、协会等社团组织	总负债33.1万亿元,其中,对外负债占1.8%,债务性证券占28.1%,贷款和贷款性质的金融产品占20.8%,股票和其他权益占19.6%,保险技术准备金占16.0%,其他应付账款占13.0%

续表

政府层次	定义	具体构成	负债工具及构成
公共部门	广义政府部门和公共公司	公共公司包括公共金融机构和公共非金融公司,公共金融机构包括中央银行和国有金融公司,公共非金融公司是指国有非金融企业	总负债188.5万亿元,其中,对外负债占10.7%,货币和存款占18.7%,债务性证券占5.4%,贷款和贷款性质的金融产品占14.6%,股票和其他权益占11.8%,保险技术准备金占4.4%,其他应付账款占18.3%

资料来源:杜金富等.科学反映政府实力和调控能力——2012~2013年中国政府资产负债表编制报告[J].中国金融,2015(3).

根据其测算结果,2013年我国广义政府和狭义政府总负债分别为33.1万亿元和16.8万亿元,较上年分别增长10.3%和14.3%。不过,该研究成果中并未给出广义地方政府的总负债,也没有给出相关数据的来源,并且缺乏附注内容来披露或有负债的信息。尽管如此,该研究对政府层次的界定和负债工具的分类仍然值得借鉴。政府层次的界定尤其是我国广义政府的界定,可以为政府债务核算提供重要的主体参考;在负债工具的分类中,仅包括各层级政府的直接债务,而并未包括或有债务和隐性债务的内容,从而增强了与其他国家的可比性。

(4)汤林闽(2014)研究评述与借鉴。虽然杜金富团队的研究在界定政府资产负债时对政府层级及其范围进行了划分,但是对广义政府的界定比较笼统,与SNA2008等国际标准、美国账户体系、欧盟标准中的界定都有所区别。汤林闽(2014)在对政府资产界定时,以要素和主体作为界定的主要依据,主体选择广义政府部门,并在CSNA2002的基础上参照美国有关标准,对我国广义政府部门的具体范围和构成进行了讨论。其所界定的广义政府部门与本书的界定基本是一致的,具有重要的借鉴意义,但是该研究并未讨论村级委员会和地方政府融资平台的政府部门属性。

另外,该研究在界定政府负债尤其是地方政府负债时,并没有继续参照这一标准，而是通过文献梳理的方法，根据已有的有关地方政府债务的研究构建了一个债务内容的框架。实际上，由于政府资产和负债中对政府的界定口径不同，资产和负债的内容也是不对应的。对于地方政府负债，该研究将其分为直接显性负债以及或有负债和隐性负债两类，并认为应当在附注中反映社保基金缺口的养老金隐性负债内容。

3. 小结

上述基于审计数据的调整测算和关于我国政府资产负债表的研究，为我国地方政府债务核算在思路、数据和方法上提供了很多有益借鉴。总体来说，我国地方政府债务主体应当确立为广义地方政府部门，广义地方政府部门负有偿还责任的债务是直接显性债务，负有担保责任和救助责任的债务是或有债务。需要注意的是，在计算地方政府债务总量时不能将直接显性债务与其他类型的债务简单相加，因为这并不符合资产负债表中对总负债的一般界定。因此，应当将直接显性债务规模与其他或有和隐性债务规模分类进行列示。

二、我国地方政府债务规模总量测算

对我国地方政府债务规模测算的最大障碍在于数据不足，由于缺乏基本的政府财务报告体系，许多数据都未公开。因此，这里主要基于地方政府性债务的审计数据，并结合其他一些公开数据进行测算。

1. **直接显性债务（表内债务）规模测算**

（1）与地方政府性债务之间的联系。地方政府的直接显性债务是指广义地方政府部门单位负有偿还责任的全部债务，在资产负债表中其一般是在主表中报告，是总负债的核心部分。由于广义地方政府部门各主体的债务数据不可得，这里试图将其与地方政府性债务中的各主体分类衔接起来。因此，需要确定债务审计中的主体类型哪些属于广义地方政府部门。

在表4-9的举债主体中，按照前文对我国广义地方政府部门的界定，政府部门和机构、融资平台公司、公用事业单位显然应该包括其中，自收自支事业单位和国有独资或控股企业显然不包括其中，关键在于经费补助事业单位、其他单位的划分。由于很难判断这两者到底有多少属于非市场性单位,所以这里做一个粗略的划分,将经费补助事业单位都划入广义地方政府部门,而其他单位则排除在外。据此,我国地方政府直接显性债务的内容为政府负有偿还责任的债务,以及政府部门和机构、融资平台公司、公用事业单位以及经费补助事业单位举借的其他债务。因此,直接使用审计数据可得到2013年6月底我国广义地方政府部门的直接显性债务为155721.29亿元。然而,需要注意的是,该结果并没有包括村委会债务,并且审计数据可能存在一定程度的低估。

表4-9 2013年6月底地方政府性债务余额举借主体情况

单位:亿元

举借主体	政府负有偿还责任的债务	政府或有债务	
		政府负有担保责任的债务	政府可能承担一定救助责任的债务
融资平台公司	40755.54	8832.51	20116.37
政府部门和机构	30913.38	9684.20	0.00
经费补助事业单位	17761.87	1031.71	5157.10
国有独资或控股企业	11562.54	5754.14	14039.26
自收自支事业单位	3462.91	377.92	2184.63
其他单位	3162.64	831.42	0.00
公用事业单位	1240.29	143.87	1896.36
合计	108859.17	26655.77	43393.72

(2)低估与调整。导致我国地方政府性债务审计结果低估的因素有很多,由于数据受限,这里仅从融资平台银行贷款、城投债以及信托融资三个方面进行调整。

1)融资平台银行贷款调整。融资平台银行贷款规模的大小,一直是审计署数据遭受外界质疑的主要原因。从截至2013年6月的审计数据来看,融资平台债务总规模约为6.97万亿元,而全部债务主体的银行贷款规模为10.12万亿元,银监会有关数据则显示融资平台贷款余额同期为

9.7万亿元，似乎银行贷款规模并不存在低估情形，实则不然。在审计署地方政府性债务审计中，融资平台贷款口径仅为融资平台公司，这是确定的，而银监会统计口径下的融资平台范围还包括地方政府部门和机构以及事业单位两类平台主体。通过分析银监会的地方政府融资平台名单可以发现，融资平台主体为融资平台公司，此外还包括许多涉及土地收储、交通、燃气、供水等的政府机构和部门以及相关事业单位。也就是说，银监会统计口径下的融资平台银行贷款主体，与审计署统计中地方政府部门和机构、融资平台公司以及公用事业单位之和大致是相当的。

根据审计数据，这三类主体的地方政府性债务总规模为11.36万亿元。而在审计结果的所有债务工具类型中，银行贷款规模占比约为56.6%，假如用这一比例进行估计，上述三类债务主体的银行贷款余额约为6.42万亿元，与9.70万亿元之间存在3.28万亿元的差距。

2）各类城投债规模调整。城投债是审计结果中应当进行重点调整的一类债务。审计结果显示，截至2013年6月，地方政府性债务中企业债券、中期票据和短期融资券这三类城投债的总和为11122.81亿元。而Wind数据库的统计结果则显示，截至2013年6月，各类城投债（包括短期融资券、转债等）的余额为22539亿元，如表4-10所示。该统计结果下的城投债比审计数据要高出约11416.2亿元。

表4-10 我国城投债历年存量规模

单位：亿元

时间	2008年6月	2008年12月	2009年6月	2009年12月	2010年6月	2010年12月
存量规模	1395	1880	3541	4620	5866	6487
时间	2011年6月	2011年12月	2012年6月	2012年12月	2013年6月	2013年12月
存量规模	8593	9909	12564	17884	22539	25372

资料来源：根据Wind数据库整理得到。

3）信托融资规模调整。信托融资是地方政府融资平台进行债务融资的另一种重要手段。2013年6月的审计数据中,信托融资资金规模为14252.33亿元。而根据李扬等(2013)的研究,地方政府融资平台的信托融资规模,应当与信托贷款资金中流向基础产业的资金规模大致相当。根据中国信托业协会发布的信托公司主要业务数据(见表4-11),2013年6月投向基础产业的信托资金余额为23906亿元。据此,2013年6月,审计结果中信托融资低估额约为9654亿元。

表4-11 基础产业信托资金数据

单位:万亿元

时间	2010年	2011年	2012年	2013年6月	2013年
基础产业资金余额	0.99	1.02	1.65	2.39	2.60

资料来源:中国信托业协会。

通过上述调整之后,2013年6月,我国广义地方政府直接显性债务将达到209491.49亿元。根据我国债务工具分类以及审计结果,假定各债务主体的各类型债务是均匀分布的,则可以进一步估算直接显性债务中各债务工具类型的规模,如表4-12所示。比较数据可知,209491.49亿元的广义地方政府表内债务远大于杜金富团队的研究结果。这是因为,杜金富等(2015)测算得到的广义政府负债为33.1万亿元,扣除掉19.6%的股票和其他权益以及16.0%的保险技术准备金,剩下的债务工具仅为21.32万亿元[1],而这里面还包括了86750.46亿元的中央政府国债(包括内债和外债)以及其他中央政府债务。

表4-12 2013年6月直接显性债务中各类型债务工具的规模

债务工具类型	贷款	非股票证券	其他应付款	债务总计
规模(亿元)	171581.87	26805.29	11104.33	209491.49
比重(%)	81.90	12.80	5.30	100

---

[1] 该结果与中央和地方政府性债务中政府负有偿还责任的债务规模较为接近,审计结果显示,2013年6月,该债务规模为206988.65亿元。因此,笔者猜测杜金富等(2015)统计的2013年底的广义政府债务数据,可能是直接对截至2013年6月的审计数据进行调整得到的。

2. 各类或有债务规模测算

根据前文对我国地方政府或有债务工具的界定，或有债务工具分为三类，分别是担保责任或有债务、救助责任或有债务以及养老金隐性债务。由于养老金隐性债务必须通过精算来得到，而我国目前又正在实行养老金并轨改革（机关事业单位养老保险制度改革），精算所得结果可能存在很大的不确定性，因此这里不对养老金隐性债务进行精算。

（1）担保责任或有债务。政府部门和机构、融资平台公司、公用事业单位以及经费补助事业单位属于广义政府部门，因此，其举借的并由政府承担担保责任的债务并非实际意义上的担保责任或有债务。与审计结果中的地方政府性债务对应，这里的担保责任或有债务应当是指国有独资或控股企业、自收自支事业单位以及其他单位举借，并由地方政府承担担保责任的债务。2013年6月，这部分债务的总规模为6963.48亿元。由于上述三个方面的低估调整并不涉及这几类非广义地方政府部门单位，因此，不需进行调整。

（2）救助责任或有债务。依据本书界定，广义地方政府部门的救助责任债务包括：广义地方政府部门外单位的未担保公益性举债和破产清偿、地方金融机构不良资产和债务、地方政策性投资公司呆坏账损失以及其他救助责任债务。由于一些数据不可得，这里仅核算广义地方政府部门外单位的未担保公益性举债以及地方金融机构不良资产。

1）广义地方政府部门外单位的未担保公益性举债。这类债务是指国有独资或控股企业、自收自支事业单位以及其他单位为公益性项目建设举借，但是地方政府并未进行担保，只可能承担一定救助责任的债务。根据表4-9中的审计数据，2013年6月该类债务总规模为16223.89亿元。

2）地方金融机构不良资产。政府对金融机构不良资产进行救助，在历史上有很多例子，如1999年相继成立了四大资产管理公司（东方、信达、华融、长城）来剥离四大国有商业银行的不良资产。地方金融机构有两类：一类是地方国有金融机构；另一类是包括集体性质农村合作金融机构在内的非国有金融机构。对于这两种类型的金融机构，出于维护金融和社会稳定的目的，地方政府实际上都有可能对其不良资产进行救助。由于数据受限，这里主要考虑地方银行的不良资产。对地方银行的不良贷款总额进行测算时，数据主要来自银监会历年年报中银行业金融机构的不良贷款[①]统计。关于地方银行不良贷款占比，这里参考李扬等（2013）的处理，使用2010年的比重，即52.8%。此外，为了保证与前文时间上的统一，2013年6月不良贷款的比重使用2012年和2013年的平均值。这样，可以测算得到2013年6月我国地方银行金融机构的不良贷款为5942.27亿元。

3. 地方政府债务其他年份规模估计

上述内容基于截至2013年6月的地方政府性债务审计数据，对2013年6月广义地方政府的直接显性债务、担保责任或有债务以及救助责任或有债务（广义地方政府部门外单位的未担保公益性举债和地方银行的不良贷款）进行了匡算。进一步，这里试图通过已有数据估算2010—2012年的相关债务规模。

对于2010—2012年的地方银行不良贷款，可以继续使用前文的估算方法，利用银监会历年年报中银行金融机构的不良贷款余额数据进行估计。对于2012年的直接显性债务、担保责任或有债务以及救助责任或有债务，这里使用截至2013年6月的审计数据中的三类债务，测算出对应的地方政府性债务增速，作为估算依据。由于第一次和第二次审计中地方政府性债务口径发生了变化，这里对2010年和2011年地方政府债务测算使用2013年《36个地方政府本级政府性债务审计结果》中的增速，即2010年到2012年增长12.94%。使用年平均增速6.27%，且假设三种债务的增速相同，相关最终测算结果如表4-13所示。

---

① 按风险程度，银行贷款划分为正常、关注、次级、可疑和损失五类，后三种一般被称作不良贷款。

表 4-13　我国历年地方政府债务规模测算结果

单位：亿元

	2010 年	2011 年	2012 年	2013 年 6 月
直接显性债务	164058.26	174350.02	185287.40	209491.49
或有债务	24801.54	24940.35	26268.43	29129.64
担保责任或有债务	5752.89	6113.78	6497.31	6963.48
救助责任或有债务	19048.65	18826.57	19771.12	22166.16
广义地方政府部门外单位的未担保公益性举债	12481.91	13264.93	14097.07	16223.89
地方银行不良贷款	6566.74	5561.64	5674.05	5942.27

三、测算结果分析与评估

基于改进后的地方政府债务核算体系，本研究对 2010 年至 2013 年 6 月的地方政府各类债务进行了测算。整体来看，重新测算得到的地方政府债务中，总的债务规模有了一定的增加，并且直接显性债务规模明显增大。下面将进一步分析此测算结果，并评估测算过程中存在的不足。

1. 测算结果分析与比较

（1）测算结果简要分析。表 4-13 中的测算结果显示，我国地方政府债务总量规模是较大的。2010 年底直接显性债务为 164058.26 亿元，约为当年 GDP 总量的 40.14%；而到 2013 年 6 月则增至 209491.49 亿元。2010 年底我国地方政府或有债务为 24801.54 亿元，2013 年 6 月为 29129.64 亿元。可见，重新测算后的地方政府债务结果中，直接显性债务远大于或有债务。直接显性债务和或有债务数量的结构关系也十分稳定，计算结果显示直接显性债务在 2010 年至 2013 年 6 月占总债务的比重区间为 [86.87，87.79]。

另外，从各类债务的增量来看，我国地方政府债务的增量主要来自直接显性债务，2013 年 6 月地方政府直接显性债务较 2010 年底净增加 45433.23 亿元。这也说明我国地方政府债务的增加大部分都是由地方政府行为导致的，最终也都将成为地方政府的偿债负担。相比较而言，地方政府或有债务，尤其是地方政府承担救助责任的广义地方政府部门外单位的未担保公益性举债以及地方银行不良贷款增长并不明显。特别是地方银行不良贷款，2013年6月相较2010年底甚至减少了600多亿元。

测算结果中显示的增量也是与我国实际所实行的地方政府债务管理政策较为一致的。2010—2012年，我国地方政府债务增速是比较缓慢的，主要是由于这期间中央政府出台了一系列政策措施，严格控制地方政府债务增长。而2012年以后，由于积极财政政策实施的需要，这种严控在一定程度上松弛了，也就直接造成地方政府债务规模总量增长有所抬头。

（2）与地方政府性债务结果比较。与地方政府性债务审计结果相比，重新测算的地方政府债务在总量、结构和增量上都有较大不同。在总量上，重测的地方政府债务规模更大。以2013年6月的数据为例，地方政府性债务中地方政府负有直接偿还责任的债务为108859.17亿元，或有债务（担保和救助责任）为70049.49亿元，债务总和为178908.66亿元；而重测的直接显性债务和或有债务分别为209491.49亿元和29129.64亿元，债务总规模高达238621.13亿元，超过地方政府性债务规模59712.47亿元。两者在总量上的区别，主要是由于地方政府性债务审计结果的低估以及在债务口径上的差别，地方政府性债务并未包括地方银行等金融机构不良贷款等。

在结构上，重测的地方政府债务与地方政府性债务也有很大差别。重测的地方政府债务主要是以直接显性债务为主（约占总债务的87%），而地方政府性债务中，或有债务所占的比重是非常高的，2013年6月该比重高达39.15%。两者在结构上的不同，主要是因为对债务主体界定的不同。地方政府性债务主要是从财政责任入手，即狭义地方政府是否需要承担债务偿还责任。而重测的地方政府债务中，债务主体为广义地方政府部门，范围较前者大大拓展。

从增量上看，重测的地方政府债务增量和增速都比地方政府性债务要大得多。在地方政府性债务中，2010年底负有偿还责任的债务和总债务分别为 67109.51 亿元和 107174.91 亿元，而到 2013 年 6 月，两者分别达到 108859.17 亿元和 178908.66 亿元。可见，无论是增量还是增速，重测的地方政府债务都远远大于地方政府性债务。根据前文分析，这主要是由于地方政府性债务存在较大的低估，并且 2010 年底的低估程度更高。

2. 测算过程与结果评估

应当注意的是，这里的测算虽然在许多方面参考了改进后的地方政府债务核算体系，但是由于数据来源方面的多种限制，并没能严格按照改进后的核算体系进行测算。因此，这里的测算从严格意义上来说并不是很完善，仍然有许多地方有待改进。总体来看，主要是由于以下两方面的原因限制了测算过程和结果的准确性。

（1）测算数据来源不足。由于本测算是基于已有的地方政府性债务以及相关融资平台贷款、城投债、信托融资等数据，且这些数据并非专门用于地方政府债务统计核算，因此使用这些数据进行测算具有先天不足。一方面，由于没有各类机构部门的详细债务数据，这里的测算不得不以地方政府性债务审计结果为基础。另一方面，银监会和审计署对融资平台贷款的统计口径存在一定差别，造成两者数据的明显差异，这里也不得不对其进行估计。

由于数据受限的原因，还有许多重要内容以及分类无法在估算中得到体现。首先，各类债务的应计利息无法得到反映。由于地方政府性债务数据中只记录了债务借款时的大小，并没有应计利息的有关内容，这导致在测算时无法进一步反映应计但未付利息的大小。其次，由于数据方面的不足，无法根据债务工具类型等对测算结果进行合理分类。再次，由于数据方面的不足，无法获得银行外金融机构的不良贷款等数据。最后，由于缺乏足够的数据支撑，无法准确地对养老金隐性债务进行计量和反映。

（2）制度上无法得到可靠支撑。科学的统计数据的获得，需要一整套严密的核算体系和制度予以支撑。上述测算数据的不足，集中反映出我国当前还没有形成相关制度体系。在会计制度上，缺乏政府部门等主体专门的报告体系，无法获得基础的债务信息。在法律制度上，没有对相关数据统计与核算形成强有力的约束。由此，造成地方政府性债务审计结果的主观性，债务数据无法保证真实可靠。由于缺乏一系列制度上的保证，一方面，无法获得真实可靠的数据；另一方面，一些做法不能从上至下得到有效的实施。这也意味着，需要建立一套完整的制度来保证地方政府债务核算能够有效实施。

总体来看，重测的地方政府债务结果仍然具有这样或者那样的问题，而这些问题在现阶段是难以解决的。当然，基于改进后的核算体系以及相对更为合理的债务数据来源得到的地方政府债务结果，相较地方政府性债务审计结果还是更为科学的，也能够较好地用于地方政府债务有关问题的应用与分析之中。笔者相信，随着政府资产负债表体系的逐步实施，未来地方政府债务数据会更为准确和可靠。

第三节　真实财政支出和赤字测算与分析

一、财政支出指标解析、重构与测算

目前，许多学者在使用政府财政支出数据分析问题时，使用的都是我国公共财政预算支出口径的决算数据。而实际上，这样的财政支出统计口径并不符合国际货币基金组织（IMF）的国际标准，与其他国家的财政支出统计也存在很大区别。当前包括地方政府债务增量在内的许多支出，由于没有被纳入预算，相应地也没有包括在财政支出之中。因此，有必要重新构建我国财政支出的新口径，并根据有关数据测算出该支出的实际规模。

1. 当前财政支出指标解析

应当明确的是，我国当前的财政收支是基于政府预算管理的收支概念。当前财政支出存在诸多不足，而最主要的在于支出涵盖的内容较为有限。应当将预算外支出、政府性基金支出、社保基金支出、出口退税都

纳入政府预算范围，从而形成全口径的政府支出（徐旭川和罗旭，2013）。我国目前正在逐步进行全口径预算管理改革，从 2011 年开始已经将预算外支出纳入到了公共财政支出当中。可见，我国财政支出的范围未来将随着预算管理体系的改革而逐步完善。汪德华（2014）认为，我国财政统计口径与 IMF 的国际标准存在较大差距，按照 IMF 的界定，我国的财政支出除了应包括公共财政支出、政府性基金支出、预算外支出、社保基金支出外，还应将地方政府举债对应的财政支出包括在内。而实际上，按照汪德华（2014）的处理，所得到的财政支出指标仍然是基于政府预算的全口径财政支出，与 IMF 所界定的支出存在本质上的区别。郑春荣和朱海平（2008）认为，中国目前有关部门对财政支出的界定仍然停留在经济学范畴，而没有统计核算意义上的政府财政支出。

无论是我国当前的财政支出还是全口径的财政支出，实际上与 IMF 所界定的开支概念存在巨大差别。IMF 发布的《政府财政统计手册 2014》（以下简称 GFS2014），延续了 2001 年版中对政府支出的界定，将政府开支（Expense）定义为"由交易产生的净值的减少"。而交易主要伴随着政府经济责任的实施：一是基于非市场性承担向社会提供部分商品和服务的责任；二是通过转移支付对收入和财富进行再分配。从分类上，GFS2014 中的政府开支主要按照经济和职能分类，并且两者之间可以交叉分类，如表 4-14 所示。但是，需要注意的是，在交叉列表中的列，除了包括按照经济分类的内容之外，还包括非金融资产的获得。

表 4-14　GFS2014 中政府开支的职能和经济交叉分类

	雇员补偿	商品和服务使用	固定资本消耗	利息	补贴	赠与	社会福利	其他开支	非金融资产的获得
一般公共服务									
国防									

续表

	雇员补偿	商品和服务使用	固定资本消耗	利息	补贴	赠与	社会福利	其他开支	非金融资产的获得
公共秩序与安全									
经济事务									
环境保护									
住房和社会福利设施									
医疗保健									
娱乐、文化和宗教									
教育									
社会保护									

资料来源：GFS2014 中的表 6.13。

GFS2014 中的政府开支与全口径财政支出的主要差别在于对固定资本消耗的处理。GFS2014 中的政府开支与政府消费的概念更为接近，居民购房支出并没有直接统计为居民消费，而是处理为固定资本形成，自有住房服务的虚拟价值[①]记录为房主的消费支出。GFS2014 中的处理也是如此，政府开支仅包括政府固定资本消耗，政府购买非金融资产的支付不是财政意义上的开支，因为它并不影响净值，只是资产形式的转换，只改变资产负债表的构成（葛守中，2012）。GFS2014 中的固定资产消耗口径比 SNA2008 中生产账户的更小，这是因为如果消耗是为了形成政府自身相关资本，那么应当进行扣除。固定资本消耗测算所需的数据主要来源于资产负债表。由于政府开支、固定资本消耗和非金融资产获得的主体都是广义

[①] 根据《中国非经济普查年度国内生产总值核算方法（2010 年修订版）》，对于我国自有住房服务虚拟价值的核算，城镇和农村有所不同，城镇居民自有住房服务产出包括修理维护费、管理费和虚拟折旧，而农村仅包括修理维护费和虚拟折旧。

政府，所以在假定全口径财政支出主体相同的情况下，政府开支与全口径财政支出之间的数量关系为：

$$政府开支 = 全口径财政支出 - 非金融资产获得 + 固定资本消耗$$

(4-1)

综上分析，我国当前财政支出指标在内容上并不完善，在内涵上与国际标准也不可比，因此有必要重构我国财政支出指标。

2. 两类新财政支出指标的构建

对财政支出指标的重构，这里从两个方向展开：一是基于全口径预算，在纳入地方政府债务支出等其他政府支出的基础上，构建全口径财政支出指标；二是在全口径财政支出的基础上，进一步按照GFS2014国际标准中的界定，构建我国政府开支的财政支出指标。全口径财政支出指标的构建有利于了解我国政府真实的财政支出，而政府开支的财政支出指标由于符合国际标准而更有利于国际比较。

（1）全口径财政支出指标构建。对全口径财政支出指标的构建，在考虑如何纳入其他政府财政支出时，主要借鉴汪德华（2014）的观点。全口径财政支出的内容应当包括公共财政支出、预算外财政支出、政府性基金支出、社会保障基金支出以及地方政府债务增量对应的支出。

（2）政府开支的财政支出指标构建。由于我国当前的统计体系与国际处理有所不同，所以政府开支的财政支出指标难以从正面直接构建。因此，这里考虑在全口径财政支出指标的基础上，根据公式（4-1）的数量关系，在排除非金融资产获得并加上固定资本消耗后，得到政府开支的财政支出指标。

3. 对重构的财政支出指标的测算

（1）全口径财政支出规模的测算。测算全口径财政支出规模时，首先需要在数据可得的条件下，选择出具体的测算区间。笔者通过对各项指标已有公开数据的整理，最终选择1989—2012年作为全口径财政支出的测算区间。这是因为在此时期内，除政府性基金支出和地方政府债务增量数据外，其他变量数据均能从官方公开途径获得。因此，全口径财政支出规模测算的关键在于，如何根据现有条件估算缺失年份的政府性基金支出和地方政府债务增量规模。

1) 政府性基金支出规模估算。目前，政府性基金支出数据对外公开的年份仅为 2008—2012 年。徐旭川和罗旭（2013）使用中央政府性基金支出和土地出让金支出，合成了 2003—2007 年的政府性基金支出，但遗憾的是，文中并没有给出具体的合成细节。汪德华（2014）则是将这部分处理为土地出让金支出以及不包含出土出让在内的政府性基金支出两部分，分别估算了其 2003—2012 年的规模大小，并给出了土地出让金支出的具体估计过程。当前的政府性基金支出中，土地出让金方面的支出占有很大比重，相当一部分是用于对拆迁户的补偿。这部分成本性补偿支出不宜直接被界定为政府支出，应当从相关支出中扣除，余留部分再处理为政府支出。

财政部从 2009 年开始公布全国土地出让金收入及成本性开支数据，可以使用该数据的均值来得到土地出让金的净收入比重。根据表 4-15 数据测算，2009—2012 年全国土地出让金平均净收入比重约为 35.5%。但是，财政部只公布了很短年份的土地出让金收支数据，而国土资源部公布的支出数据则相对更长。因此，使用后者的公开数据进行估算，可得到 2003 年以来的土地出让金净收入，这也是土地出让金中折算为政府支出的部分。而之前 1989—2002 年的土地出让金折算支出规模，可通过已有年份平均增速数据外推得到。

表 4-15　土地出让金收入及成本性开支

单位：亿元

指标	2009 年	2010 年	2011 年	2012 年
土地出让金收入	14239.7	29398.0	33477.0	28886.3
成本性开支	4985.7	16732.2	24053.8	22624.9

资料来源：根据财政部网站对外公开数据整理得到。

2) 地方政府债务增量规模估算。使用广义地方政府的直接显性债务来测算地方政府债务增量。这里与前文处理相同，使用 2011 年第一次全国地方政府性债务审计结果中的历年增速,测算得到 1996—2012 年的地方政府债务数据,1989—1995 年的数据使用 1997 年 24.82% 的增速进行估算(见表 4-16)。

表 4-16　中国 1989—2012 年全口径财政支出规模估算结果(现价)

单位:亿元

年份	公共财政支出	预算外资金支出	社会保险基金支出	不含土地出让的政府性基金支出	土地出让金折算支出	地方政府性债务增量	全口径财政支出
1989	2823.8	2503.1	120.9	194.0	90.9	154.9	5887.6
1990	3083.6	2707.1	151.9	230.2	113.1	193.4	6479.3
1991	3386.6	3092.3	176.1	273.3	140.6	241.4	7310.3
1992	3742.2	3649.9	327.1	324.4	174.9	301.3	8519.8
1993	4642.3	1314.3	482.2	385.1	217.5	376.0	7417.4
1994	5792.6	1710.4	680.0	457.1	270.4	469.4	9379.9
1995	6823.7	2331.3	877.1	542.6	336.3	585.9	11496.9
1996	7937.6	3838.3	1082.4	644.0	418.3	731.3	14651.9
1997	9233.6	2685.5	1339.2	764.5	520.2	912.8	15455.8
1998	10798.2	2918.3	1636.9	907.5	646.9	2203.4	19111.2
1999	13187.7	3139.1	2108.1	1077.2	804.5	2263.7	22580.3
2000	15886.5	3529.0	2385.6	1278.7	1000.6	3018.0	27098.4
2001	18902.6	3850.0	2748.0	1517.8	1244.4	4023.6	32286.5
2002	22053.2	3831.0	3471.5	1801.7	1547.5	5364.3	38069.2
2003	24650.0	4156.4	4016.4	2138.6	1924.6	5649.2	42535.2
2004	28486.9	4351.7	4627.4	2512.0	2092.4	7136.1	49206.5
2005	33930.3	5242.5	5400.8	2936.2	1954.3	9014.4	58478.5
2006	40422.7	5867.0	6477.4	3496.1	2725.3	11386.9	70375.4
2007	49781.4	6112.4	7887.9	3681.4	4531.0	14384.0	86378.1
2008	62592.7	6346.4	9925.1	5261.1	3456.6	16209.3	103791.2
2009	76299.9	6228.3	12302.6	4371.7	5648.1	52782.8	157633.4

续表

年份	公共财政支出	预算外资金支出	社会保险基金支出	不含土地出让的政府性基金支出	土地出让金折算支出	地方政府性债务增量	全口径财政支出
2010	89874.2	5754.7	14818.5	7675.1	9585.0	26031.8	153739.3
2011	109247.8	—	18054.6	10222.7	11182.5	10291.8	158999.4
2012	125953.0	—	22181.6	7650.9	9549.5	10937.4	176272.4

资料来源：公共财政支出、预算外资金支出数据来自《中国财政年鉴 2013》；社会保险基金支出数据来自《中国劳动统计年鉴 2013》；2003—2012 年不含土地出让的政府性基金支出来自汪德华（2014）的研究，而 1989—2002 年的数据根据平均增速外推得到。"—"表示为 0。

（2）政府开支的财政支出测算。政府支出主要包括两个部分：一是全口径财政支出中的非投资部分；二是公共投资的固定资本存量消耗。在前文构建的全口径财政支出指标中，包括公共财政支出、预算外资金支出、社会保险基金支出、不含土地出让的政府性基金支出、土地出让金折算支出、地方政府性债务增量六项。在这六项中，社会保险基金支出显然不具备投资性，而其他五项支出都或多或少具备投资性。由于土地出让收入和地方政府性债务收入的使用都具有严格规定，大部分被应用到城市和农村基础设施建设项目中，因此将其全部处理为投资。在不含土地出让的政府性基金分项支出中，除地方教育附加安排的支出、残疾人就业保障金支出、船舶油污损害赔偿基金支出等少量被用于非建设性投资外，其他大都涉及投资，因而这里将不含土地出让的政府性基金支出界定为投资。因此，全口径财政支出中的非投资测算，主要测算公共财政支出和预算外资金支出的投资部分。

测算公共财政支出和预算外资金支出的投资部分，一般有逐项剔除和逐项累加两种方法（张卫国、任燕燕和花小安，2011），这里使用逐项累加法。预算外资金支出中投资部分的处理相对较为简单，在其分项支出数据中，一般公共事务支出和交通运输支出具有很强的投资性。但由于《中国统计年鉴 2013》中预算外资金仅公布了 2007—2010 年的分项支出，所以 2007 年之前的数据按照 2007—2009 年三年的平均投资比例[①]25.7% 进行测算。公共财政支出中投资部分的测算相对更为复杂，尤其是我国分项财政支出统计从 2007 年开始发生了调整。2007 年之前，国家财政主要支出项目分为 11 项；2007 年及以后，支出项目被进一步细分为 23 项。对 2007 年以前的数据进行测算时，选取基本建设支出，挖潜改造资金和科技三项支出，支农支出，以及文教、科学、卫生支出这四项作为政府投资（张宏霞，2012）；对 2007 年及以后的数据进行测算时，选取一般公共事务、农林水事务、交通运输、地震灾后恢复重建支出以及住房保障支出五项作为政府投资。通过上述测算，可以得到 1989—2012 年全口径财政支出中非投资支出规模，结果如表 4-17 所示。

测算固定资本存量消耗的关键在于测算固定资本存量，而固定资本存量的测算必然涉及存量（起始点）和流量（增量）的确定问题。固定资本存量测算一般选择永续盘存法，且为保证存量和流量在不同年份上的可加性，需要使用固定资产投资价格指数进行平减。本书固定资产投资平减指数、固定资本初始存量的测算以及公共投资固定资本统计口径的确定，参考张学文（2010）的研究进行处理。需要说明的是，本书所测算的公共投资的固定资本存量，其来源并非全部为政府部门，还包括企业和个人在公共领域的投资。但是，公共投资来源的绝对主体仍然是政府。由于张学文（2010）所估算的区间为 1952—2007 年，因此，需要进一步估算 2008—2012 年我国公共投资的固定资本存量。假定固定资本每年的消耗率为 5%，根据固定资本存量可以测算当年的固定资本消耗量。此外，本书使用的其他数据均为现价数据，为保证数据的可比性，需要根据相关年份的平减指数，将数据从 1991 年当年价还原为现价，最终测算结果如表 4-17 所示。

---

① 这里只用 2007—2009 年三年数据是因为这三年投资比例大小非常接近，而 2010 年的比例突然变得很小，将其用于其他年份的投资测算可能不妥。

表 4-17　中国 1989—2012 年政府开支的政府支出估算结果（现价）

单位：亿元

年份	全口径财政支出中非投资支出	固定资本存量消耗	政府开支的财政支出	年份	全口径财政支出中非投资支出	固定资本存量消耗	政府开支的财政支出
1989	3578.6	261.2	3839.8	2001	17809.1	2933.2	20742.3
1990	3891.5	301.7	4193.2	2002	20327.1	3350.5	23677.6
1991	4422.2	347.2	4769.4	2003	23579.6	3869.4	27449.0
1992	5204.7	410.6	5615.3	2004	28311.9	4470.0	32781.9
1993	4105.9	499.8	4605.7	2005	33841.5	5240.6	39082.1
1994	5460.4	633.4	6093.8	2006	40412.9	6164.7	46577.6
1995	6801.4	814.8	7616.2	2007	54010.1	7220.2	61230.3
1996	9053.9	1054.2	10108.1	2008	65605.4	10240.7	75846.1
1997	8995.4	1347.0	10342.4	2009	77282.7	13416.1	90698.8
1998	10229.7	1713.2	11942.9	2010	89829.9	17856.6	107686.5
1999	12286.0	2109.1	14395.1	2011	104088.9	22642.8	126731.7
2000	15479.5	2563.5	18043.0	2012	121109.7	27100.3	148210.0

资料来源：国家统计局网站公布的历年《中国统计年鉴》。

二、相关财政支出测算数据的比较

1. 不同口径财政支出数据的比较

从测算得到的财政支出时间序列数据来看，三类口径财政支出占 GDP 的比重都经历了从 1989 年开始的下降，到 1994 年分税制以后的逐步上升。到 2012 年，除政府开支的财政支出外，其他原有口径和全口径财政支出都尚未恢复到 20 世纪 90 年代初的水平。1998—2002 年，财政支出占比出现了较为快速的增长，这与当时实施的大量进行投资建设的经济刺激政策是分不开的。2009 年和 2010 年，财政支出比重又经历了一波增长，这与当时的经济刺激政策是一致的。

我国当前财政支出仅为公共预算支出，在纳入政府其他支出后，支出口径发生了很大变化。与此同时，全口径财政支出占 GDP 的比重相对原有口径也有较大提高，从 2002 年开始，前者始终比后者高出 10 个百分点以上。这同时说明我国政府仍然有大量财政支出资金游离于预算管理体系之外。图 4-1 反映出在 2009 年和 2010 年，全口径财政支出发生了很大波动，其占 GDP 的比重出现了快速上升和下降。这与 2009 年我国中央政府开启 4 万亿刺激计划以及地方政府配套大量资金的举措是相符的。而原有财政支出口径则很难准确反映出这一具体变动，这与大量地方政府土地出让和举债投资并未在预算中反映不无关系。

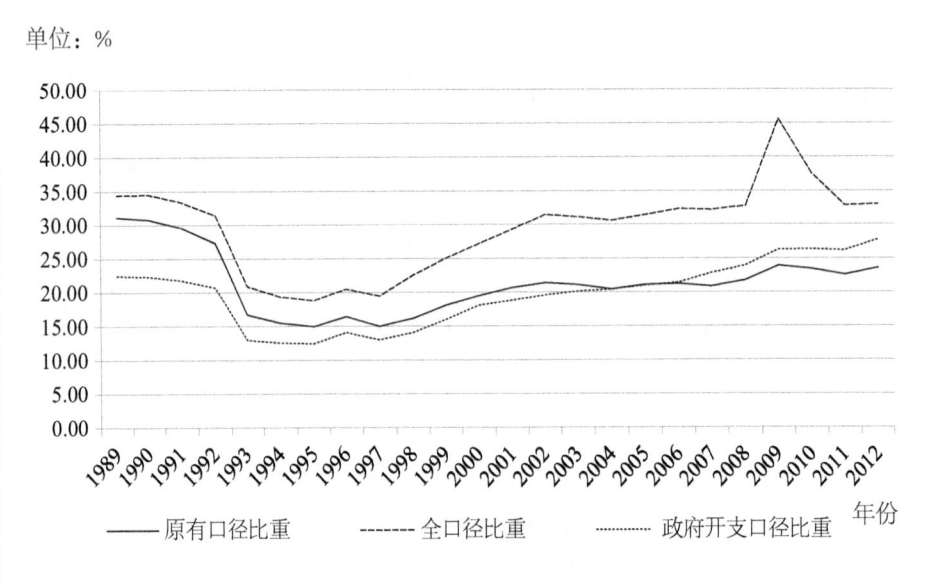

图 4-1 1989—2012 年不同口径财政支出占 GDP 的比重

测算结果显示，政府开支口径的财政支出占 GDP 的比重一直在稳步提高，2006 年开始超出了原有口径财政支出的比重。而该口径数据之所以在 2006 年之前低于原口径结果，最主要的原因在于我国政府固定资本存量较为薄弱，每年所消费的固定资本存量都少于用于购买非金融资产的建设资金。另外，政府开支口径的财政支出相对其他两个口径的支出更为平稳，并且能够与对应年份我国所实行的财政政策很好地关联起来。

2. 我国财政支出——基于 OECD 国家的比较

由于 IMF 的国际标准以及其他许多国家所测算的财政支出都是政府开支的财政支出，所以我国财政支出与其他国家财政支出数据之间是不可比的。Wang（2015）使用测算得到的我国全口径的财政支出，与 OECD 数据库中有关国家的财政支出结构进行了比较。实际上这仍然是不可比的，比较结果几乎没有意义。这是因为 OECD 数据库中各国政府支出是指按照 SNA1993 编制的广义政府支出（General Government Spending），包括中央政府、州政府、地方政府以及社会保障基金，内容包括政府所提供的产品和服务以及社会保障。[①]

与世界其他国家财政支出状况进行比较时，应当使用前文测算得到的政府开支的财政支出进行衡量。根据世界银行数据库的数据，目前大部分国家都使用政府开支标准统计各自的财政支出，而我国还没有官方的政府支出（Expense）数据。因此，本书测算得到的政府开支口径的财政支出是非常有意义的，至少填补了我国在这一数据上的空白，有利于进行政府支出水平的国际比较。2003—2012 年我国与世界主要国家政府开支的财政支出有关结果如表 4-18 所示。

表 4-18　2003—2012 年世界主要国家政府开支的财政支出占 GDP 的比重

单位：%

国家或地区	2003 年	2004 年	2005 年	2006 年	2007 年	2008 年	2009 年	2010 年	2011 年	2012 年
印度	15.31	14.87	14.92	15.05	14.99	16.87	16.56	16.19	14.27	16.09
瑞士	18.27	18.12	17.74	16.84	16.23	15.76	16.71	16.57	16.49	N
加拿大	18.15	17.35	17.91	17.08	17.02	17.20	18.90	18.83	18.15	17.51
韩国	17.87	17.80	18.55	19.31	18.82	19.14	20.20	18.43	18.90	N

---

① 该定义来源于 OECD 数据库中对广义政府支出的解释。考虑到 GFS2014 或 GFS2001 中的固定资产消耗口径比 SNA2008 或 SNA1993 中生产账户的更小，因此，该测算的广义政府支出会略大于前面所说的政府开支的财政支出。

续表

国家或地区	2003年	2004年	2005年	2006年	2007年	2008年	2009年	2010年	2011年	2012年
日本	N	N	16.01	15.72	14.80	16.16	19.13	18.07	19.62	19.33
俄罗斯	23.05	21.57	19.95	19.50	23.01	21.53	31.09	27.37	25.08	26.33
美国	20.51	20.30	20.61	20.49	20.82	22.39	25.63	25.89	25.16	24.01
澳大利亚	25.86	25.69	25.63	24.93	24.49	24.33	26.51	26.81	26.02	26.31
中国	20.10	20.40	21.02	21.40	22.85	23.94	26.24	26.34	26.18	27.75
巴西	24.95	22.89	25.64	27.21	26.79	26.80	26.28	26.69	26.31	26.66
西班牙	25.12	25.46	24.40	24.36	24.45	25.75	29.82	30.07	28.52	32.61
德国	31.30	30.23	30.25	29.05	27.76	27.92	30.80	31.10	28.64	28.26
南非	27.85	28.65	28.69	28.91	29.01	29.96	32.24	31.78	32.30	32.50
欧盟	36.37	35.93	36.14	35.54	35.03	36.12	39.40	39.52	37.94	38.47
意大利	37.94	37.14	37.59	38.01	37.59	38.57	42.43	40.74	40.02	40.39
英国	37.15	37.49	38.92	38.03	37.85	40.79	43.68	43.18	41.66	42.09
法国	44.95	44.40	44.66	43.98	43.34	43.63	46.85	48.25	46.37	46.94
新西兰	31.51	30.71	31.24	31.77	31.75	33.30	46.40	46.85	53.53	46.31
世界平均水平	26.91	26.46	25.46	25.17	24.96	26.20	29.10	29.11	28.34	28.54

资料来源：世界银行数据库，http://data.worldbank.org.cn/。

注："N"表示该年数据缺失。

政府开支的财政支出是判断政府规模的重要指标。世界平均的政府支出水平在2003—2010年总体上处于先下降后上升的态势，到2010年达到了29.11%，但此后开始了一定程度的下降。与中国财政支出水平较为接近的是澳大利亚和巴西，2009年以来这两个国家政府开支的财政支出都处于26%左右的水平。从比较结果来看，我国财政支出占GDP的比重并不高。2012年，该指标不仅低于世界平均水平（28.54%），也远低于欧盟水平（38.47%）。需要注意的是，从比较结果来看，该指标的大小可能与人均GDP并不存在明显的线性关系。这是因为瑞士、加拿大、韩国、日本、澳大利亚和美国等经济发达国家的该指标都低于世界平均水平，也低于我国水平。意大利、英国、法国和新西兰政府开支水平较高，可能与这些国家的高福利水平直接相关。

三、真实赤字率测算与分析

IMF 认为，2012 年我国广义赤字率约 10%，远高于政府公开的 1.5% 左右的水平。2015 年 3 月 6 日，财政部原部长楼继伟在十二届全国人大三次会议记者会上表示，按照预算收支的口径，2014 年我国财政赤字率是 2.3%，但按当年实际收支差额口径，约为 2.7%。可见，关于我国财政赤字率也一直存在着纷争。财政赤字与政府债务是紧密相连的，研究政府债务问题绕不开财政赤字。因此，有必要对我国政府赤字的有关问题进行梳理和澄清。

1. 几对重要的赤字概念

财政赤字一般指的是财政支出与收入之间的差额。从统计角度来看，赤字概念的关键主要有两个方面：一是选取计算的财政支出和收入指标的口径；二是赤字主体的范围。

（1）财政预算赤字和财政决算赤字。财政预算赤字和财政决算赤字的区分较为容易，但是由于两者一般都被称为财政赤字，所以实际中比较容易被混淆。财政预算赤字是计划的财政赤字，而财政决算赤字是实际的财政赤字。财政预算赤字和财政决算赤字的用途也有所不同，前者主要用于经济预测分析，而后者主要用于财政政策评价。很显然，2014 年我国财政赤字率 2.3% 应当为计划安排的预算赤字率，而 2.7% 则是实际发生的决算赤字率。

（2）硬赤字和软赤字。硬赤字与软赤字的区别在于财政收支内容的口径不同。测算硬赤字使用的是广义收支指标，收支内容不仅包括经常性财政预算收入和支出，还包括债务收入和支出等非经常性收支。在硬赤字口径下，即便财政经常支出大于经常收入，只要不向中央银行透支，仍然可以保证账面收支平衡，甚至出现结余（段海英，2013）。我国在 1954—1993 年就是采用硬赤字口径来计算政府财政赤字的。使用硬赤字测算得到的政府赤字具有诸多不足，包括无法真实反映财政收支状况、低估赤字数额以及对赤字弥补无保障（包丽萍，2011）。对于硬赤字口径测算得到的赤字，一般只能通过利用历年结余或者向银行借款来弥补。软赤字是指债务收入和债务本金偿还均不计入财政收支，并且债务利息支出也不计入经常性支出。1994—1999 年，我国使用软赤字口径来测算政府财政赤字。西方国家和国际货币基金组织等都是将债务利息支出作为经常性支出处理的。根据郑春荣（1999）的分析，债务偿还一般是借新债还旧债，利息是不断滚动的。在此之下，由于债务规模不断扩大，相应的利息支出也会在财政支出端造成巨大压力。因此，软赤字口径由于不包括利息，不仅会低估总赤字规模，而且不利于财政政策的运作。2000 年开始，我国开始与国际做法接轨，测算赤字为基本赤字，即在财政支出项中纳入了"国债付息支出"[①]。

（3）中央财政赤字与地方财政赤字。政府财政赤字也有其层级性，这主要是因为政府主体是具有层级的，相应地政府财政赤字一般可以分为中央财政赤字和地方财政赤字。中央财政赤字是指中央政府的基本赤字，由于我国设定了中央预算稳定调节基金，因此收入应当包括调入中央预算稳定调节基金的收入，相应地，支出也应当加上中央预算稳定调节基金的支出。较为复杂的是我国地方财政赤字。我国 1994 年通过的《预算法》第二十八条规定："地方各级预算按照量入为出、收支平衡的原则编制，不列赤字。"在此规定之下，我国地方政府在法律角度是不存在赤字的。因此，我国所谓的政府财政赤字，指的仅仅是中央财政赤字。

需要特别说明的是，我国地方政府虽然在法律上不列赤字，但是仍然通过融资平台等方式举债融资，从而造成了实质上的赤字。所以，从全面性的角度来看，仅包括中央财政赤字显然不足以反映我国真实的赤字规

[①] 我国 2012 年与之前年份的统计年鉴是将"国债付息支出"纳入财政支出，但是《中国统计年鉴 2013》和《中国统计年鉴 2014》中这一指标的名称变成了"国债还本付息支出"。从指标变动前后的数据来看，2012 年和 2013 年这一指标仍然为利息支出，并不包括还本支出。因此，这里疑有误。

模。虽然2014年通过的《预算法》放松了对地方政府举债的限制，地方政府可以发行地方政府债券来筹措资金，但是仅包括地方政府债券的地方政府赤字，显然远不足以反映我国地方政府财政赤字的真实规模。这也是2012年我国公开的赤字率仅为1.5%，而IMF所测算的广义赤字率却高达10%左右的主要原因。当然，这里的广义赤字是指广义政府部门的赤字，在主体上也存在一定的区别，并不仅仅包括政府部门机构和单位。

（4）显性赤字和隐性赤字。我国政府公布的财政赤字率之所以远低于IMF的测算结果，其关键在于地方财政赤字的低估。而造成地方财政赤字低估的根本原因，则是我国当前政府公开的赤字是显性赤字，而地方政府大量的隐性赤字并没有被包括在内。段海英（2013）认为，显性赤字为公开赤字，包括了全部的直接显性赤字和特定发生的或有显性赤字。针对我国的情况而言，笔者对上述观点持否定看法。根据《预算法》的要求，除政府发行的相关债券形成的赤字外，以其他融资方式举借的债务均不包括在地方政府财政赤字之中。我国的公开赤字指的仅仅是在《预算法》规定之下产生的赤字，我国地方政府每年都新增大量事实上的直接显性债务，而这些都没有被纳入公开赤字之中。如果说显性赤字等于公开赤字的话，那么，我国的显性赤字应该指的是满足《预算法》规定的政府财政赤字。

我国财政数据显示，2000年以来我国政府赤字率一直维持在较低水平（赤字率均未超过3%）。然而，由于我国地方政府的特殊情形，大量事实上的直接显性债务并没有纳入赤字之中，造成我国公开赤字规模和赤字率过低。可见，研究我国政府财政赤字问题时，不能直接利用公开的政府显性赤字，而应当在可行情况之下尽可能地测算隐性赤字，以形成我国真实的财政赤字规模和赤字率。

2. 我国真实财政赤字率测算与评价

我国当前公开的政府赤字规模和赤字率都不足以反映我国政府财政赤字的真实情况，这对评价我国财政政策极为不利。为此，有必要在一定框架下对我国财政赤字率进行重新测算，以反映我国财政赤字的真实情况。

（1）真实财政赤字界定与测算说明。在测算之前，首先需要界定什么是真实财政赤字。基于前文考察，本书将真实财政赤字界定为广义政府部门由于收不抵支而产生的赤字，具体包括现有基本财政赤字加上可确认和计量的隐性赤字。在可确认和计量的框架之下，显然对于我国地方政府赤字而言，应当包括全部广义地方政府部门的直接显性债务的增量，而不仅限于政府债券形成的赤字。因此，测算我国真实财政赤字规模时，可以将中央财政赤字与广义地方政府直接显性债务的增量相加。根据前文测算，我国地方政府还有大量或有债务，如担保、地方金融机构不良资产等。由于这些或有债务难以被准确计量，且SNA2008和PSDS2011等国际标准都没有将其纳入，而仅是在附注中进行披露，所以不应当将这些或有债务的增量视作政府赤字。但是，一旦这些债务转化为直接显性债务，则必须在当年赤字中予以反映。

（2）测算数据与结果。2000年后我国计算财政赤字的口径发生了变换，因此这里测算2000—2012年我国的真实财政赤字规模和赤字率，结果如表4-19所示。之所以将真实财政赤字分为中央财政赤字和地方财政赤字，再分别进行测算，主要是因为在最近年份公开的财政赤字中包括了一部分地方财政赤字，而前文所测算的广义地方政府直接显性债务中，相应也包括这部分地方赤字举债。中央政府历年财政赤字数据为历年《中国财政年鉴》里中央公共财政决算支出大于收入的差额；广义地方政府直接显性债务增量直接使用表4-13中2010—2012年的数据，2000—2009年的数据利用2011年全国地方政府性债务审计结果中历年地方政府性债务的增速估算得到。

表4-19　2000—2012年我国真实财政赤字规模和赤字率

年份	中央财政赤字（亿元）	广义地方政府直接显性债务增量（亿元）	政府真实赤字规模（亿元）	真实财政赤字率（%）	公开财政赤字率（%）
2000	2596.87	3018.03	5614.90	5.63	2.50
2001	2596.27	4023.64	6619.91	6.00	2.28
2002	3096.87	5364.32	8461.19	6.99	2.60

续表

年份	中央财政赤字（亿元）	广义地方政府直接显性债务增量（亿元）	政府真实赤字规模（亿元）	真实财政赤字率（%）	公开财政赤字率（%）
2003	3197.68	5649.25	8846.93	6.48	2.15
2004	3191.77	7136.13	10327.90	6.43	1.30
2005	2999.50	9014.36	12013.86	6.46	1.23
2006	2748.96	11386.94	14135.90	6.49	0.99
2007	2000.00	14383.98	16383.98	6.11	0.19
2008	1800.00	16209.27	18009.27	5.69	0.57
2009	7500.00	52782.85	60282.85	17.44	2.75
2010	8000.00	26031.79	34031.79	8.32	2.45
2011	6500.00	10291.76	16791.76	3.47	1.76
2012	5500.00	10937.38	16437.38	3.08	1.50

资料来源：测算中使用的其他数据均来自《中国统计年鉴2014》。

（3）真实财政赤字率测算结果评价。从已有公开的财政赤字率来看，2000—2012年我国政府始终保持了较低的财政赤字水平，赤字率一直低于3%的警戒线水平。而对我国财政政策的共识是，2000—2004年，我国实施的是积极的财政政策，2005—2008年转为稳健的财政政策，2009—2012年则实施新一轮积极的财政政策。从公开的赤字率水平来看，其与各时间段的财政政策取向基本是对应的。但是，从测算的我国真实财政赤字率来看，2010年以及之前年份，我国赤字率一直维持在很高的水平，特别是2009年和2010年高达17.44%和8.32%。2000—2008年我国的财政赤字率水平相对较为稳定，并且显示出我国政府确实是在实行较为积极的财政政策。2011年开始，由于中央出台了一系列措施来严控地方政府举债，所以2011年和2012年我国赤字率出现了很大回落。经测算，2012年的真实赤字率为3.08%，远远小于IMF测算的约10%的水平。笔者认为，IMF的测算结果是偏大的，可能的原因是其对地方政府债务赤字的估计是直接由两次全国地方政府性债务审计结果推算得到的。一方面，地方政府性债务包括一部分担保债务和救助责任或有债务；另一方面，两次审计的口径发生了较大调整，因此，IMF的测算结果可能会夸大2012年的债务增量。

对于我国政府赤字的认识，需要明确这样几个方面：一是在分析赤字的各种经济效益以及我国财政政策的取向时，应当使用真实财政赤字。测算结果显示，我国真实财政赤字规模和赤字率都远高于实际公开的水平。显然，如果直接利用公开的财政赤字数据，最终所得结论的真实性是缺乏说服力的，需要进一步检验。二是从我国真实赤字规模的构成来看，更多的赤字来自广义地方政府，而并非中央政府。可见，我国中央政府虽有主导宏观经济调控之名，而事实上主要的经济调控却是由地方政府来完成的。三是我国政府赤字率自2000年以来一直处于一个过高的水平。对赤字率水平进行判断时，不仅应该看赤字率的绝对水平，还应该考察负债率的相对水平。根据对负债率的测算结果，2012年我国广义地方政府部门负债率已经高达63.73%，在此背景之下，继续保持2001—2007年那样6%或以上的赤字率水平显然是不合适的。虽然2011年和2012年我国真实赤字率水平已经降至略高于3%，但是从政府债务利率、我国经济增长率、通货膨胀率等方面综合考察，这一赤字率水平仍然是不可持续的，极有可能造成负债率的进一步较快上升。

3. 基于真实赤字率的债务可持续性分析

PSDS2011对债务可持续性进行了定义，即假如借款人预计能够继续偿还债务而不必大幅调整其收支平衡，则债务是可持续的。伏润民等（2012）对债务可持续性进行了总结，认为债务可持续性的内涵可以从维持平衡、筹资能力和偿债能力三个方面去理解，主要的测算方法包括检验"非蓬齐博弈"条件、现值约束方法、政府债务投资收支平衡法等。可见，对于债务可持续性的内涵和测度方法，不同学者的理解是有所不同的。张春霖（2000）从赤字方式的角度，分析了我国政府债务的动态可持续性问题。在假定政府不发行货币和出售资产的情况下，我国负债率变动与赤字率之间的基本关系为：

$$\Delta d_t = f_t + (r - g_t - i_t) \times d_{t-1} \qquad (4-2)$$

其中，d_t 为 t 年度的政府负债率；Δd_t 为 t 年度的负债率变动；f_t 为 t 年度的赤字率；r 为已有债务的平均利率；g_t 为 t 年度的经济增长率；i_t 为 t 年度的通货膨胀率。

在假定赤字率、债务利率、经济增长率以及通货膨胀率等的基础上，就可以对我国政府债务的可持续性情况进行评估。设置赤字率低、中、高三档，分别为 2.5%、3.5% 和 4.5%；也分别设置三级债务利率、经济增长率以及通货膨胀率，对应 1 级债务利率取 6%、经济增长率取 7.5%、通货膨胀率取 2.5%，2 级债务利率取 6.5%、经济增长率取 7%、通货膨胀率取 2%，3 级债务利率取 7%、经济增长率取 6.5%、通货膨胀率取 1.5%。以测算得到的 2012 年我国广义政府部门负债率 63.73% 为基准，相应可以模拟得到 2030 年我国政府负债率状况的九种情形，如表 4-20 所示。

表 4-20　不同赤字率水平下我国广义政府负债率预测

单位：%

年份	低：赤字率为 2.5%			中：赤字率为 3.5%			高：赤字率为 4.5%		
	1	2	3	1	2	3	1	2	3
2012	63.73	63.73	63.73	63.73	63.73	63.73	63.73	63.73	63.73
2013	63.68	64.64	65.59	64.68	65.64	66.59	65.68	66.64	67.59
2014	63.63	65.52	67.44	65.59	67.50	69.43	67.55	69.47	71.42
2015	63.59	66.38	69.26	66.47	69.31	72.23	69.35	72.23	75.20
2016	63.54	67.22	71.07	67.31	71.08	75.01	71.08	74.93	78.95
2017	63.50	68.04	72.86	68.12	72.80	77.76	72.73	77.56	82.66
2018	63.46	68.84	74.63	68.89	74.48	80.48	74.32	80.12	86.33
2019	63.42	69.62	76.38	69.64	76.12	83.18	75.85	82.61	89.97
2020	63.39	70.38	78.12	70.35	77.71	85.85	77.32	85.05	93.57
2021	63.35	71.12	79.84	71.04	79.27	88.49	78.73	87.42	97.14
2022	63.32	71.84	81.54	71.70	80.79	91.10	80.08	89.74	100.66
2023	63.29	72.55	83.23	72.33	82.27	93.69	81.37	91.99	104.16

续表

年份	低：赤字率为2.5%			中：赤字率为3.5%			高：赤字率为4.5%		
	1	2	3	1	2	3	1	2	3
2024	63.25	73.23	84.89	72.94	83.71	96.25	82.62	94.19	107.62
2025	63.22	73.90	86.54	73.52	85.12	98.79	83.81	96.34	111.04
2026	63.19	74.55	88.18	74.08	86.49	101.30	84.96	98.43	114.43
2027	63.17	75.19	89.80	74.61	87.83	103.79	86.06	100.47	117.79
2028	63.14	75.81	91.40	75.13	89.13	106.25	87.12	102.46	121.11
2029	63.11	76.42	92.98	75.62	90.41	108.69	88.14	104.40	124.40
2030	63.09	77.01	94.56	76.10	91.65	111.10	89.11	106.29	127.65

从模拟结果来看，赤字率水平的选择对未来负债率的影响较大。对于债务利率、经济增长率和通货膨胀率，2级情形发生的可能性应该是比较大的。模拟结果显示，当赤字率为2.5%时，在2级情形下，到2020年负债率将会超过70%，而到2030年则会达到约77%；当赤字率为3.5%时，在2级情形下，2016年负债率会超过70%，到2030年负债率达到91.65%；当赤字率为4.5%时，在2级情形下，2030年我国政府负债率将会高达106.29%。由此，中、高水平的赤字率选择，会在短期内推高我国政府的负债率水平，并导致我国政府债务变得不可持续。需要进一步说明的是，模拟中的负债率还没有包括未来养老金隐性负债逐步显性化的部分，因此真实的负债率水平可能会更高。可见，在当前情形下，我国已经不具备继续通过扩大赤字水平来实行更为积极的财政政策的现实基础和条件，必须在可能的情况下对我国积极财政政策的力度进行调整。为此，有必要在未来对地方政府债务规模实行有效控制，严控地方政府的不合理举债行为。

我国地方政府债务风险评价与分析

对地方政府债务规模和结构进行核算的一个重要目的，是掌握和防范有关债务风险。我国当前地方政府债务规模较大、增速较快，所蕴含的风险可能在未来很长一段时期成为影响我国经济快速、健康发展的关键所在。为此，必须更加关注有关我国地方政府债务风险的问题，而如何评价风险直接影响到对此问题的根本看法。由此，评价方法和角度的选择都至关重要。本章首先对资产负债法和债务警戒线法这两种当前主要的风险评价方法的适用性进行了深入探讨和分析；其次，基于负债率的方法，分析和比较了省际地方政府债务风险；最后，对当前最受关注的融资平台风险进行了评价和分析。

第一节 当前风险评价主要方法分析

一、资产负债法的适用性分析

几乎所有的研究都认为我国地方政府债务整体上仍然是十分安全的，地方政府拥有足够的资产来偿还负债。李扬等（2015）发布的《中国国家资产负债表 2015：杠杆调整与风险管理》显示，截至 2014 年底，我国地方政府净资产高达 77.92 万亿元，在 30.28 万亿元的总负债面前，几乎是毫无清偿风险的。然而，整体上清偿的无风险真的意味着地方政府债务一定是安全的吗？

1. 资产端风险分析

借助资产负债表，除了能够掌握资产和负债的总量之外，更为深层次的意义在于了解资产和负债在各式分类下的相关结构信息。地方政府资产和负债的结构往往是不同的，在利用地方政府资产负债表来分析债务风险问题时，要特别关注两者在结构上的差异。地方政府债务绝大部分都表现为金融工具，而地方政府资产除了金融工具外，还有大量其他类型资产，这些资产包括各种实物资产和自然资源。这些非金融资产大多变现能力较差，并且由于市场需求有限，如果短期内大量变现势必会造成价值大跌。因此，在利用资产负债表时，不能回避资产的两大风险，即资产的估值风险和可流动性风险。

（1）资产的估值风险。根据相关会计准则，资产和负债都应该使用公允价格进行计值，而市场价格则是公允价格的最佳表现形式。在实践中，仅有一部分政府资产能够在市场上找到交易价格，大部分建筑物、设备以及自然资源等较少有活跃的交易市场。此外，还有一些政府资产，如土地等，价格十分不稳定，受房地产大环境的影响波动变化非常大。由于地方政府所拥有的资产规模通常是比较庞大的，将资产进行变现很有可能会对政府资产的市场价格起到拉低作用。张国生（2006）也持有类似观点，认为许多政府资产的市场不发达甚至不存在，这是因为私人主体预期政府干预或政府不守信等，资产可变现净值通常远远低于账面价值或评估价值。因此，政府资产负债表中资产的账面价值往往要比实际上的市场价值低得多。相比较而言，地方政府负债本身为金融工具，只要地方政府信用不恶化，其市场价值一般是比较稳定的，债务的偿还也是刚性的。

以上种种都说明，通过已有方法核算得到的地方政府资产规模，如果用于地方政府债务风险问题的分析，势必会面临很大的估值风险。实际上，许多企业破产也并不一定都是资不抵债，在流动性不足且无法及时从外部融到周转资金时，也极容易出现破产行为。因此，应当在一定假设的基础上，根据资产的变现和保值能力，重新估计地方政府资产的实际可变现价值。

（2）资产的可流动性风险。资产账面价值大于负债，并不意味着就不会爆发风险，除了估值原因外，另一个重要的因素是资产的可流动性。可流动性风险不仅表现为通过资产变现能力影响资产估价，而且表现为政府有一部分资产由于各种原因并不能全部出售。笔者十分赞同沈沛龙和樊欢（2012）的观点，即政府债务违约所面临的场景并非政府债务大于自身拥有的资产，而需要进一步考虑资产的流动性问题，当政府拥有的可流动性资产小于政府债务时，政府将因无力支付债务而发生违约。

政府资产不可完全出售的原因是多方面的，更多的是制度方面的原因。如政府为了实现以公有制为主体的目标，对于一些命脉性国有企业，其自身所拥有的51%的股权一般是不能出售的。另外，政府为了实现民生等目标，也不可能轻易出售所拥有的学校、医院等资源。当前许多专家和学者都认为，可以通过出售政府所拥有的国有企业股份，来解决地方政府债务问题。实际上，这种出售必须保证政府仍然有足够多的股份能对国有企业实施控制，并不能出售全部的政府资产。

2. 地区不均衡性分析

经济危机的爆发往往是由点到面逐步扩散和波及的，并非一开始就全面爆发。因此，对于我国地方政府债务风险问题的研究，不能仅仅从总体上来判断是否会爆发债务危机，更多地应当从地区角度考虑。地区间的不均衡性，除了表现为地区间差别外，还表现为不同层级政府的差距。

（1）地区债务分布的不均衡性。我国地方政府债务的分布并不均衡，这导致各地区之间的债务风险差别甚大，而某一点的债务风险有可能引爆整个地方政府债务危机。从各地区公布的截至2013年6月的地方政府性债务审计结果来看，各地区债务总量分布也是极其不均衡的，江苏、广东和上海的债务总量规模较大，而甘肃、新疆、青海和宁夏的债务总量规模较小。进一步计算人均债务、债务占GDP比重等指标，也可明显看出我国地方政府债务分布并不均匀这一特性。

（2）地区偿债能力的不均衡性。分析我国地方政府债务风险时，除了应当关注地区间债务分布外，还需要重点关注各地区的偿债能力。有些地区，如广东和上海虽然债务规模很大，但是由于其偿债能力很强，因此并不容易爆发债务危机；而另一些地区，由于偿债能力本身不足，虽然债务规模不大，但其债务风险反而会更大。地区偿债能力不仅受到地方政府所拥有资产的影响，还受到各地区财政收入以及中央转移支付等因素的影响。实际上，我国地方政府资产和财政收入在地区间也表现出明显的不均衡现象。

（3）政府层级间的差别。我国地方政府层级较多，包括省、市、县、乡四级地方政府。相较而言，省级和市级政府在财政收入分配中处于优势地位，并且政府信用等级和对应的融资能力相对较强。而县级、乡级政府财权较为有限，一旦政府债务累积过高，很有可能无力偿还，从而极易引发县级、乡级政府局部债务危机。对实际情况的考察也发现，县级、乡级政府财政收支状况堪忧，债务规模和负担较重。截至2013年6月的地方政府性债务审计结果中，县级地方政府负有偿还责任的债务达到了39573.60亿元，仅比市级政府债务规模略少。

综上所述，我国地方政府资产大于负债，并不意味着债务风险就一定不会爆发。对于地方政府债务风险问题，必须在资产计值端综合考虑资产的估值风险和可流动性风险，在区域上考虑地区债务分布、地区偿债能力以及政府层级的不均衡性。

二、债务警戒线法的适用性分析

负债率是指某国政府债务占 GDP 的比重，该指标常被应用于对政府债务风险有关情况的分析和评价。负债率的警戒线一般是参考"马约"中的规定，即将政府债务不超过 GDP 的 60% 作为该指标的风险控制安全线。虽然有学者指出该标准并未能成为国际公认的"安全线"或"警戒线"（马蔡琛和黄年吉，2011），但是我国官方在利用地方政府性债务审计数据分析我国政府债务负担情况时，就是使用了上述指标和警戒线标准。并且，一些学者将此标准作为我国政府债务风险评价的重要依据。因此，有必要探讨 60% 的负债率是否适合作为我国债务警戒线评价的一般标准。

1. 我国真实负债率测算与分析

在审计公告中，直接使用政府负有偿还责任的债务测算得到 2012 年底我国的负债率为 36.74%，进一步考虑担保债务和救助责任债务的转换（两者 2007 年以来的转换率分别为 19.13% 和 14.64%），则得到的负债率为 39.43%。由于全国政府性债务、"马债"和本书所界定的广义政府部门债务在口径上存在较大区别，所以这里试图对这三种债务口径下的负债率进行比较。

（1）"马债"口径。利用"马债"口径来测算我国政府债务，需要明确政府债务所包括的债务工具、债务内容以及政府层级。这里按照政府层级进行加总，则分别需要测算"马债"口径下的中央政府债务和地方政府债务。为便于比较，测算时点选择为 2012 年底。①中央政府债务。使用 2012 年底全国政府性债务中中央政府负有偿还责任的债务，作为中央政府债务的估计值，为 97360.94 亿元。"马债"并不包括或有债务内容，因此不需要考虑担保债务和救助责任债务。但是，由于"马债"还不包括其他应付款内容，因此需要扣除。根据李扬等（2013）编制的 2007—2011 年全国中央政府资产负债简表试算发现，其他应付款占总负债的比重为

4.09%~4.95%①。取平均比重 4.52% 进行扣除,得到"马债"口径下 2012 年底的中央政府债务规模为 92960.23 亿元。②地方政府债务。2012 年底,测算得到的广义地方政府直接显性债务为 185287.40 亿元。使用表 4-12 中 2013 年 6 月其他应付款的比重 5.30% 进行扣除,得到"马债"口径下 2012 年底的地方政府债务规模为 175467.17 亿元。

综上所述,"马债"口径下 2012 年底我国政府债务规模为 268427.39 亿元,占当年 GDP(518942 亿元)的比重(负债率)为 51.73%。

(2)广义政府部门债务口径。根据杜金富等(2015)的研究测算结果,2013 年我国狭义政府总负债为 16.8 万亿元,其中保险技术准备金占 31.6%;广义政府总负债为 33.1 万亿元,其中保险技术准备金占 16.0%。可见,约有 5.3 万亿元的保险技术准备金属于广义政府部门债务,但在之前并未得到统计。在杜金富等(2015)的研究中,2013 年广义政府总负债较 2012 年增长 10.3%,据此增速推算得到 2012 年保险技术准备金约为 4.81 万亿元。将此与 97360.94 亿元的中央政府债务和 185287.40 亿元的地方政府债务相加,可得到 2012 年我国广义政府部门的债务规模为 330699.11 亿元。由此可得到,2012 年我国广义政府部门负债率为 63.73%。此时,负债率指标大于 60% 的警戒线标准。根据 IMF 的测算,2012 年我国广义政府债务占 GDP 的比重约为 50%②。如果不考虑保险技术准备金,这一测算结果与这里得到的结果基本是一致的。

(3)小结。上述测算结果说明,在不同债务口径下测算我国政府债务和负债率,所得到的结果是不同的。以政府性债务口径测算,2012 年负债率仅为 39.43%,远低于 60% 的警戒线标准;使用"马债"口径测算得到的负债率达到了 51.73%,较为逼近 60% 的警戒线标准;而按照广义政府部门债务口径,测算得到的负债率为 63.73%,大于 60% 的警戒线标

---

① 该比重为使用其他应付款和其他(各种杂项负债)之和,除以总负债的比重。由于该负债中没有包括股票、金融衍生品等负债工具,所以,该比重可用于估计政府性债务中的其他应付款比重。

② 该结果为 IMF 与中国就第四条款磋商讨论时 IMF 第一副总裁大卫·利普顿提出的,具体可见:严婷.IMF:中国去年广义赤字率约 10%[N].第一财经日报,2013-05-30.

准。因此，需要明确的是，从政府债务口径角度来看，60%的警戒线标准并非具有普适性，应用不同的债务口径来测算负债率，其参照的警戒线标准也应有所区别。

2. **负债率警戒线标准的再分析**

从测算结果来看，2012年按"马债"口径计算的我国政府负债率为51.73%，与60%的警戒线标准差距不大。那么，这是否能够说明我国政府债务规模负担较重呢？换言之，60%的警戒线标准能否适用于分析我国债务规模负担情况呢？如果不能，应该如何设定我国负债率的警戒线标准呢？

（1）欧盟国家负债率情况考察。欧盟按照"马债"口径对各成员国的负债率进行了统计，"马债"是ESA2010定义下的三类债务工具（货币和存款、债务性证券和贷款）的面值，广义政府部门包括中央政府、州政府、地方政府和社会保障基金。表5-1为欧盟网站公布的29个国家的负债率统计数据，从中可以看出这样几个事实：首先，各个国家之间的负债率水平差距较大，如2014年负债率最大的为希腊，达到177.1%，最小的为爱沙尼亚，仅为10.6%；其次，许多国家的负债率都超过了60%，2014年29个国家中有16个国家超出了这一水平，并且这些国家中包括了德国、英国、法国、西班牙、荷兰、葡萄牙等欧盟内主要经济体；最后，数据还显示2005年以来，这29个国家的负债率几乎都处于上升通道，特别是2008年后出现了较大增幅。可见，欧盟中的许多国家也都没能遵守60%的负债率警戒线标准，并且可以预见未来越来越多的欧盟国家将接近或超过该标准。

表5-1 欧盟成员国历年政府债务占GDP比重（负债率）

单位：%

国家	2005年	2006年	2007年	2008年	2009年	2010年	2011年	2012年	2013年	2014年
比利时	94.7	90.7	86.8	92.2	99.2	99.5	102	103.8	104.4	106.5
保加利亚	27.1	21.3	16.6	13.3	14.2	15.9	15.7	18	18.3	27.6
捷克	28	27.9	27.8	28.7	34.1	38.2	39.9	44.6	45.0	42.6
丹麦	37.4	31.5	27.3	33.4	40.4	42.9	46.4	45.6	45.0	45.2

续表

国家	2005年	2006年	2007年	2008年	2009年	2010年	2011年	2012年	2013年	2014年
德国	67.1	66.5	63.7	65.1	72.6	80.5	77.9	79.3	77.1	74.7
爱沙尼亚	4.5	4.4	3.7	4.5	7.0	6.5	6.0	9.7	10.1	10.6
爱尔兰	26.2	23.8	24	42.6	62.3	87.4	111.2	121.7	123.2	109.7
希腊	N	N	N	N	N	N	171.3	156.9	175	177.1
西班牙	42.3	38.9	35.5	39.4	52.7	60.1	69.2	84.4	92.1	97.7
法国	67.2	64.4	64.4	68.1	79	81.7	85.2	89.6	92.3	95
克罗地亚	N	N	N	N	N	N	63.7	69.2	80.6	85
意大利	101.9	102.5	99.7	102.3	112.5	115.3	116.4	123.1	128.5	132.1
塞浦路斯	63.4	59.3	54.1	45.3	54.1	56.5	66.0	79.5	102.2	107.5
拉脱维亚	11.7	9.9	8.4	18.6	36.4	46.8	42.7	40.9	38.2	40
立陶宛	17.6	17.2	15.9	14.6	29.0	36.2	37.2	39.8	38.8	40.9
卢森堡	6.3	7.0	7.2	14.4	15.5	19.6	19.1	21.9	24.0	23.6
匈牙利	60.8	65	65.9	71.9	78.2	80.9	81.0	78.5	77.3	76.9
马耳他	70.1	64.6	62.4	62.7	67.8	67.6	69.7	67.4	69.2	68.0
荷兰	49.4	44.9	42.7	54.8	56.5	59	61.3	66.5	68.6	68.8
奥地利	68.3	67	64.8	68.5	79.7	82.4	82.1	81.5	80.9	84.5
波兰	46.7	47.1	44.2	46.6	49.8	53.6	54.8	54.4	55.7	50.1
葡萄牙	67.4	69.2	68.4	71.7	83.6	96.2	111.1	125.8	129.7	130.2
罗马尼亚	15.7	12.3	12.7	13.2	23.2	29.9	34.2	37.3	38.0	39.8
斯洛文尼亚	26.3	26	22.7	21.6	34.5	38.2	46.5	53.7	70.3	80.9
斯洛伐克	33.8	30.7	29.8	28.2	36	40.9	43.4	52.1	54.6	53.6
芬兰	40	38.2	34	32.7	41.7	47.1	48.5	52.9	55.8	59.3
瑞典	48.2	43.1	38.2	36.8	40.3	36.8	36.2	36.6	38.7	43.9
英国	41.6	42.5	43.6	51.8	65.8	76.4	81.8	85.8	87.3	89.4
挪威	N	N	N	N	N	N	27.5	29.2	29.3	26.4

资料来源：欧盟统计数据库，http://ec.europa.eu/eurostat/data/database。

注："N"表示该年度统计数据缺失。

因此，60%的负债率警戒线标准难以用于分析欧盟国家的政府债务负担，更遑论作为评价我国政府债务负担状况的标准。对于不同的国家，应当根据该国的具体情况来设定政府负债率警戒线，并且各国所确定的标准应该有所区别。

（2）我国政府负债率警戒线分析框架。政府负债率警戒线的确定，应当综合考虑多方面的影响因素，不能一概而论。影响政府债务状况的因素很多，可以归纳为两个方面，即举债和偿债。举债方面要考虑债务的未来增量，即在设定警戒线时要在现有债务水平下，充分考虑未来对债务资金的需求。对于我国而言，则应当考虑我国积极财政政策强度、未来城镇建设资金需求以及老龄化等因素。偿债方面则主要是基于对债务风险的考虑，综合考察长期偿债能力（资产负债情况）、短期偿债能力（债务率[①]）以及债务结构方面的因素。笔者认为，负债率的警戒线可以被认为是上述各种因素作用下的均衡状态的稳态值，应当是一个中短期目标，长期来看环境或政策的变化会使均衡发生改变。因此，对于我国全国政府债务来说，设置固定的负债率警戒线标准的意义比较有限。但是，应当根据未来政策情况，制定中短期的负债率控制目标值。

从资产负债情况所体现出的偿债能力来看[②]，我国政府的偿债能力是极强的。但是从未来债务资金需求来看，我国政府仍然面临巨大的缺口。按照上述几个政府债务口径，如果不考虑养老金隐性债务，则城镇化带来的基础设施建设资金需求是未来推动我国政府债务增长的主要动力。假定2020年我国城镇化水平达到60%，并且此时完成快速发展阶段，估计每年能够形成约7万亿元的投资。[③] 这里粗略估计，其中每年约有2万亿元投资需要政府通过举债完成，那么从2012年到2020年政府债务将

[①] 债务率为年末债务余额与当年政府综合财力的比率，综合财力有时可以用财政收入指标，因此又称为财政债务率。
[②] 从我国政府资产负债表情况来看，我国政府总资产远大于总负债，净资产规模十分巨大，这在一定程度上表明我国政府具有很强的债务偿还能力。
[③] 张莫，钟源，范文涛."后平台"时代地方政府上哪融资：到2020年城镇化建设资金缺口达42万亿[N].经济参考报，2014-07-25.

增加16万亿元。进一步假定已有债务持续展期，并且债务利率和GDP增速保持一致（假定2015—2020年我国GDP增速平均为7%），那么到2020年我国政府负债率将较2012年提高约16.75个百分点。

（3）应着重关注我国各省、市政府负债率警戒线标准的确定。使用负债率警戒线标准来分析我国政府债务负担情况，虽然意义较为有限，但是如果将这一指标应用到分析或控制各省、市政府债务，则将在中央政府对地方政府债务的管理和控制方面产生极为重要的效果。国务院2014年也下发文件，要求通过测算负债率等指标，建立债务风险预警机制。[①] 由于各个地区的情况并不一致，负债率的警戒线标准也应当是不同的。笔者认为，可以借鉴使用KMV模型，在一定假设的前提下综合考察相关因素，从而确定各地区负债率的警戒线标准。首先，KMV模型能够对政府偿债能力和债务规模进行综合考虑，并且可以将诸多现实因素纳入进来；其次，KMV模型对于警戒线的判定标准是违约概率，这样可以形成一个统一的判断标准；最后，KMV模型对数据的要求相对较低，并且关注的是未来的变动情况，这更加符合实际情况。

3. 基于KMV模型的省际负债率警戒线测算

KMV模型最初主要应用于估算企业违约的可能性，将KMV模型应用到负债率警戒线标准的确定，是对我国政府债务风险管理的有益探索。这里尝试借助此模型来刻画政府债务负担和风险状况，并由此反向推导出政府债务警戒线标准。

（1）KMV模型改进与相关假定。KMV模型是通过构建违约距离指标来测度企业债务违约的可能概率。违约距离和违约概率的测算公式分别为：

$$DD = \frac{\ln\left(\dfrac{V}{L}\right) + \mu \Delta t - \dfrac{1}{2}\sigma_V^2 \Delta t}{\sigma_V \sqrt{T}} \qquad (5-1)$$

[①]《国务院关于加强地方政府性债务管理的意见》（国发〔2014〕43号）。

$$P_t = N(-DD) = N\left[-\frac{\ln\frac{V}{L} + \mu\Delta t - \frac{1}{2}\sigma_V^2\Delta t}{\sigma_V\sqrt{T}}\right] \qquad (5-2)$$

其中，DD 为违约距离；P_t 为违约概率；V 为公司资产的市场价值；L 为债务价值；μ 为资产的预期收益率；σ_V 为资产价值的波动率；t 为测算的时间；T 为到期日；$\Delta t = T - t$，也就是所考察的期限；t=0 表示当前时刻，此时 $\Delta t = T$，而一般考察某一年，因此也有 $\Delta t = T = 1$。

在假定 $\Delta t = T = 1$，并且公司资产价值属于正态分布时，可推导出 μ 和 σ 的测算公式，分别为：

$$\mu = \frac{1}{n-1}\sum_{t=1}^{n-1}\ln\frac{V_{t+1}}{V_t} + \frac{1}{2}\sigma^2 \qquad (5-3)$$

$$\sigma = \sqrt{\frac{1}{n-2}\sum_{t=1}^{n-1}(\ln\frac{V_{t+1}}{V_t} - \frac{1}{n-1}\sum_{t=1}^{n-1}\ln\frac{V_{t+1}}{V_t})^2} \qquad (5-4)$$

对于这一模型，韩立岩等（2003）做出了改进，将政府财政收入中的一部分作为债券发行的担保，以此来测算不同债券发行规模的违约概率。该研究隐含了这样一个基本假设，那就是市政债券在 t=0 时刻发行，在 T=1 时刻到期。实际上，KMV 模型检验的理论逻辑可以转换为：政府债务到期时，既不能延长展期（债务融资偿还），也不能使用项目收益等其他资金来源偿还，而仅是使用一定的机动财政收入（担保数额）偿还到期债务，其发生违约的概率为 P_t。其实，在设定 T=1 时测算发债规模，也就假定了市政债券的期限为 1 年，这与真实情况往往并不相符，因为市政债券的期限往往都是很长的。既然 KMV 模型的测算变量比较的是担保资产和到期债务之间的关系，那么，基于担保资产和一定的违约概率，就能够反推出对应的到期债务规模，如表 5-2 所示，根据债务的期限结构也就能够估计出债务总规模和负债率。因此，归结起来测算得到的负债率警戒线不仅涉及担保资产规模，还需要利用债务的期限结构等数据。

表 5-2 2013 年我国各地区到期债务规模

单位：亿元

地区	担保值（50% 的财政收入）	不同违约概率下的到期债务规模		
		0.04%	0.20%	0.50%
北 京	1830.55	1801.15	1854.70	1889.63
天 津	1039.54	1008.21	1042.24	1064.50
河 北	1147.81	1090.99	1124.84	1146.94
山 西	850.81	672.30	714.17	742.19
内蒙古	860.49	759.59	796.90	821.61
辽 宁	1671.91	1539.09	1596.49	1634.17
吉 林	578.48	509.22	531.28	545.83
黑龙江	638.70	588.29	607.34	619.79
上 海	2054.75	1943.57	2004.74	2044.70
江 苏	3284.23	3353.50	3446.02	3506.28
浙 江	1898.46	1754.18	1825.87	1873.06
安 徽	1037.54	911.55	951.43	977.73
福 建	1059.72	957.42	993.59	1017.34
江 西	810.62	753.37	781.88	800.59
山 东	2279.97	2259.48	2318.97	2357.69
河 南	1207.72	1149.82	1184.87	1207.76
湖 北	1095.61	954.66	997.15	1025.19
湖 南	1015.44	948.14	981.21	1002.88
广 东	3540.73	3319.33	3427.74	3498.63
广 西	658.80	643.27	660.48	671.68
海 南	240.51	204.03	214.18	220.91
重 庆	846.62	289.92	348.42	391.70
四 川	1392.05	429.39	520.20	587.82
贵 州	603.21	577.27	597.20	610.26
云 南	805.65	721.96	748.80	766.41
西 藏	47.51	42.61	44.68	46.05

续表

地区	担保值 （50%的财政收入）	不同违约概率下的到期债务规模		
		0.04%	0.20%	0.50%
陕　西	874.17	766.42	803.59	828.20
甘　肃	303.64	269.68	280.60	287.78
青　海	111.93	106.41	110.12	112.55
宁　夏	154.17	130.34	137.17	141.70
新　疆	564.24	518.41	538.82	552.23

资料来源：国家统计局历年《中国统计年鉴》。

对于测算中有关变量的选择，这里做一个统一说明：①测算的时间点。这里选择测算2013年的负债率警戒线。②担保额。原有模型中使用的是企业资产，这里参考大部分研究，使用地方政府本级财政收入的50%作为担保额。之所以不使用支出口径的财政收入，主要是因为支出中的大量中央财政转移目前都为专项转移，地方政府往往无法决定其具体用途。当然，更为合理的选择是基于政府资产负债表，将政府的一部分资产也纳入进来。③债务期限结构。从截至2013年6月的地方政府性债务审计结果来看，我国政府负有偿还责任的债务的平均期限约为3.5年[①]。随着我国地方政府债务管理工作的不断深化，如不断推出债务置换计划，我国地方政府债务的期限结构也在延长。因此，这里分别试算5年和10年两种期限结构下的负债率警戒线。

（2）各地区2013年负债率警戒线测算。对于到期债务规模的测算，首先利用各地区1998—2012年的本级财政收入，根据公式（5-3）和公式（5-4）测算出对应的 μ 和 σ_V。通过预先设定不同的 P_t 值，可以确定违约距离DD的大小。P_t 值的设定，这里选择0.04%、0.20%以及0.50%。根据韩立岩等（2003）的测算，美国1940—1994年市政债券的违约概率约为0.50%，而标准普尔BBB+和穆迪Baa1债券等级，1年期的违约概率分别为

---

① 根据未来偿债情况表中的有关数据测算，并假定2018年及以后债务的平均期限为10年。

0.20%和0.04%。据此,可以根据公式(5-1)反解出在不同情形下2013年到期债务的最大规模L。

假定债务的平均期限分别为5年和10年,并且假设债务是平均分布在各年度的,则进一步可以测算出最大债务规模(见表5-2)以及对应负债率的警戒线(见表5-3)。

表5-3 2013年我国不同情形下的负债率警戒线及排名

单位:%

地区	不同情形下的负债率警戒线						警戒线排序
	平均期限为5年			平均期限为10年			
	0.04%	0.20%	0.50%	0.04%	0.20%	0.50%	
北 京	46.18	47.56	48.45	92.36	95.11	96.90	1
天 津	35.08	36.26	37.04	70.16	72.53	74.08	4
河 北	19.27	19.87	20.26	38.55	39.74	40.53	28
山 西	26.67	28.34	29.45	53.35	56.67	58.89	10
内蒙古	22.56	23.67	24.41	45.13	47.34	48.81	19
辽 宁	28.42	29.48	30.18	56.84	58.96	60.35	8
吉 林	19.61	20.46	21.02	39.23	40.93	42.05	25
黑龙江	20.45	21.11	21.55	40.90	42.23	43.09	24
上 海	44.99	46.40	47.33	89.97	92.80	94.65	2
江 苏	28.34	29.12	29.63	56.68	58.25	59.27	9
浙 江	23.35	24.30	24.93	46.69	48.60	49.86	18
安 徽	23.94	24.99	25.68	47.88	49.97	51.35	17
福 建	22.00	22.83	23.38	44.00	45.66	46.75	20
江 西	26.27	27.26	27.92	52.54	54.53	55.84	13
山 东	20.66	21.20	21.56	41.32	42.41	43.11	23
河 南	17.88	18.42	18.78	35.76	36.85	37.56	29
湖 北	19.35	20.21	20.78	38.70	40.42	41.56	26
湖 南	19.35	20.02	20.47	38.70	40.05	40.93	27
广 东	26.70	27.57	28.14	53.40	55.14	56.28	12
广 西	22.37	22.97	23.36	44.74	45.94	46.72	21

续表

地区	不同情形下的负债率警戒线						警戒线排序
	平均期限为 5 年			平均期限为 10 年			
	0.04%	0.20%	0.50%	0.04%	0.20%	0.50%	
海 南	32.42	34.04	35.10	64.85	68.07	70.21	5
重 庆	11.45	13.76	15.47	22.91	27.53	30.95	30
四 川	8.18	9.90	11.19	16.35	19.81	22.38	31
贵 州	36.05	37.29	38.11	72.10	74.59	76.22	3
云 南	30.80	31.94	32.69	61.60	63.89	65.39	7
西 藏	26.38	27.66	28.51	52.76	55.32	57.02	11
陕 西	23.88	25.04	25.81	47.77	50.08	51.62	16
甘 肃	21.51	22.38	22.96	43.02	44.77	45.91	22
青 海	25.32	26.21	26.78	50.65	52.41	53.57	15
宁 夏	25.41	26.74	27.62	50.81	53.47	55.24	14
新 疆	31.00	32.22	33.03	62.01	64.45	66.05	6

（3）测算结果分析与讨论。需要说明的是，这里的测算是较为粗略的，其主要目的在于为负债率警戒线标准的设定提供一种较为可行的方法，而不是一味地去接受和使用所谓的国际标准。有必要指出以下三点：一是债务偿还担保值使用的是财政收入的 50%，如果能够在资产负债表的基础上测算出各个地区能够迅速变现的偿债准备资产，则显然更为恰当；二是上述测算中使用了统一的债务期限，实际上，根据截至 2013 年 6 月的地方政府性债务审计结果，各地区的债务期限并不相同；三是这里的测算无法反映债务利率对债务风险的影响。

虽然上述测算存在许多不足，但是仍然具有较为重要的理论意义和现实意义。首先，测算得到的各地区之间的警戒线标准存在很大差异。以 5 年期 0.5% 的违约率为例，北京和上海的负债率警戒线标准分别高达 48.45% 和 47.33%，而同期重庆和四川却仅为 15.47% 和 11.19%。可见，使用财政收入作为偿债准备金，测算得到的各地区警戒线标准差别十分巨大。其次，负债率警戒线标准与债务期限结构之间的关系十分紧密。我国当前的地方政府债务以银行中短期贷款、信托融资以及城投债为主，债务期限普遍较短，这与美国等主要发行的期限较长的市政债券具有明显区别。为此，我国财政部正在执行债务置换计划，将到期的债务置换成期限较长的政府债券[①]。其实，这不仅能够直接起到减少利息的作用，还能够提供负债率的警戒线标准，增强地方政府对债务的风险抵抗能力。最后，对于同一地区而言，由于不同年份下其资产及债务期限状况等会发生变化，所以负债率警戒线标准也应当进行调整。这也说明所设定的负债率警戒线应当是一个中短期的目标，长期来看并不一定能够发挥指导作用。因此，长期来看，负债率警戒线标准应当及时根据经济体所处的环境进行调整。

第二节 基于负债率的省际债务风险评价及应用

对地方政府债务风险进行评价的角度和方法较多，已有研究中综合评价指标体系以及资产负债法的应用最为广泛。受制于我国并未正式建立起地方政府的资产负债核算体系，资产负债法较多地应用于对我国地方政府债务总体风险的评价，即对全国地方政府的资产数据进行估算和评价。综合评价指标体系则对债务数据提出了更多要求，但由于现有官方公开发布的各地区政府债务数据并不充分，所以大部分研究都是侧重于某一地区，数据来源大多为未公开数据。可见，地方政府债务数据的不足是制约其区域风险评价和比较的主要原因。

一、债务风险评价与比较思路

受相关统计数据不足的制约，许多方法都难以很好地应用到我国地方政府债务的区域风险评价中。负债率通常是最为主要的衡量债务风险

[①] 截至 2018 年底，我国已经累计置换存量地方政府债务约 12.9 万亿元。

状况的指标。在我国地方政府性债务审计结果（2013年12月）公告中，也是使用负债率、政府外债与GDP的比率、债务率和逾期债务率这四个指标，并参考国际一般控制标准来评价地方政府债务负担或风险。然而，正如前文分析的那样：一方面，国际负债率警戒线标准并不是对所有国家都完全适用的，应当具体情况具体分析；另一方面，由于各地区情况有所不同，相应的警戒线标准也会存在较大差异，并且同一地区的警戒线标准也会随着时间变化而发生变化。可见，在利用负债率指标评价债务风险状况并进行比较时，应当根据各地区的具体实际来确定不同的警戒线标准。基于此，如果能够剔除各地区负债率警戒线标准的差异影响，那么所得到的债务指标将能够较好地应用于各地区政府债务风险的比较。

既然利用负债率指标来刻画地方政府债务风险时最为关键的问题在于确定该指标的警戒线标准，那么应该如何确定各地区的警戒线标准呢？前文使用KMV模型，对各个地区的负债率警戒线标准进行了一个粗略估算。在估算中，是以各地区财政收入的50%作为担保值，然后分别测算了在0.04%、0.20%以及0.50%三种违约率情况下的到期债务规模，并假定各地区债务期限为5年或10年，估算了各地区的警戒线标准。实际上，财政收入资金仅仅是地方政府收入的一部分，使用综合财力或者地方政府资产进行估计可能更为妥当。但是，无论是地方政府土地出让净收入还是地方政府拥有的金融或非金融资产，都没有公开的分地区数据，这造成了事实上的无法测算。

虽然使用财政收入来确定负债率警戒线标准可能并不一定准确[①]，但是应当注意到，如果仅以此来比较各地区债务率警戒线标准之间的差距大小，则是较为可行的。这是因为，财政收入是一个地区最为稳定的收入来源，财政收入较多的地区一般也具备较强的偿债能力，相应负债率的警戒线标准也应该更高。因此，基于财政收入的各地区负债率警戒线标准的大

[①] 仅考虑财政收入，而不是使用将土地出让纳入的综合收入，显然这样得到的地方政府债务警戒线标准可能是偏低的。另外，这里测算得到的结果与使用各地区资产存量得到的债务率可能存在很大的区别。

小能够较好地反映各地区政府债务风险,且能够很好地用于比较和判断地区间的债务风险大小次序。

二、数据来源、测算与结果

由于前文已经测算了各地区 2012 年的负债率警戒线标准,所以现在关键在于对负债率指标的测算。在 2013 年全国地方政府性债务审计之后,2014 年 1 月 23 日起,除西藏外的 30 个省、自治区和直辖市陆续公布了截至 2012 年底(天津市和贵州省除外)和 2013 年 6 月的政府性债务审计结果。考虑到地方政府性债务与本书所界定的地方政府债务之间的区别,可以在假定各地区差距相同的基础上对其进行估算。

由于相关公告没有公布天津市和贵州省 2012 年底的地方政府性债务结果,所以必须根据 2013 年 6 月的数据进行推算。假定天津市和贵州省 2012 年底的地方政府性债务与其他 28 个地区 2013 年 6 月的比重保持相同,即天津为 2.96%,贵州为 3.87%[①],由此,可以估计出天津市和贵州省 2012 年底的地方政府性债务分别为 4315.33 亿元和 5643.64 亿元。这样,就可以得到 30 个地区 2012 年底的地方政府性债务规模及其比重(见表 5-4),其债务规模总和为 155778.36 亿元。由于西藏的地方政府性债务规模较少,在计算比重时将其忽略。

表 5-4　2012 年底各地区地方政府性债务规模和比重

地区	债务规模（亿元）	比重（%）	排名	地区	债务规模（亿元）	比重（%）	排名
北　京	6970.96	4.47	6	河　南	4753.28	3.05	16
天　津	4315.33	2.77	18	湖　北	6521.81	4.19	10
河　北	6830.67	4.38	8	湖　南	6974.68	4.48	5
山　西	3543.94	2.27	23	广　东	9550.98	6.13	2
内蒙古	4077.74	2.62	19	广　西	3922.09	2.52	21

---

① 这里的占比是和全国地方政府性债务的比,由于省际汇总结果与全国结果存在一定差异,因此该比重前后会有细微区别,这里将其忽略。

续表

地区	债务规模（亿元）	比重（%）	排名	地区	债务规模（亿元）	比重（%）	排名
辽宁	6949.25	4.46	7	海南	1230.90	0.79	28
吉林	4029.82	2.59	20	重庆	6694.66	4.30	9
黑龙江	3264.08	2.10	25	四川	8002.78	5.14	4
上海	8263.75	5.30	3	贵州	5643.64	3.73	13
江苏	12866.43	8.26	1	云南	5334.82	3.42	15
浙江	5915.37	3.80	12	陕西	5462.24	3.51	14
安徽	4487.98	2.88	17	甘肃	2462.42	1.58	26
福建	3573.63	2.29	22	青海	940.83	0.60	29
江西	3533.76	2.27	24	宁夏	723.25	0.46	30
山东	6396.08	4.11	11	新疆	2373.98	1.52	27

资料来源：各地区审计厅截至2013年6月的地方政府性债务审计结果公告。

根据前文测算，2012年底我国地方政府直接显性债务规模为185287.40亿元，而30个地区的地方政府性债务为155778.36亿元。假定各地区政府债务占总债务的比重与地方政府性债务是一致的，由此可以估算出2012年底各地区的地方政府债务规模及其占GDP的比重。从测算得到的地方政府债务数据来看，债务存量规模前五名的地区分别是江苏、广东、上海、四川和湖南，而后五名分别是甘肃、新疆、海南、青海和宁夏。从东部、中部和西部的债务总量分布来看，我国地方政府债务主要集中在东部和中部地区，西部除四川省外，其他地区的债务总体规模并不大。

进一步，根据前文已测得的各地区债务警戒线标准，分别使用违约率为0.20%，平均期限为5年和10年的两种警戒线，可以得到负债率与警戒线标准的两类比例（比例1和比例2）。各地区负债率在经过警戒线标准调整后，可以较好地应用于对地方政府债务风险的评价与比较。通过表5-5的测算结果，至少可以得到这样几点结论。

表 5-5 2012 年底各地区负债率及其与警戒线的比例

单位：%

地区	负债率	排名（1）	负债率与警戒线的比例 比例1	比例2	排名（2）	排名变化
北 京	38.99	8	81.98	40.99	25	17
天 津	33.47	12	92.30	46.14	22	10
河 北	25.70	22	129.36	64.68	12	−10
山 西	29.26	18	103.24	51.63	18	0
内蒙古	25.68	23	108.48	54.24	16	−7
辽 宁	27.97	19	94.87	47.44	21	2
吉 林	33.75	10	164.97	82.46	6	−4
黑龙江	23.84	24	112.93	56.45	15	−9
上 海	40.95	7	88.25	44.12	23	16
江 苏	23.80	25	81.73	40.86	26	1
浙 江	17.06	27	70.22	35.11	28	1
安 徽	26.07	21	104.34	52.18	17	−4
福 建	18.14	26	79.45	39.73	27	1
江 西	27.29	20	100.11	50.05	19	−1
山 东	12.79	30	60.32	30.16	30	0
河 南	16.06	29	87.18	43.58	24	−5
湖 北	29.31	17	145.03	72.52	10	−7
湖 南	31.48	14	157.25	78.61	8	−6
广 东	16.74	28	60.70	30.35	29	1
广 西	30.09	16	130.99	65.50	11	−5
海 南	43.11	6	126.63	63.33	13	7
重 庆	58.68	2	426.42	213.13	1	−1
四 川	33.52	11	338.61	169.22	2	−9
贵 州	84.80	1	227.41	113.69	3	2
云 南	51.75	3	162.01	80.99	7	4
陕 西	37.79	9	150.92	75.46	9	0

续表

地区	负债率	排名（1）	负债率与警戒线的比例		排名（2）	排名变化
			比例1	比例2		
甘肃	43.58	5	194.73	97.34	4	-1
青海	49.69	4	189.57	94.80	5	1
宁夏	30.89	15	115.52	57.77	14	-1
新疆	31.63	13	98.17	49.08	20	7

第一，我国各地区负债率很不均衡，差别很大。在本书所界定的广义地方政府部门债务口径下，2012年我国地方政府债务规模为185287.40亿元，全国GDP为518942亿元，全国地方政府负债率约为35.70%。但是从各个地区来看，一些地区如贵州为84.80%、重庆为58.68%、云南为51.75%，负债率都远远高于全国总体水平；而另一些地区如广东为16.74%、河南为16.06%、山东为12.79%，负债率则远远低于全国总体水平。可见，我国地方政府负债率在区域上表现出了较为明显的差异。

第二，负债率与警戒线的比例所反映的债务风险情况，与负债率所反映的情况相比发生了很大变化。在一个统一的负债率警戒线标准下，负债率越高，则债务蕴含的风险越大。但是，由于我国各地区实际情况不同，并不能使用同一个标准来衡量，经过调整后的负债率与警戒线的比例指标，则能很好地反映各地区债务风险的大小。重庆、四川和贵州的债务风险分别列于30个地区的前三位，其中四川的负债率排在第11名，但是调整后的债务风险却上升到了第2名。此外，还有一些地区的比例指标的排名相对于负债率的排名发生了很大变化，如北京的负债率为第8名，其与警戒线的比例则为第25名，风险排名降低了17名，上海排名降低了16名，天津排名则降低了10名。与此同时，也有许多地区排名上升了很多，如河北上升了10名，黑龙江上升了9名。

第三，负债率与警戒线的比例表现出明显的地区差异性。负债率与警戒线的比例值最高的是重庆，高达213.13%（比例2），而最低的是山东，仅为30.16%，在区域上体现出了很强的非均衡性。此外，在东部、中部和西部，如负债率与警戒线的比例值也十分不均衡。西部地区的地方政府债务风险最高，如负债率与警戒线的比例值排名前10名中，西部占据了7个。西部地区重庆、四川和贵州的比例2都大于100%，充分显示出这几个地区可能蕴含巨大的债务风险，特别是重庆比例2的值高达213.13%，更加应该对此予以重视。中部地区政府债务风险次之，吉林、湖南和湖北位于前10名。东部地区负债率与警戒线的比例值则普遍较低，除河北和海南分别位于12名和13名外，其他地区均位于20名之后。地方政府债务风险的东、中、西差异，充分说明了对于当前我国地方政府债务风险应当优先关注西部地区。

三、债务风险测算的一个应用

各地区债务风险评价及比较结果，为我国地方政府债务风险治理在区域选择上指明了方向，即应当优先关注西部地区的政府债务风险。2015年后，我国接连开启了地方政府债务置换计划，以长期限、低利率的地方政府债券来置换短期限、高利率的城投债、信托以及银行贷款等。在额度的分配上，依据官方的说法①，是按照截至2013年6月的审计中负有偿还责任的债务2015年到期额度的比例进行分配的。在各地区债务期限大致相同的情况下，这样的分配方式意味着中央政府在处理地方政府债务问题时，仅体现了在总体规模上的平等，并未对相关地区予以区别对待。

笔者认为，中央政府在化解地方政府债务风险时，不应当仅考虑债务在总量上的公平性，更应该注意债务风险在地区间的差异，对风险较大的地区应分配更多的额度用于债务置换。基于此，可以使用债务量与债务风险指标的乘积，作为置换额度分配的参考标准。这里进行了两个测算：首先，按照财政部的分配方案，测算了各地区的置换额度；其次，以表5-4中测算的2012年债务规模作为分配依据，测算得到了方案1；最后，在财

---

① 《财政部有关负责人就发行地方政府债券置换存量债务有关问题答记者问》，http://www.mof.gov.cn/zhengwuxinxi/caizhengxinwen/201503/t20150312_1201705.html。

政部置换额度上,加入测算得到的 2012 年风险因素,加权得到各地区的置换额度,即方案 2。

在 2015 年后开启的第一期 1 万亿元债务置换计划中,按照财政部置换额度分配方案,债务置换规模超过 500 亿元的地区有北京、上海、江苏、浙江、湖北、广东和四川(见表 5-6)。通过债务置换,这些地区的债务风险都能够得到较好的缓解。使用债务规模总额进行分配的地方政府债务置换额度,即方案 1 的额度分配,与财政部的分配基本上是一致的,上述地区仍然分到了较高的置换额度。但是,考虑债务风险地区差异的置换额度分配方案 2 测算得到的各地区政府债务规模则发生了很大变化,特别是四川、重庆和贵州的置换额度将会大大增加,分别增加 900.68 亿元、730.13 亿元和 332.70 亿元。与此同时,北京、江苏、浙江、山东和广东的置换额度则会大量减少,尤其是江苏和广东将分别减少 332.49 亿元和 318.24 亿元。

表 5-6 地方政府债务置换额度分配方案比较(总额 1 万亿元)

单位:亿元

地区	财政部方案		各地区债务置换额度		方案 2 与财政部方案的差异
	2015 年到期债务	债务置换额度	方案 1	方案 2	
北 京	933.58	517.85	447.49	312.53	-205.32
天 津	334.20	185.38	277.02	125.93	-59.44
河 北	606.74	336.55	438.49	320.50	-16.05
山 西	225.39	125.02	227.50	95.04	-29.98
内蒙古	450.10	249.67	261.77	199.38	-50.28
辽 宁	761.96	422.65	446.10	295.21	-127.44
吉 林	430.15	238.60	258.69	289.68	51.08
黑龙江	277.94	154.17	209.53	128.14	-26.03
上 海	914.09	507.04	530.48	329.37	-177.67
江 苏	1504.58	834.57	825.94	502.08	-332.49
浙 江	967.97	536.92	379.73	277.56	-259.37

续表

地区	财政部方案 2015年到期债务	财政部方案 债务置换额度	各地区债务置换额度 方案1	各地区债务置换额度 方案2	方案2与财政部方案的差异
安 徽	598.38	331.91	288.10	255.00	-76.92
福 建	507.63	281.58	229.40	164.71	-116.87
江 西	445.10	246.89	226.85	181.94	-64.96
山 东	783.70	434.71	410.59	193.04	-241.67
河 南	636.27	352.93	305.13	226.46	-126.47
湖 北	1113.82	617.82	418.66	659.68	41.85
湖 南	567.72	314.91	447.73	364.48	49.57
广 东	1037.22	575.33	613.11	257.09	-318.24
广 西	425.95	236.27	251.77	227.85	-8.42
海 南	148.86	82.57	79.02	76.99	-5.58
重 庆	615.66	341.50	429.76	1071.63	730.13
四 川	1088.68	603.88	513.73	1504.56	900.68
贵 州	890.03	493.69	373.02	826.39	332.70
云 南	620.87	344.39	342.46	410.67	66.28
陕 西	437.90	242.90	350.64	269.87	26.97
甘 肃	244.03	135.36	158.07	194.00	58.64
青 海	136.61	75.78	60.40	105.77	29.99
宁 夏	70.63	39.18	46.43	33.32	-5.85
新 疆	252.36	139.98	152.39	101.15	-38.83

资料来源：2015年各地区地方政府负有偿还责任的到期债务数据来自各地区截至2013年6月的地方政府性债务审计结果公告。

注：这里的分配方案并没有考虑西藏。

显然，方案2的债务置换额度分配更加有利于对债务风险的防范。这是因为一些债务风险较低的地区大都集中在东部和中部，它们具有相对更强的融资能力和债务结构调整能力。东部和中部地区的政府具有更为强大的综合财力以及更好的金融环境，债务融资可以在一定程度上实现期限和利率的相对优化。而绝大部分西部地区，特别是四川、重庆和贵州等地区，债务风险很高，偿债压力巨大，相应也更需要中央政府的政策支持。因此，债务置换计划向这些地区倾斜，分配给这些地区更多的置换额度也是理所应当的。另外，不仅需要在债务置换方面向中西部倾斜，中央转移支付等政策也应当进一步加大对中西部的支持力度。

第三节　关注地方政府融资平台债务风险

在我国现有的体制下，地方政府是不能破产的，这也意味着即便地方政府债务规模高涨，其也可以通过上级政府救助或者利用自身资产和信用来化解债务风险。因此，地方政府机构本身爆发债务危机的可能性并不大。地方政府融资平台作为地方政府基础设施建设最主要的融资主体，虽然实际上是地方政府的融资工具，但是其在名义上是独立的主体。尽管目前融资平台还没有出现破产现象，但并不意味着不允许其破产或者不能破产。从目前融资平台的债务情况来看，许多融资平台实际上已经背负了巨大的债务风险，极有可能成为引爆我国地方政府债务风险的关键所在。

一、基于发债平台样本的风险状况分析

不仅融资平台的口径界定存在着较大的分歧，城投债的统计口径也尚存争议。目前，Wind 数据库对新增城投债的判定依据是该债券是否为中债登城投债收益率曲线的样本券，这相比之前的统计口径范围更窄。虽然口径不一，但是对于发行城投债的融资平台公司，Wind 数据库还进一步统计了这部分平台的财务信息。能够发行城投债的融资平台显然资质都相对较好，其主体评级级别也相对更高，如果这部分平台都蕴含了较大的债务风险，那么毫无疑问融资平台整体的债务风险会更大。

笔者通过 Wind 数据库共收集了 4331 条融资平台发债记录，下面将使用这些数据来分析发债融资平台的总体风险。这 4331 条融资平台发债记录的时间跨度为 2006—2015 年，另外该数据是根据发债的债券记录统计

的，并非融资平台公司样本，因而存在一些重复的融资平台数据。但是，借助全样本数据更能够全面反映发债融资平台的大体情形。

1. 主体信用情况分析

从发债平台的主体分类评级情况来看，大部分发债平台的信用等级为AA和AA+，信用等级大部分都比较高，这主要是因为能够对外发债的融资平台资质都比较好。从行政级别分类来看，省和省会一级平台的信用等级相比县及县级、地市级更好，AA、AA+和AAA级平台样本大体相同，并且大部分的AAA级平台集中在省和省会级。相对来说，发债的县及县级融资平台的信用级别相对较低，未来应当重点关注，具体如表5-7所示。

表5-7 全样本融资平台主体信用评级状况

单位：%

行政级别		主体评级							总计
		缺失	A-	A	A+	AA-	AA	AA+	AAA	
行政级别	缺失	1.7	0.0	N	0.0	1.5	7.5	1.2	0.2	12.1
	县及县级	0.1	N	N	N	1.7	8.5	1.1	N	11.4
	地市级	0.3	N	N	0.1	3.0	21.8	6.7	1.0	32.9
	省和省会	0.4	N	0.0	0.0	0.9	13.4	14.5	14.6	43.8
总计		2.4	0.0	0.0	0.2	7.1	51.2	23.5	15.8	100.0

注：本表中包括指标值缺失的样本；N表示该指标样本数量为0。表中加总计算使用了保留多位小数的数据，故存在一点偏差。

2. 资产负债的整体偿债情况分析

资产负债率指标既能够反映公司的融资能力，也能够在一定程度上反映债权人发放贷款的安全状况。由于大部分融资平台目前都较少有私人资本参与，所以资产负债率所反映的负债风险与债务风险存在很强的一致性。从全样本数据来看，全部发债融资平台的平均资产负债率为54.95%，低于2014年沪市非金融企业资产负债率62.03%[①]。从发债融资平台的行政

[①] 该数据来源于上海证券交易所资本市场研究所发布的《沪市上市公司2014年年报整体分析报告》。

级别来看，省和省会级平台的资产负债率是比较高的，为62.13%，基本接近2014年沪市非金融企业资产负债率水平，这说明省和省会级平台具有非常强的融资能力。与此同时，县及县级平台的资产负债率较低，仅为48.26%，说明其融资能力较为有限（见表5-8）。

表5-8　全样本融资平台资产负债情况

单位：%

融资平台范围（行政级别）	全部	县及县级	地市级	省和省会级
资产负债率均值	54.95	48.26	50.66	62.13

3. 资产收益情况分析

融资平台的大部分资金投向了公益性的基础设施项目，这些项目一般具有期限长、收益率低的特点。那么，融资平台的收益率究竟有多低呢？

全样本分析结果显示，发债平台的平均总资产报酬率仅为2.42%，并且县及县级、地市级分别仅为2.28%和2.17%。略大于2%的总资产报酬率均值，远低于同期市场资金的融资成本。融资平台净资产收益率的表现也很堪忧，全样本平均净资产收益率仅为2.91%，不仅低于市场资金的融资成本，而且远低于2014年沪市公司12.61%的净资产收益率。具体如表5-9所示。

表5-9　全样本融资平台资产收益情况

单位：%

融资平台范围（行政级别）	全部	县及县级	地市级	省和省会级
净资产收益率均值	2.91	2.70	2.79	3.07
总资产报酬率均值	2.42	2.28	2.17	2.71

4. 短期偿债能力分析

融资平台资产负债状况反映的是整体的长期偿债能力。资产负债状况良好，并不意味着就一定不会出现债务危机，这是因为一旦短期偿债能力出现问题，也会引发债务风险的集中爆发。结合已有指标的情况，融资平台短期偿债能力可以使用以下三个指标来分析：一是流动比率，即流动资产用于偿还流动负债的情况；二是现金到期债务比率，即现金净流入与本期到期债务和应付票据总额的比率；三是现金满足投资比率，即经营中所产生的现金流量与资本支出等的比率。表 5-10 为全样本融资平台短期偿债能力情况。

表 5-10 全样本融资平台短期偿债能力情况

单位：%

融资平台范围（行政级别）	全部	县及县级	地市级	省和省会级
流动比率	397	506	508	223
现金到期债务比率	89.06	-91.19	169.85	11.65
现金满足投资比率	-4	-31	-14	12

从上述三个指标来看，我国地方政府发债平台的短期偿债能力是较弱的。全部样本流动比率为 397%，其中省和省会级仅为 223%，该指标显示流动资产基本能够满足流动负债的偿还。但是，现金到期债务比率和现金满足投资比率这两个指标所表现出的财务特征则令人担忧。全样本发债平台现金到期债务比率虽然有 89.06%，但是县及县级、省和省会级融资平台的现金到期债务比率却仅为 -91.19% 和 11.65%。这充分表明，县及县级、省和省会级融资平台的到期债务绝大部分需要通过再融资或者相应的政府部门补贴来偿还，一旦遇到外来不可控因素影响，无法持续从外部融到资金，现金流很有可能会发生断裂，从而引发平台债务危机。现金满足投资比率指标也进一步说明融资平台资金链安全性较差，全样本发债平台现金满足投资比率为 -4%，县及县级平台为 -31%。可见，当前融资平台在经营过程中所产生的现金，不仅不足以满足日常的投资和债务偿还需求，反而还需要政府补贴或者债务融资来维持正常的运营。

二、区域债务风险评价与比较——基于发债平台的数据

前文通过负债率以及警戒线调整后的负债率指标，分别测算了各地区

地方政府的债务风险。特别是后者，可以说较好地反映了各地区政府债务风险的总体情况。发债融资平台的财务数据由于具有多方面财务信息指标，能够很好地构成融资平台债务风险的评价和比较样本。因此，可以使用综合评价的方法，在构建综合评价指标体系的基础上比较各地区的债务风险。

1. 区域债务风险综合评价思路

发债融资平台公开的财务数据能够从三个方面反映平台的债务风险状况。资产负债率和净债务资产率能够反映平台的长期负债状况；净资产收益率和总资产报酬率能够反映平台的收益状况；流动比率、现金到期债务比率以及现金满足投资比率则能够反映出短期偿债能力。根据上述三个方面，可以构建出融资平台债务安全性[①]的综合评价指标体系（见表5-11）。

表 5-11　发债融资平台债务安全性综合评价指标体系

一级指标	二级指标	指标方向
融资平台债务安全性		
长期负债状况	资产负债率	正向
	净债务资产率	正向
收益状况	净资产收益率	正向
	总资产报酬率	正向
短期偿债能力	流动比率	正向
	现金到期债务比率	正向
	现金满足投资比率	正向

通过上述3个一级指标、7个二级指标构建的综合评价体系，可以评价和比较各发债融资平台的债务安全性状况。当然，这里综合评价指标体系的构建主要考虑的是融资平台的内部环境，并未考虑其再融资以及获得财政补贴的能力等。由于这里主要是为了对融资平台的债务安全性进行地区比较，因此将各地区全部融资平台样本的指标平均值作为该指标测算值，最终可以得到各地区融资平台债务安全性的相对值。

---

① 由于这些指标对债务风险状况的反映为指标值越大风险越小，即都为反向指标，而从债务安全性角度看这些指标相应都变为了正向指标，所以债务风险和债务安全性实际上是一件事情的两个方向。

2. 指标权重确定方法选择和说明

在综合评价指标体系构建好之后,关键的问题就变成了如何通过恰当的方法来确定一级指标和二级指标的权重大小。

(1)指标权重确定方法选择。总体来说,指标权重的确定方法可以分为主观方法和客观方法两类。常用的主观方法有德尔菲法(Delphi,专家访谈法)、层次分析法(AHP)、功效系数法等;常见的客观方法有主成分分析法、最大熵值法、均方差法、变异系数法以及神经网络法等。主观确定法如 Delphi 和 AHP 操作简单,能够充分发挥出经验的作用,但是赋权具备主观性,有时并不能客观反映实际情况,并且往往工作量会很大。客观确定方法如熵值法、主成分分析法、均方差法等根据指标数据来确定权重,一般较为客观,但也有可能导致得到的权重与实际明显不符。

在已经建立的融资平台风险综合评价指标体系中,对于一级指标和二级指标的重要性进行比较往往是很困难的。因此,这里考虑使用客观赋权的方法。考虑到仅仅使用一种方法并不具备太多说服力,因而使用主成分分析法、均方差法以及熵值法这三种客观方法来提升结果的科学性。

(2)三种方法的简单说明。主成分分析法、均方差法以及熵值法用于确定指标权重的原理是不同的。

主成分分析法常被用于降维,其原理是对一些相关性较强的变量,在尽量多地提取原有变量信息的基础上进行重新组合,得到相互间彼此不相关的几个新的变量。在重新组合的过程中,主成分对原有信息的提取程度是以相应的特征值对总特征值的贡献来衡量的。

均方差法是根据各指标的均方差(标准差)大小来确定指标权重。指标均方差越大,则该指标的权重也越大。但是,如果简单地对全部二级指标直接应用均方差法,再根据每个指标的方差大小来确定各级指标权重的话,往往可能引发一些问题。以融资平台债务风险评价为例,每个一级指标所对应的二级指标的个数有可能是不一致的,如果某个一级指标有更多的二级指标,那么在最后确定权重时,其占据的权重可能会更大。因此，这里进行简单的修正，在使用二级指标均方差来确定一级指标权重时，利用各二级指标均方差的平均值而不是加总值。

熵值法是通过指标的信息熵来反映指标的相对变化程度对总体的影响，并由此确定对应指标的权重。信息效用值越大，则意味着该指标在评价中越重要，相应其权重值也就更大。熵值法通过信息熵的效用来确定权重，其测算相对比较客观，具有较高的精确度和可信度。但是，与前两种方法一样，由于权重确定主要依据样本数据，因此对样本具有很高的依赖性。

3. 评价与结果

（1）评价指标数据与预处理。在进行评价之前，首先需要根据数据样本计算出各地区对应指标的均值。根据全部发债平台样本，在去除缺失值后，可以得到相应值的大小，如表5-12所示。

表 5-12 各地区评价指标的均值

单位：%

地区	资产负债率	净资产负债率	净资产收益率	总资产报酬率	流动比率	现金到期债务比率	现金满足投资比率
安 徽	48.60	25.31	3.89	3.17	4.16	73.99	0.45
北 京	66.31	27.75	5.02	2.75	2.17	−40.52	−0.15
福 建	57.59	27.08	5.20	3.38	2.54	−136.91	−0.01
甘 肃	59.91	38.84	3.02	2.20	3.48	−535.93	1.39
广 东	54.17	25.56	4.99	4.31	3.68	−60.74	0.34
广 西	62.49	32.86	3.67	2.67	3.17	−1097.28	0.13
贵 州	43.58	22.08	2.05	1.92	4.26	−27.17	−0.18
海 南	46.02	27.07	1.26	1.13	3.30	200.45	0.25
河 北	53.58	34.21	3.72	3.11	3.91	−274.54	−0.34
河 南	55.30	31.85	3.39	3.33	2.97	−1.39	0.22
黑龙江	37.85	20.76	2.47	1.96	5.97	41.68	−0.34

续表

地区	资产负债率	净资产负债率	净资产收益率	总资产报酬率	流动比率	现金到期债务比率	现金满足投资比率
湖 北	57.44	30.77	3.16	2.34	5.00	4485.55	−0.09
湖 南	48.02	32.28	2.77	1.99	6.30	−195.15	−0.33
吉 林	45.61	20.14	3.80	2.39	5.67	22.91	1.94
江 苏	57.91	32.90	2.84	2.05	2.81	−3.06	−0.04
江 西	44.32	24.41	2.68	2.15	5.98	−27.25	−0.05
辽 宁	45.70	28.16	1.56	1.42	4.86	−78.43	−0.24
内蒙古	41.66	26.44	2.27	1.85	6.32	−1568.60	−0.28
宁 夏	47.74	23.02	2.05	1.74	4.80	−229.89	−0.23
青 海	48.44	22.10	2.58	1.71	11.00	−2149.89	−0.49
山 东	49.11	26.45	2.58	2.55	4.76	−144.26	−0.58
山 西	53.55	28.50	1.82	2.79	5.26	62.78	−0.63
陕 西	64.92	38.72	1.75	2.19	2.06	−28.79	−0.54
上 海	60.71	27.08	3.60	2.50	5.02	18.25	0.78
四 川	54.76	26.58	1.76	2.57	6.38	3.03	0.21
天 津	66.67	41.34	0.45	1.61	2.51	55.77	−0.64
新 疆	52.22	24.53	3.25	2.84	5.17	−113.98	0.03
云 南	60.26	33.74	2.87	2.30	2.11	−9.53	−0.58
浙 江	55.98	34.27	2.20	2.16	3.62	−14.24	−0.03
重 庆	55.92	30.72	2.36	1.90	3.32	−12.98	0.05
平 均	54.95	30.05	2.91	2.42	3.97	89.06	−0.04

由于三种方法在确定权重的过程中实际上都会涉及指标值标准化问题，所以为了便于比较，也将上述值进行标准化。这里使用最为常见的规范化方法进行标准化处理，即将所有的指标值处理为 [0，1] 内的某个数，标准化后的结果如表 5-13 所示。

表 5-13　标准化后各地区评价指标值

地区	资产负债率	净资产负债率	净资产收益率	总资产报酬率	流动比率	现金到期债务比率	现金满足投资比率
安 徽	0.3730	0.2437	0.7240	0.6403	0.2344	0.3352	0.4245
北 京	0.9876	0.3588	0.9617	0.5099	0.0117	0.3179	0.1909
福 建	0.6849	0.3272	1.0000	0.7061	0.0536	0.3034	0.2433
甘 肃	0.7655	0.8824	0.5409	0.3368	0.1591	0.2432	0.7865
广 东	0.5663	0.2555	0.9565	1.0000	0.1806	0.3148	0.3804
广 西	0.8547	0.6001	0.6784	0.4852	0.1241	0.1586	0.2975
贵 州	0.1990	0.0911	0.3380	0.2475	0.2458	0.3199	0.1801
海 南	0.2834	0.3268	0.1708	0.0000	0.1381	0.3542	0.3434
河 北	0.5460	0.6639	0.6896	0.6213	0.2064	0.2826	0.1157
河 南	0.6054	0.5526	0.6207	0.6929	0.1015	0.3238	0.3328
黑龙江	0.0000	0.0291	0.4253	0.2613	0.4369	0.3303	0.1163
湖 北	0.6797	0.5016	0.5702	0.3811	0.3286	1.0000	0.2117
湖 南	0.3529	0.5727	0.4886	0.2710	0.4739	0.2946	0.1186
吉 林	0.2692	0.0000	0.7054	0.3958	0.4033	0.3275	1.0000
江 苏	0.6959	0.6020	0.5039	0.2897	0.0834	0.3235	0.2308
江 西	0.2244	0.2013	0.4712	0.3206	0.4390	0.3199	0.2287
辽 宁	0.2724	0.3784	0.2344	0.0909	0.3131	0.3122	0.1550
内蒙古	0.1322	0.2970	0.3831	0.2260	0.4766	0.0876	0.1375
宁 夏	0.3433	0.1357	0.3370	0.1933	0.3060	0.2894	0.1585
青 海	0.3673	0.0921	0.4484	0.1825	1.0000	0.0000	0.0569
山 东	0.3907	0.2973	0.4498	0.4457	0.3017	0.3023	0.0214
山 西	0.5446	0.3941	0.2892	0.5235	0.3581	0.3335	0.0036
陕 西	0.9392	0.8767	0.2739	0.3343	0.0000	0.3197	0.0368
上 海	0.7931	0.3271	0.6647	0.4296	0.3306	0.3268	0.5501
四 川	0.5866	0.3036	0.2756	0.4544	0.4828	0.3245	0.3301
天 津	1.0000	1.0000	0.0000	0.1523	0.0499	0.3324	0.0000
新 疆	0.4986	0.2069	0.5897	0.5382	0.3479	0.3068	0.2588

续表

地区	资产负债率	净资产负债率	净资产收益率	总资产报酬率	流动比率	现金到期债务比率	现金满足投资比率
云南	0.7774	0.6413	0.5101	0.3681	0.0055	0.3226	0.0228
浙江	0.6289	0.6666	0.3699	0.3243	0.1747	0.3219	0.2376
重庆	0.6270	0.4989	0.4026	0.2415	0.1412	0.3220	0.2672
平均	0.3730	0.2437	0.7240	0.6403	0.2344	0.3352	0.4245

（2）各方法下的综合评价结果。在主成分分析法下，KMO值为0.603，Bartlett's球形度检验结果的近似卡方值为77.249，且p值为0，整体来看是适合进行主成分分析的。根据碎石图结果来看[①]，提取三个主成分是较为合适的。表5-14和表5-15分别是主成分分析的解释总方差和提取主成分的得分系数矩阵。由于SPSS软件能够直接输出得到各样本的三个因子得分，进一步利用表5-14中三个因子的方差，最终可以得到各个地区的综合评价总得分，如表5-18所示。

表5-14 主成分分析的解释总方差

主成分	初始特征值			提取平方和载入		
	合计	方差的%	累积%	合计	方差的%	累积%
1	2.409	34.412	34.412	2.409	34.412	34.412
2	2.021	28.875	63.287	2.021	28.875	63.287
3	0.960	13.716	77.003	0.960	13.716	77.003
4	0.800	11.422	88.425			
5	0.424	6.061	94.486			
6	0.235	3.364	97.850			
7	0.151	2.150	100.000			

表5-15 提取主成分的得分系数矩阵

指标	主成分		
	1	2	3
资产负债率	0.360	−0.107	−0.173

---

① 碎石图的具体结果在此未进行展示。

续表

指标	主成分 1	主成分 2	主成分 3
净资产负债率	0.292	−0.290	−0.145
净资产收益率	0.155	0.423	−0.118
总资产报酬率	0.199	0.362	0−.156
流动比率	−0.342	0.069	−0.051
现金到期债务比率	0.136	−0.009	0.954
现金满足投资比率	0.035	0.291	0.201

均方差法操作最为简单，通过计算表 5-13 中标准化后各个指标的方差，即可得到对应指标的权重，如表 5-16 所示。从指标权重结果来看，权重最大的两个指标为资产负债率和净债务资产率，分别为 21.98% 和 21.23%；而权重最小的两个指标为现金到期债务比率和流动比率，分别仅为 4.83% 和 8.97%。在得到对应指标的权重以后，可以进一步结合表 5-13 中的数据，得到各地区的综合评价得分，如表 5-18 所示。

表 5-16 均方差法下各指标权重

单位：%

	一级指标	权重	二级指标	权重
融资平台债务安全性	长期负债状况	43.21	资产负债率	21.98
			净债务资产率	21.23
	收益状况	32.36	净资产收益率	17.81
			总资产报酬率	14.55
	短期偿债能力	24.43	流动比率	8.97
			现金到期债务比率	4.83
			现金满足投资比率	10.64
	加总	100	加总	100

熵值法赋权的计算过程比均方差法更为复杂，对于标准化后的指标[①]，其计算过程主要为四步：一是计算指标值的权重；二是计算指标的熵值；三是计算指标的差异性系数；四是计算权重值。由此可以得到各指标的权重，如表 5-17 所示。最后，也可以计算出各地区的综合评价得分，如表 5-18 所示。

表 5-17 熵值法下各指标权重

单位：%

一级指标		权重	二级指标	权重
融资平台债务安全性	长期负债状况	25.32	资产负债率	10.01
			净债务资产率	15.31
	收益状况	19.57	净资产收益率	8.64
			总资产报酬率	10.92
	短期偿债能力	55.11	流动比率	21.65
			现金到期债务比率	7.65
			现金满足投资比率	25.81
加总		100	加总	100

熵值法下，权重最大的两个指标分别为现金满足投资比率以及流动比率，两者权重分别达到 25.81% 和 21.65%；权重最小的两个指标分别是现金到期债务比率和净资产收益率，分别为 7.65% 和 8.64%。可见，熵值法所得到的指标权重与均方差法存在较大区别。

表 5-18 三种赋权方法下各地区的综合评价得分和排名

地区	主成分分析法		均方差法		熵值法		三种方法平均	
	得分	排名	得分	排名	得分	排名	得分	排名
安徽	41.76	7	43.82	15	39.31	9	41.63	9
北京	61.42	4	57.54	2	36.88	12	51.94	4
福建	69.21	3	54.62	5	37.98	11	53.94	3

---

① 由于这里都是正向性指标，所以熵值法的标准化过程与前文的标准化处理是完全相同的。

续表

地区	主成分分析法 得分	排名	均方差法 得分	排名	熵值法 得分	排名	三种方法平均 得分	排名
甘肃	30.37	9	61.06	1	55.13	1	48.85	5
广东	86.84	1	56.64	3	44.91	4	62.80	1
广西	17.63	11	55.71	4	40.49	7	37.94	10
贵州	−33.82	22	21.59	29	21.43	30	3.07	24
海南	−42.40	26	22.81	28	23.88	27	1.43	26
河北	20.04	10	51.86	8	37.99	10	36.63	11
河南	44.74	5	52.19	7	40.72	6	45.88	6
黑龙江	−44.37	27	18.74	30	21.96	29	−1.22	27
湖北	82.11	2	51.31	9	43.80	5	59.08	2
湖南	−36.51	23	39.49	20	35.06	15	12.68	21
吉林	42.95	6	40.07	19	50.16	2	44.39	8
江苏	5.08	14	46.03	13	33.94	17	28.35	13
江西	−26.13	21	30.18	24	30.76	20	11.60	23
辽宁	−56.46	28	25.48	26	24.71	26	−2.09	28
内蒙古	−76.16	29	25.48	25	26.19	25	−8.16	29
宁夏	−41.93	24	25.07	27	23.47	28	2.20	25
青海	−110.33	30	30.25	23	34.07	16	−15.34	30
山东	−20.79	19	33.79	22	26.62	24	13.20	20
山西	−22.42	20	37.96	21	30.10	22	15.22	19
陕西	−8.30	17	50.93	10	32.24	19	24.96	15
上海	34.69	8	52.86	6	47.24	3	44.93	7
四川	−16.31	18	40.26	18	39.32	8	21.09	18
天津	−41.96	25	47.48	11	30.61	21	12.04	22
新疆	10.00	12	41.04	16	35.70	13	28.91	12
云南	5.58	13	46.99	12	29.21	23	27.26	14
浙江	−8.05	15	44.93	14	35.62	14	24.17	16
重庆	−8.23	16	40.72	17	32.45	18	21.65	17

注：三种方法的平均得分是简单算术平均，排名为平均得分的排名。

4. 结果分析

通过构建融资平台风险评价指标体系，并对各指标进行赋权之后，得到了综合评价得分及排名。结合上述分析过程，所得到的结果至少能够说明这样两个方面的问题：

第一，三种指标赋权方法的原理不同，导致结果会有所不同。由于三种方法对指标进行赋权的理论依据是不同的，所以得到的权重也有所不同。以均方差法和熵值法来看，两种方法得到的各指标权重的差别是非常明显的。如流动比率指标在均方差法下的权重仅为 8.97%，而熵值法却达到了 21.65%，两者差 12.68%。而各指标赋权的区别，最终也会导致各地区融资平台债务安全性综合评价结果存在差别。表 5-19 展示了各方法下综合评价结果排名前 10 位和后 10 位的地区。

表 5-19 三种方法下安全性综合评价结果展示

方法	安全性前 10 名地区	安全性后 10 名地区
主成分分析法	安徽（7）、北京（4）、福建（3）、甘肃（9）、广东（1）、河北（10）、河南（5）、湖北（2）、吉林（6）、上海（8）	贵州（22）、海南（26）、黑龙江（27）、湖南（23）、江西（21）、辽宁（28）、内蒙古（29）、宁夏（24）、青海（30）、天津（25）
均方差法	北京（2）、福建（5）、甘肃（1）、广东（3）、广西（4）、河北（8）、河南（7）、湖北（9）、陕西（10）、上海（6）	贵州（29）、海南（28）、黑龙江（30）、江西（24）、辽宁（26）、内蒙古（25）、宁夏（27）、青海（23）、山东（22）、山西（21）
熵值法	安徽（9）、甘肃（1）、广东（4）、广西（7）、河北（10）、河南（6）、湖北（5）、吉林（2）、上海（3）、四川（8）	贵州（29）、海南（27）、黑龙江（30）、辽宁（26）、内蒙古（25）、宁夏（28）、山东（24）、山西（22）、天津（21）、云南（23）
平均	安徽（9）、北京（4）、福建（3）、甘肃（5）、广东（1）、广西（10）、河南（6）、湖北（2）、吉林（8）、上海（7）	贵州（24）、海南（26）、黑龙江（27）、湖南（21）、江西（23）、辽宁（28）、内蒙古（29）、宁夏（25）、青海（30）、天津（22）

注：这里前 10 名和后 10 名是以地区拼音顺序排的。

第二，中西部地区融资平台债务风险更值得重点关注。从表 5-18 中三种方法得到的评价结果来看，中、西部地区融资平台债务安全性排名较为靠后，显示中、西部融资平台债务风险程度相对东部地区更高。而从表 5-19 中也可以看出，安全性前 10 名的地区大部分集中在东部，而后 10 名则主要是中部和西部地区。这都说明东部各地区融资平台债务风险相对较少，应当更加关注中、西部各地区的融资平台债务风险问题，特别是贵州、海南、黑龙江、江西、内蒙古、宁夏、青海这些地区值得重点关注。

三、融资平台风险缘何容易引爆

关注地方政府融资平台债务风险，不仅是因为融资平台是最大的债务主体，更重要的是融资平台极有可能成为引爆地方政府债务风险的导火索。实际上，我国中央政府也意识到了融资平台债务风险问题的严重性，出台了一系列政策试图逐步剥离其融资能力。本小节将从相关主体的关系角度，尝试探究融资平台债务主体引爆地方政府债务风险的可能过程。

1. 融资平台风险形成机制解析

形成地方政府融资平台债务风险的原因很多，但风险形成总的路径应当是：融资冲动和举债表外化→预算软约束的制度纵容过度举债→土地依赖和举债的非市场化使风险不断积累。图 5-1 为地方政府融资平台风险积累脉络。

（1）表外融资冲动及其非法性。前文已提及，地方政府之所以成立各类融资平台，最主要的原因在于旧预算法堵住了地方政府机构和部门直接借债的路径，许多地方政府不得不通过融资平台绕过旧预算法进行借债。在地方政府资金匮乏的大背景下，其借助融资平台进行融资的意愿十分强烈。融资时，不论地方政府是否直接进行担保，实际上都隐含着地方政府的隐性担保和连带责任。因此，融资平台的表外融资事实上都属于对应的地方政府，但法律上对此并没有认可。我国《担保法》明确规定，地方政府并不具备对融资平台出具还款承诺函、担保函的权力，一旦地方政府的财政承诺最终不能兑现，则银行诉诸法律保障债权的难度较大。

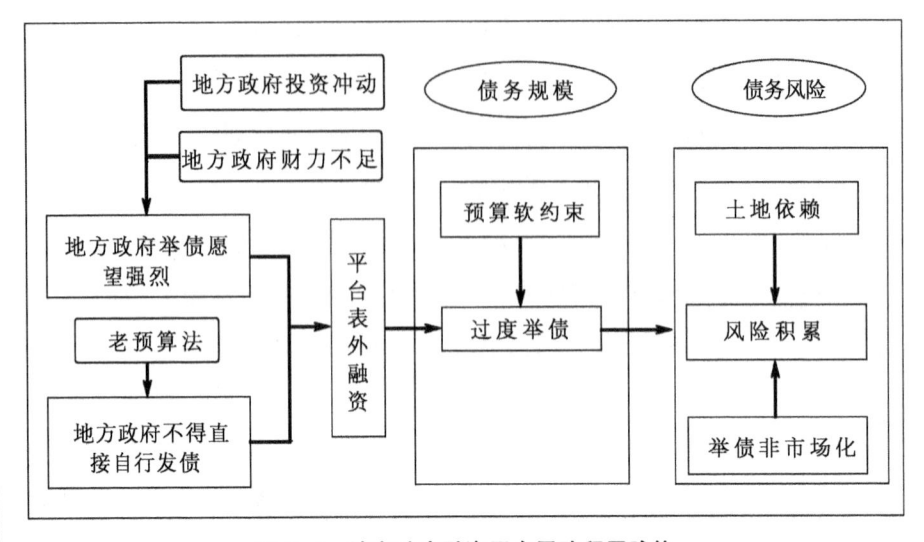

图 5-1 地方政府融资平台风险积累脉络

新预算法下,虽然允许地方政府单列赤字甚至发行地方债,但是目前从中央对地方政府债务的处理态度来看(已实行的债务置换计划),被中央真正认可的是地方政府的直接显性债务,负有连带责任和救助责任的债务尚未在真正意义上得到中央认可。从已公布的债务数据来看,融资平台是这两部分债务的最大载体。融资平台的债务融资存在事实上的不合法,造成了债务融资偿还主体的模糊性。一旦中央政府对这部分债务置之不理,而融资平台自身又无力偿还,则地方政府是不是不会对融资平台债务进行兜底而放任其破产呢?

融资平台不仅有许多债务未获得身份上的合法性,而且在管理上也十分混乱。融资平台在资产、人事、项目和资金等方面的管理都是分散的,资产归国资委管理,人事由地方政府党委任免,发展改革委决定项目投资,而财政管理相关资金。多数融资平台没有建立和执行严格的风险管理控制制度,不按贷款用途使用贷款或随意改变贷款投向、以其他项目贷款作为建设项目的资本金、因为项目规划不当造成信贷资金闲置等损失浪费、违反建设项目管理规定等问题时有发生。融资平台自身实际上话语权并不多,责任主体十分模糊,债务责任最终由谁来承担也并无清晰界定。

（2）预算软约束与过度举债。政府投资历来是我国 GDP 增长的关键一环，各种因素作用下我国地方政府的投资冲动十分强烈。预算软约束和土地出让政策虽然为地方政府的表外融资提供了可选渠道，但造成举债过度的根本原因在于地方政府的预算软约束。在预算软约束下，地方政府支出只能监控预算内部分，预算外的融资平台表外举债支出规模无法得到有效反映，许多地方政府在支出时毫无顾忌，对投资项目可行性等缺乏足够的研判。没有足够监督机制的融资平台，作为地方政府举债的工具，犹如一匹脱缰的野马，迟早会因举债过度而失控。实际上，我国中央政府已经意识到了融资平台债务风险问题，《国务院关于加强地方政府性债务管理的意见》（国发〔2014〕43 号）也正是在此背景之下，试图明确举债主体并逐步剥离融资平台的举债能力。

（3）土地依赖和举债非市场化。地方政府融资平台过度依赖土地增值，项目本身收益过低。地方融资平台主要的资金来源是"土地财政＋土地金融"，这也是目前城镇化基础设施建设的主要资金来源。大多数融资平台都是以土地出让金和土地进行注资，并以土地抵押进行担保贷款。这也意味着融资平台债务风险对土地价值变化十分敏感，土地资产的变现能力直接关乎债务能否顺利偿还。一旦土地出让价格步入下行期，债务风险将随之扩大。换言之，地方融资平台风险是与房地产业紧紧相连的，房地产业的不景气很容易波及土地出让价格，最终形成对地方融资平台的变相打击。

如果融资平台项目本身能够产生较高的收益，那么即使土地出让价格下跌，融资平台债务风险也能控制在一定范围内。而实际上正如前文所分析的，融资平台的资产报酬率非常低，仅仅通过项目收益所回收的现金流规模，不仅不足以偿还到期债务，甚至对一些平台而言都不足以偿还其所借债务产生的利息。从这方面看，许多融资平台在经营过程中仍然具有强烈的资金需求，需要地方政府通过财政支持予以保障，或者借助其他渠道进行融资。

如果举债是市场化的，即使预算软约束制度存在不足，也会有市场之手来把控债务风险。然而，融资平台的大部分举债都是在非市场化机制下完成的，这在一定程度上为债务风险的积累提供了"温床"。以银行贷款为例，融资平台在申请贷款时都附加了地方政府的隐性担保，银行对于融资平台主体信息的了解并不充分。实际上，在地方政府的影响下，银行某些时候不得不提供贷款给融资平台，并且贷款利率也是较优惠的。

2. 融资平台债务风险引爆分析

任何债务风险的爆发都是由于无法及时偿还既定的到期债务而导致的。对于地方融资平台，一旦自身拥有的可变现资产以及从外部获取资金的能力无法应对到期债务，在造成违约的同时就有可能引发平台债务风险。根据图 5-1 可知，预算软约束会造成融资平台的过度举债，而土地依赖和举债非市场化则会使债务风险随着债务规模的增加而不断扩大，最终导致债务风险全面爆发。

（1）融资平台债务"堰塞湖"。实际上，之所以说融资平台债务风险容易引爆，并非只是因为其不断积累的风险过大，而是因为其缺乏风险化解机制。如果不采取有效措施对融资平台债务风险进行化解，则随着债务的不断注入，最终极有可能形成一个"堰塞湖"。

向融资平台债务"堰塞湖"中不断注"水"的"水"源主要有三方面，分别是银行贷款、城投债和信托融资。目前来看，43 号文发布以及债务置换计划启动后，这几个方面的举债融资规模都得到了一定的控制，并且融资平台银行直接贷款这条路基本上是堵住了。但是，城投债和信托融资的口子却依然没有完全堵死，当融资平台需要再融资时，仍然可以通过这两种方式来获取资金。这也意味着虽然融资平台的融资能力得到了一定的削弱，但是并未完全丧失，融资平台问题并未得到根本解决，"堰塞湖"仍然会有决堤的可能。

（2）最终偿还责任人博弈。即使"堰塞湖"决堤，如果有一个更大的"湖"来承载，也是可以借助债务重组手段来规避融资平台债务风险大规模爆发的。可是事实上，目前融资平台债务的责任人并不是很清晰，地方政府在融资平台面临债务危机时是否一定会进行救助，在制度上并没有保障。融资平台债务违约具有很强的传染性，一旦融资平台自身无法进一步通过融资来偿还到期债务，地方政府又不出手，势必会波及更广的范围，甚至引爆债务危机。

可以用一个简单的博弈模型来解释在融资平台债务偿还制度不明确的情况下更容易造成到期债务的违约。假定地方政府和融资平台是两个独立主体，融资平台对于自身到期债务可以选择是否通过变现自己的土地等资产进行偿还，地方政府则可以选择是否通过财政补助或者代其融资来帮助其偿还。因此，地方政府的两种策略为救助和不救助，融资平台的两种策略为出售资产和不出售资产，不同策略对应的支付组合如表 5-20 所示。

表 5-20　融资平台与地方政府间债务承担博弈

		融资平台	
		出售（p）	不出售（1-p）
地方政府	救助（q）	(D, D)	(2D, 0.2D)
	不救助（1-q）	(0.2D, 2D)	(1.5D, 1.5D)

注：p 为融资平台出售资产偿债的概率，q 为地方政府进行救助的概率。

从支付矩阵来看，对于平台到期债务，最终得到的均衡是地方政府不救助同时融资平台不出售，即总的支付为 3D。即在没有形成明确的债务偿还制度的情况下，如果地方政府和融资平台不能很好地沟通，对于到期债务，融资平台会选择不出售自身资产，而地方政府则不会采取救助措施，互相推卸到期债务的偿还责任。而事实上，最佳的方案是融资平台和地方政府都不规避债务偿还责任，这时总的支付是最小的，为 2D。由于地方融资平台举债不符合法律规定，一旦外部环境发生变化，地方政府对于不负有直接偿还责任的债务，究竟会选择救助还是不救助，实际上是难以预料的。2015 年 4 月，云南省公路开发投资有限公司就曾向债权银行发函，表示对债务仅付息不还本，若非云南省政府采取增资、垫款、补贴等承诺的变相救助，违约发生的可能性是极大的。

6

基于省际数据的债务效应研究

一直以来,由于数据方面的不足,基于省际角度的我国地方政府债务效应研究非常少。本书首先利用前文测算的地方政府债务总量数据,估算了我国地方政府债务的省际增量,然后在此基础上,分别从经济增长、私人投资以及银行区域发展三个方面,定量考察了地方政府债务的经济效应。

第一节 省际地方政府债务增量数据估算

目前,在有关我国地方政府债务问题的文献中,鲜有利用省际面板债务数据进行的研究,这主要是因为数据缺乏。已有官方公开的地方政府债务省际数据,仅为2014年以后各地区审计厅相继公布的截至2012年底和2013年6月的地方政府性债务审计数据,这使一些学者不得不使用其他变量进行替代（张文君，2012），甚至有一些研究存在"模糊"数据现象（朱文蔚，2014）。笔者在梳理相关研究时也发现，一些学者试图根据地方政府资金来源和使用情况来倒推地方政府债务省际情况。但是，笔者根据相应的测算思路和方法进行试算后发现，最终所得到的债务结果都存在许多问题。

一、估算思路

要估算各地区其他历史年份的地方政府性债务规模存量，关键在于测算其相应的流量变化。目前的研究都是直接使用两次地方政府性债务的审计结果，假定所有地区增速相同，从而测算历史年份的省际地方政府性债务数据（张英杰，赵继志和辛洪波，2014）。这不仅没有考虑两次审计口径的变化以及审计结果的低估，而且各地区增速一致的假定事实上也难以成立。因此，测算我国省际地方政府债务的增量必须另辟蹊径。

我国地方政府债务所融集的资金主要用于公共基础设施的投资建设。因此，相关学者试图在政府收支的基础上根据地方政府投资有关数据来反推债务规模变化，其中最具代表性的是王元京等（2013）的研究。该研究按照地方政府债务的表现形式，将其划分为经常性债务和建设性债务，并分别测算了两类债务的规模。经常性债务主要是在地方政府履行基本职能的过程中产生的，由于财政收支存在一定缺口，需要通过债务的举借来弥补。建设性债务来源于城市基础设施建设等资本性支出，是地方政府债务的最主要来源。对于经常性债务规模，可利用地方政府财政收支缺口的一定比例来估算。对于建设性债务规模，可使用各行业投资数据估算得到。然而，该研究可能存在以下四个问题：第一，计算地方政府财政收支缺口的考虑欠妥，中央政府收入中有很大一部分被用于补助地方支出，地方决算财政支出减去决算收入后，应当进一步扣除掉这部分中央向地方的税收返还和转移支付；第二，并非全部的政府建设性投资资金都来源于举债，在地方政府公共财政支出中也有一部分被用于投资，而该研究没有考虑扣除这部分投资；第三，近年来土地出让金的净收入规模一直很大，而这部分主要用于地方政府基础设施投资建设,所以也应当从投资中予以扣除;第四,该方法虽然间接测算了债务规模的存量,但是研究中并未交代测算所需的起点及债务规模,如果将所测算的建设性投资规模与建设性债务等同,显然也不恰当。

计算地方政府财政收支缺口时,不能简单地用决算支出减去决算收入。不仅应当将数额庞大的中央向地方的税收返还和转移支付考虑进来,也应当考虑地方向中央上解的财政收入。通过计算2006—2012年的地方政府财政收支缺口(见表6-1)发现,缺口方向有正有负,缺口规模并不大,基本能够保持收支平衡。由于我国1994年实行的《预算法》要求地方政府保持收支平衡,不列赤字,因此,本书不考虑经常性债务,即地方政府债务全部来源于建设性投资负债。

表6-1 2006—2012年地方政府财政收支缺口

单位:亿元

年份	地方财政支出	地方收入上解中央	地方财政收入	中央税收返还和转移支付	财政收支缺口
2006	30431.33	787.27	18303.58	13501.45	−586.43
2007	38339.29	862.79	23572.62	18137.89	−2508.43
2008	49248.49	946.37	28649.79	22990.76	−1445.69
2009	61044.14	—	32602.59	28563.79	−122.24
2010	73884.43	—	40613.04	32341.09	930.3
2011	92733.68	—	52547.11	39921.21	265.36
2012	107188.3	—	61078.29	45361.68	748.37

资料来源:《中国财政年鉴2013》。

注:"—"表示为0。

地方政府投资的资金来源主要有三个方面,分别是财政支出中的投资、土地出让金净收入以及地方政府举债,在确定其他项目规模的前提下,可以推导出当年的建设性债务新增量。据此,对于地方政府建设性债务当年新增量的确定，关键在于测算出地方政府投资、财政支出中的投资以及土地出让金净收入。然而，这三个指标并没有确切的统计数据，都需要借助一定的方法进行估算，导致最终难以保证推算得到的债务增量结果的准确性。此外，经常性债务也是通过地方政府财政收支缺口的一定比例估算得到的，难免会有一定偏差。由于前文已经测算了各年度我国广义地方政府部门的直接显性债务，因此，这里使用该部分债务各年增量从总量上按照比例关系对所测算得到的债务增量进行修正。

二、关键变量估算与结果

1. 关键变量的估算

倒推估算我国各地区的地方政府债务增量规模，关键在于测算对应的地方政府投资、财政支出中的投资以及土地出让金净收入。由于各地区土地出让数据是从2007年开始的，因此这里选择测算2007—2012年各地区的地方政府债务增量和存量规模。

（1）地方政府投资。对于地方政府投资，这里使用"各地区按登记注册类型分全社会固定资产投资"中的国有投资，但是这里的投资包括中央政府投资在内，需要去除。使用"按行业、隶属关系和注册类型分城镇固定资产投资"中的中央投资和国有控股投资，来计算全国地方政府投资的比重，并假定各地区也符合这一比率，从而计算各地区的地方政府投资。应当注意的是，这里的投资还包括地方国有企业固定投资，但是由于无法剔除，在计算中不得不保留。而使用前文测算的全国地方政府债务增量进行调整，则可以在一定程度上消除这部分国有企业固定投资的影响。

（2）地方政府财政支出中的投资量。对这部分进行测算时，将一般公共事务支出、农林水事务支出、交通运输支出、地震灾后恢复重建支出以及住房保障支出五项，作为地方政府财政支出的投资量。

（3）土地出让金净收入估算。近年来，土地出让金收入成为地方政府收入的重要来源，有些地区甚至出现"土地财政"乱象。我国土地出让金收入的使用范围一般都有严格规定，主要用于征地和拆迁补偿支出、土地开发支出、支农支出、城市建设支出及其他支出。从使用范围来看，除了成本性开支外，其他基本都被应用到政府投资之中。因此，扣除掉成本性开支的土地出让金净收入，也是地方政府投资资金的重要来源，从投资角度估算地方政府债务规模变动时，应当将其考虑进来。

土地出让金净收入并没有直接的数据，也需要进行估算。财政部从2009年开始公布全国土地出让收入及成本性开支数据，可以使用该数据的均值得到土地出让金净收入的比重。根据前文土地出让有关数据，可分别测算出2009—2012年全国土地出让金平均净收入比重。从测算结果来看，土地出让金净收入比重逐年下降，可能是征地成本上升以及近年来地方政府不断收储土地等原因导致的。由于各年净收入比重都不同，这里使用2009—2012年全部土地出让金平均净收入比重（计算得到为35.48%）来测算各地区的净收入。《地方财政研究》2012年第10期以及2013年第12期分别提供了2007—2010年和2008—2012年全国各地区土地出让收入情况，这为本研究测算提供了很好的数据来源。从2009—2012年全国土地出让金总额来看，其比财政部公布的结果略大，但两者差异未超过5%，基本上是一致的。

2. 地区债务增量的估算结果

使用各地区地方政府投资分别减去对应的土地出让净收入和财政支出中的投资额，就可以得到2007—2012年各地区的地方政府债务增量，如表6-2所示。测算结果之中出现了有些地区在某些年份地方政府债务增量为负值的情况，如北京2010年和2011年，以及西藏的大部分测算年份。进一步分析发现，出现这种情况的主要原因在于这些地区该年份土地出让收入"暴增"。北京2010年和2011年土地出让收入分别达到1332.5亿元和1234.0亿元，占地方财政收入的比重分别为56.6%和41.0%。西藏之所以为负值，笔者认为最主要的原因在于西藏的大量投资可能来源于中央政府，按照前文测算中的固定比率进行扣除，可能对结果造成了一定的扭曲。

表 6-2　2007—2012 年各地区的地方政府债务增量

单位：亿元

地区	2007年	2008年	2009年	2010年	2011年	2012年
北　京	338.31	212.03	476.56	-112.07	-74.47	15.64
天　津	417.91	586.22	921.97	1369.50	1361.31	1233.80
河　北	624.81	638.88	1070.02	1464.43	816.75	758.24
山　西	390.96	602.36	1115.72	1398.43	1405.31	1743.59
内蒙古	879.77	941.73	1408.53	1688.46	1497.40	1696.41
辽　宁	759.42	878.62	825.05	1000.75	850.01	1494.69
吉　林	466.63	577.59	849.26	959.93	438.31	693.32
黑龙江	508.80	629.23	973.72	1169.77	1145.82	1259.56
上　海	813.38	960.48	1119.66	151.69	130.27	215.31
江　苏	522.63	385.29	759.28	472.13	508.14	1103.46
浙　江	563.84	367.17	326.00	-321.48	149.88	1259.48
安　徽	631.22	756.32	989.24	997.17	650.08	1136.43
福　建	569.94	791.06	942.34	970.43	960.37	1659.42
江　西	442.73	442.46	679.39	788.63	445.58	503.18
山　东	481.55	632.72	657.95	519.42	331.80	365.01
河　南	620.15	734.35	714.46	707.35	457.57	348.17
湖　北	762.87	908.99	1208.52	1407.44	1228.04	1398.81
湖　南	523.77	653.76	1298.03	1491.90	1212.88	1605.23
广　东	401.83	477.11	1139.41	1309.51	449.83	217.77
广　西	298.73	315.57	635.77	838.24	609.65	570.83
海　南	17.77	-9.37	41.16	-21.98	19.97	11.87
重　庆	347.08	485.56	809.67	1065.79	979.27	1087.80
四　川	589.29	274.07	1493.84	1452.31	1597.82	1871.15
贵　州	155.25	217.43	266.82	296.09	333.27	392.30
云　南	538.51	555.53	851.96	1037.86	594.31	694.57
西　藏	-7.29	-16.54	-22.09	21.60	-2.73	-77.36
陕　西	823.28	988.29	1509.49	1963.87	1997.25	2694.87
甘　肃	280.92	277.19	456.45	707.15	950.16	1009.30
青　海	44.88	61.57	138.32	116.96	186.68	230.09
宁　夏	52.05	100.42	121.78	122.42	192.67	89.14
新　疆	217.85	278.48	465.85	448.70	448.93	844.21

资料来源：中国国家统计局历年《中国统计年鉴》；《地方财政研究》2012 年第 10 期《2007 年—2010 年全国各地区土地出让收入情况表》以及 2013 年第 12 期《2008 年—2012 年全国各地区土地出让收入情况》。

上述测算得到的各地区政府债务增量，与实际增量可能存在差距，因此需要进一步修正。这里借助前文测算的我国广义地方政府部门直接显性债务增量，对2007—2012年各地区的债务增量进行调整。由于西藏的地方政府债务增量结果较为异常，这里将其剔除，具体调整结果如表6-3所示。

表6-3 2007—2012年各地区的地方政府债务增量（调整后）

单位：亿元

地区	2007年	2008年	2009年	2010年	2011年	2012年
北 京	345.64	218.85	1037.53	−114.48	−35.04	6.08
天 津	426.97	605.06	2007.26	1399.02	640.56	479.78
河 北	638.35	659.41	2329.58	1496.01	384.32	294.85
山 西	399.43	621.72	2429.08	1428.58	661.26	678.02
内蒙古	898.84	972.00	3066.57	1724.87	704.59	659.68
辽 宁	775.88	906.85	1796.26	1022.32	399.97	581.24
吉 林	476.74	596.15	1848.96	980.62	206.24	269.61
黑龙江	519.83	649.45	2119.92	1194.99	539.16	489.80
上 海	831.01	991.35	2437.66	154.96	61.30	83.73
江 苏	533.96	397.68	1653.05	482.31	239.10	429.10
浙 江	576.06	378.97	709.74	−328.41	70.52	489.77
安 徽	644.90	780.63	2153.71	1018.67	305.89	441.92
福 建	582.30	816.48	2051.60	991.36	451.89	645.29
江 西	452.33	456.68	1479.13	805.63	209.67	195.67
山 东	491.98	653.05	1432.44	530.62	156.13	141.94
河 南	633.59	757.95	1555.48	722.60	215.31	135.39
湖 北	779.41	938.21	2631.12	1437.78	577.85	543.95
湖 南	535.13	674.77	2825.99	1524.07	570.71	624.22
广 东	410.54	492.45	2480.65	1337.74	211.66	84.68
广 西	305.20	325.71	1384.16	856.32	286.87	221.98
海 南	18.16	−9.67	89.62	−22.46	9.40	4.62
重 庆	354.60	501.17	1762.77	1088.77	460.79	423.01

续表

地区	2007年	2008年	2009年	2010年	2011年	2012年
四川	602.06	282.88	3252.29	1483.62	751.84	727.63
贵州	158.62	224.42	580.90	302.47	156.82	152.55
云南	550.18	573.38	1854.83	1060.24	279.65	270.10
陕西	841.13	1020.05	3286.36	2006.21	939.79	1047.95
甘肃	287.01	286.10	993.76	722.39	447.09	392.49
青海	45.85	63.55	301.14	119.48	87.84	89.48
宁夏	53.18	103.65	265.13	125.06	90.66	34.66
新疆	222.57	287.43	1014.21	458.38	211.24	328.29

三、对估算的一个简短述评

上述通过测算政府投资资金的来源和使用来间接推导各地区政府债务增量的方法可能存在以下几个问题：一是举债与投资可能并不同步。测算中隐含的假设是，地方政府投资的不足资金全部并且仅来源于举债。而实际上，债务在某一时期内的增量大于投资资金缺口是完全可能的。因此，实际过程中可能存在举债与投资不同步的现象。二是地方政府投资规模可能存在一定高估。用地方国有资金减去中央政府投资得到的固定资产投资中还包括了一部分未纳入广义地方政府的国有企业投资，由此可能造成测算结果偏大。三是土地出让净收入使用同一固定比率测算，可能扭曲各地成本差异的实际情况。本研究由于数据的不足，只能采用平均净收入比重进行测算。对于土地出让，由于各地区的征收成本、政策等不同，净收入比重也应当有所区别。

虽然上述测算仍然存在不少问题，但是在已有地方政府债务数据严重缺乏的现实下，通过此种间接测算得到的各地区地方政府债务增量数据，仍然具有重要的应用价值。至少在现有情况下，该数据相比其他直接假定固定增速测算得到的结果更为合理。下面将应用此测算结果，检验近年来我国地方政府债务的相关经济效应。

第二节 经济增长效应：促进还是抑制

政府债务能否促进经济增长的争论由来已久，新古典主义、凯恩斯主义以及李嘉图等价定理关于债务对经济增长的影响机制的认识是完全不同的。针对此情况，这里试图借助前面测算得到的地方政府债务增量数据，来检验我国地方政府债务对经济增长是具有促进作用还是抑制作用。

一、相关文献回顾

1. 国外主要研究回顾与评述

关于政府债务或者公共部门债务对经济增长的作用，国外学术界一直存有分歧，主要有三种观点：有利的促进观、不利的抑制观以及不确定的非线性观。前两种观点分别是与凯恩斯主义和新古典主义相对应的，而究竟是促进还是抑制，更多学者认为这两种作用并不是确定的。

（1）有利的促进观。凯恩斯主义的观点认为，当经济进入衰退期时，通过举债来刺激需求增加，有利于经济增长与早日摆脱衰退。但是，举债对经济增长的促进作用究竟是短期的还是长期的，不同学者的观点有所不同。奥肯、托宾、萨缪尔森等的"传统债务观点"认为，产出在短期内是由需求决定的，因此举债对可支配收入、总需求以及整个产出都会产生积极影响（朱文蔚和陈勇，2014）。而 Panizza 和 Presbitero（2012）认为，政府举债对于产出在短期和长期都具有积极作用。持这类观点的原因在于衰退将会通过失业来影响后续潜在产出，不利于未来产业资本的形成。

（2）不利的抑制观。新古典主义和内生增长模式则认为，政府债务对经济长期增长存在抑制作用（Diamond，1965；Saint-Paul，1992）。较高的债务水平可能会限制反周期的财政政策的实施空间，并可能导致经济出现更高的波动性和更低的增长水平（Aghion 和 Kharroubi，2007；Woo，2009）。Kumar 和 Woo（2010）研究发现，债务水平增长对 GDP 增长存在抑制作用，并且对发达经济体的影响更小，而这种不利影响主要来自投资减少、增长放缓带来的劳动生产率增长的放缓。

（3）不确定的非线性观。上述研究都是从线性关系角度来考察政府债务和经济增长之间的关系。但是，Reinhart 和 Rogoff（2009，2010）发现，政府债务与经济增长之间是存在门槛效应的，其实证检验结果显示，债务占 GDP 比重的阈值为 90%，低于 90% 和高于 90% 的情况下，两者的关系分别为无显著关系和负相关关系。此后，诸多学者对政府债务与经济增长之间的非线性关系及其门槛效应进行了检验，虽然得到的具体结论有所不同，但大部分研究都支持了这样一种非线性观（Cecchetti 等，2011；Furceri 和 Zdzienicka，2012；Eberhardt 和 Presbitero，2015）。

2. 国内主要研究回顾与评述

由于我国缺乏各地区的地方政府债务数据，针对中国政府债务与经济增长关系的研究，大部分都是利用国债数据进行检验的。贾俊雪和郭庆旺（2011）在两部门内生增长迭代模型的基础上，对中国的情况进行了数值模拟，发现发行公债用于公共资本投资更有利于长期经济增长，但经济稳定性随之更为脆弱。也有一些研究借助地方政府性债务审计结果中的有关存量规模和增速，利用测算得到的政府债务数据进行检验（吴筠等，2014；郭新华和廖知航，2015）。

需要注意的是，上述针对我国情况的研究是利用过去政府债务时间序列数据进行验证，检验结果仅能够回答是促进作用还是抑制作用，并不能进一步解释促进作用或抑制作用的变动情况。因此，这里考虑使用省际地方政府债务面板数据来检验政府债务对经济增长的作用，以及验证其作用力度（或方向）的变化状况。

二、数理分析框架

假定经济体为一个封闭的三部门模型，即政府、企业和住户，国民收入（y_t）由消费（c_t）、投资（i_t）和政府支出（g_t）组成，具体见公式（6-1）。政府支出包括政府商品和劳务的购买以及政府固定投资支出，假定其中用于投资的比重为 π。

$$y_t = c_t + i_t + g_t \tag{6-1}$$

对消费函数进行假定,并认定其为国民可支配总收入的函数,具体见公式(6-2),其中 α 为自发消费,τ 为税率,β 为边际消费倾向。

$$c_t = \alpha + \beta(1-\tau)y_t \tag{6-2}$$

这里借鉴罗林(2014)的研究,引入新增生产能力(ΔA_t)概念,并认为其由上一期私人投资(i_{t-1})和政府投资(g_{t-1})所决定。

$$\Delta A_t = \mu i_{t-1} + \nu \pi g_{t-1} \tag{6-3}$$

其中,μ 和 ν 分别是指私人投资和政府投资的产出系数,π 为政府支出中用于投资的比重。

将债务变量引入,设新增债务(d_t)占国民收入(y_t)的比重为 h,并且为简化计算,假定自发消费为上期国民收入的一个比率,政府支出全部来自税收与新增债务,则可以对公式(6-3)进行变形。

$$\Delta A_t = [\mu(1+\beta\tau-\beta-\tau-h-\phi) + \nu\pi(\tau+h)]y_{t-1} \tag{6-4}$$

假定达到均衡状态,此时会有 $\Delta A_t = \Delta y_t$,从而可以得到均衡状态下的经济增长率。

$$\frac{\Delta A_t}{A_{t-1}} = \frac{\Delta y_t}{y_{t-1}} = \mu(1+\beta\tau-\beta-\tau-h-\phi) + \nu\pi(\tau+h) \tag{6-5}$$

对公式(6-5)求偏微分,可以得到增长率与政府债务之间的一个简单的数理关系式:

$$\frac{\partial\left(\frac{\Delta y_t}{y_{t-1}}\right)}{\partial h} = \nu\pi - \mu \begin{cases} >0, & \nu\pi > \mu \\ =0, & \nu\pi = \mu \\ <0, & \nu\pi < \mu \end{cases} \tag{6-6}$$

最终的分析结果显示,政府债务与经济增长之间的关系主要取决于政府投资产出系数 ν、政府支出中用于投资的比重 π 以及私人投资产出系数 μ。公式(6-6)说明政府新增债务对经济增长的作用既可能是正向促进作用,也可能是反向抑制作用,其主要是由特定分析时刻 ν、π 和 μ 之间的数量大小关系决定的。由于实际中 ν、π 和 μ 都是变动的,因此,是促进作用还是抑制作用在不同条件下也应当有所不同。对此,笔者认为,在某个特定时刻或较短时期,可以考察政府债务对经济增长的线性促进或抑制效果，而在一个较长时期内，则可以对其非线性效果进行检验。

三、实证检验与分析

1. 检验方法、变量和数据

由于地方政府债务增量这一变量的数据为 2007—2012 年 30 个地区的省际面板数据，所以这里选择面板数据模型进行建模，关键的解释变量为债务增量 Debt，因变量为经济增长 Growth，基本回归方程为：

$$\text{Growth}_{it} = \beta_0 + \beta_1 \text{Debt}_{it} + \sum_{m=1}^{k} \beta_{1,m} X_{it,m} + \varepsilon_{it} \qquad (6-7)$$

模型在设定时的重点是对控制变量进行筛选。对控制变量的筛选，这里参考刘洪钟等（2014）、郭步超和王博（2014）的研究，选择人口增长率（Popg）、教育水平（Schooling）、贸易开放度（Openness）、老年抚养比（Old）四个变量。人口增长率是衡量劳动力的重要指标，对于经济增长有重要作用；教育水平可以代表人力资本，是对创新能力的重要反映；贸易开放度反映了对外经济情况；老年抚养比则是对劳动力结构状况的重要反映。在确定好相关变量以后，有必要进一步对变量的定义进行说明，相关变量定义和数据来源如表 6-4 所示。

表 6-4 变量定义和数据来源

变量	定义	数据来源
Debt	债务占各地区 GDP 的比重（%）	表 6-3 中的债务数据、历年《中国统计年鉴》
Growth	各地区的经济增长率（%）	历年《中国统计年鉴》
Popg	各地区的人口增长率（%）	历年《中国统计年鉴》
Schooling	教育经费比重（%）	历年《中国统计年鉴》
Openness	进出口总额占 GDP 的比重（%）	历年《中国统计年鉴》
Old	老年抚养比（%）[①]	历年《中国统计年鉴》

---

① 对于 2010 年的老年抚养比，笔者尝试使用 2010 年第六次人口普查数据进行测算，但是发现得到的结果与其他抽样数据存在明显差异，所以这里使用其他年份的平均值来估算 2010 年的老年抚养比。

在确定相关变量和数据来源后，可以进一步对变量进行描述性统计分析，相关结果如表 6-5 所示。

表 6-5　变量的描述性统计结果

变量	观测数	均值	标准差	最小值	最大值
Growth	180	17.48	6.00	0.59	32.27
Debt	180	7.61	7.52	−1.18	40.23
Popg	180	5.29	2.53	−0.39	11.78
Schooling	180	4.12	1.26	2.14	8.20
Openness	180	33.27	40.81	3.57	172.15
Old	180	12.48	2.32	7.40	18.30

2. 实证检验结果与分析

（1）全国省际数据的实证检验。进行面板数据建模，首先需要筛选并确定恰当的面板模型，即确定是固定效应模型还是随机效应模型。这里使用 Stata13.0 软件进行面板模型建模。模型的确定需要根据 Hausman 检验结果，其基本步骤为分别估计固定效应模型和随机效应模型，然后在估计结果的基础上进行 Hausman 检验。检验结果显示，Hausman 统计量对应的 P 值为 0.00，小于 0.05，需要使用固定效应模型。需要注意的是，在进行回归时发现，变量 Popg 和 Old 的系数并不显著，因此在建模时考虑将其去除。

从得到的固定面板模型的检验结果来看（见表 6-6），近年来我国地方政府债务对经济增长不仅没有起到正向的促进作用，反而存在一定的抑制作用。以方程（4）的结果为例，地方政府债务占 GDP 的比重每上升 1 个百分点，会导致经济增长率下降 0.34 个百分点，抑制作用是比较明显的。此外，从方程（2）和方程（3）的结果来看，教育对经济增长也没有表现出正向的促进作用，对外开放水平则能够在一定程度上促进经济增长。结合公式（6-6）分析，地方政府债务对经济增长作用的大小，主要是由政府投资和私人投资的产出系数决定的。根据审计署审计公告，我国地方政府新增举债主要是用于基础设施投资，而基础设施投资一般都存在周期长、回报率低的特点。这也解释了政府债务投资产出系数低这一特点，地方政府债务投资并不能够在短期内转化为生产力，并在当期达到促进经济增长的作用。

表6-6 2007—2012年省际固定效应回归模型结果

变量	（1）	（2）	（3）	（4）
Debt	−0.39 （0.00）	−0.38 （0.00）	−0.35 （0.00）	−0.34 （0.00）
Schooling		−3.17 （0.00）		−3.42 （0.00）
Openness			0.19 （0.00）	−0.20 （0.00）
_Cons	20.42 （0.00）	33.45 （0.00）	13.87 （0.00）	27.40 （0.00）
Prob（F-statistic）	0.0011	0.0001	0.0040	0.0001

可以说，2007—2012年我国地方政府新增债务规模总体来看对经济增长所起的是抑制作用。笔者猜测，除政府投资产出系数过低外，另一个可能的原因是2009年及以前年份我国地方政府债务规模增长过快，可能对私人投资和消费造成了一定的挤出效应。随着2010年以来对地方政府债务管理的强化，地方政府债务的经济增长效应可能会发生改变。为了验证这一猜想，进一步使用30个地区2010—2012年的省际数据，利用固定效应模型进行检验，结果如表6-7所示。

表6-7 2010—2012年省际固定效应回归模型结果

变量	（1）	（2）	（3）	（4）
Debt	0.55 （0.00）	0.49 （0.00）	0.58 （0.00）	0.51 （0.00）
Schooling		−8.72 （0.00）		−8.48 （0.00）

续表

变量	（1）	（2）	（3）	（4）
Openness			0.42 （0.08）	0.29 （0.12）
_Cons	15.38 （0.00）	51.46 （0.00）	1.67 （0.83）	41.07 （0.00）
Prob（F-statistic）	0.9879	0.0061	0.9861	0.0079

回归结果显示，模型（1）和模型（3）的 F 统计量并未通过检验，而模型（4）中变量 Openness 的参数检验显示并不显著，因此，这里以模型（2）为例。2010—2012 年数据结果显示，地方政府新增债务对 GDP 增速存在正向促进的效果，债务占 GDP 的比重每提高 1 个百分点，GDP 增速将会相应增加 0.49 个百分点。可见，这些年份将新增债务用于政府投资能够起到稳定经济增速的作用。上述结果还反映出，随着我国地方政府债务管理的不断深化，地方政府新增债务对经济增长的正向促进作用越发明显，政府举债投资的产出系数近年来有所提高。

（2）东部、中部和西部检验结果比较。进一步对东部、中部和西部地方政府新增债务的经济增长效应进行检验，以比较政府债务对经济增长的作用在地区之间的差异。这里仍然使用固定效应模型，检验结果如表 6-8 所示。结果显示，东部、中部和西部地方政府新增债务的经济增长效应都是反向的抑制作用。以模型（2）的结果为例，地方政府新增债务规模对经济增长的抑制作用由大到小排序依次为：西部＞东部＞中部。东部和中部的抑制作用大抵比较接近，而西部的抑制作用还是比较强的。

表 6-8　东、中、西部地方政府债务的经济增长效应

变量	东部		中部		西部	
	（1）	（2）	（1）	（2）	（1）	（2）
Debt	−0.36 （0.02）	−0.20 （0.14）	−0.39 （0.00）	−0.15 （0.25）	−0.39 （0.00）	−0.39 （0.00）

续表

变量	东部 (1)	东部 (2)	中部 (1)	中部 (2)	西部 (1)	西部 (2)
Schooling		−6.60 (0.00)		−5.99 (0.01)		−2.43 (0.06)
Openness		0.22 (0.00)		1.06 (0.02)		−0.08 (0.72)
_Cons	17.16 (0.00)	22.46 (0.00)	21.00 (0.00)	29.44 (0.01)	23.21 (0.00)	34.77 (0.00)
Prob（F-statistic）	0.0658	0.0000	0.5142	0.0386	0.4807	0.7438

3. 小结

数理模型分析显示，政府债务对经济增长的作用方向和大小并不是固定的，是由政府投资产出系数和私人投资产出系数决定的。本节的实证检验结果能够反映以下几个问题：

第一，总体来看，我国地方政府新增债务对经济增长为反向的抑制作用。使用2007—2012年我国省际面板数据进行实证检验，得到的结果充分显示，地方政府新增债务能够在一定程度上对经济增长起到抑制作用，债务占GDP的比重每增加1个百分点，相应会使经济下降约0.34个百分点。可以说，2007—2012年通过新增地方政府债务来加大投资，继而稳定经济增长的举措，实际上并没有起到应有的效果。

第二，2010—2012年我国地方政府债务的经济增长效应得到了很大的改善。运用2010—2012年数据进行实证检验发现，2010年以后地方政府新增债务对我国经济增长呈现出明显的促进作用，债务占GDP的比重每增加1个百分点，相应会使经济增长率提高约0.49个百分点。政府新增债务的经济增长效应的提高，可能是由于政府投资产出水平增长以及私人投资产出水平下降的共同作用。

第三，东部、中部和西部地方政府债务的经济效应的作用方向并未明显分化，但西部地区的抑制作用最为明显。实证结果显示，我国地方政府新增债务的经济增长效应在东部、中部和西部都表现为反向的抑制作用。模型（2）的结果表明，债务占 GDP 的比重每增加 1 个百分点，东部、中部和西部的经济增长率分别降低 0.20 个百分点、0.15 个百分点和 0.39 个百分点。

第三节　私人投资效应：挤出还是挤入

我国经济增长近年来是以投资快速增长为主要驱动力量的，私人投资对于经济增长的重要性不言而喻。我国地方政府债务规模在快速增加的同时，是否会对私人投资产生挤出作用，也就十分值得关注。

一、理论分析与文献回顾

政府债务对于私人投资是否存在挤出效应，理论上并没有确定的结论，不同学派和学者之间的观点存在很大分歧。

根据李嘉图等价定理，无论是发债还是征税，其效果都是等价的。这意味着政府发行债券并不会影响到整个社会的国民储蓄，相应不会提高实际利率，也就不会对私人投资产生影响。Barro（1974）利用一个跨时新古典增长模型，基于一系列特定的假定条件认为，债券融资和税收融资的政府融资方式选择并不会影响经济中的消费、投资、产出和利率水平。Barro 的这一研究是对李嘉图等价定理的进一步发展。然而，也有很多学者并不同意这一观点。Tobin（1980）在其著作中对李嘉图等价定理不成立的原因进行了详细解析，他认为，发债会直接影响到居民储蓄，由于消费者之间的边际消费倾向存在差异，所以会通过最终需求影响到居民储蓄，从而对实际利率产生影响。Elmendorf 和 Mankiw（1998）也认为，政府债务会使公共储蓄减少，当减少的缺口无法通过私人储蓄和资本流入弥补时，利率水平就会随之被推高，最终对私人投资产生挤出效应。另一种与上述挤出效应相反的观点则认为，政府债务会对私人投资产生促进作用，这是因为政府债务的积累能够刺激私人投资的增加和劳动生产积极性的提高（Arrow 和 Kurz，1970）。

根据相关数据进行实证检验得到的检验结果也存在很大差别。Ghatak 和 Ghatak（1996）利用印度 1950—1986 年的时间序列数据和向量误差修正模型检验发现，政府债务对私人部门投资存在一定的挤出效应。Voss（2002）通过向量自回归模型，利用美国和加拿大 1947—1996 年的季度数据检验发现，政府债务会挤出私人投资，公共投资与私人投资的互补而产生的挤入效应并不存在。尹恒和叶海云（2005）使用 208 个国家（地区）在 1970—2002 年的面板数据，检验证实了政府债务对私人投资存在明显的挤出效应。Traum 和 Yang（2010）通过一个结构性的 DSGE 模型，并使用贝叶斯估计方法来测算美国政府债务的挤出效应，研究结果显示政府债务和实际利率之间并不存在系统性关系，政府债务是否具有挤出效应是由引发债务规模上升的政策类型所决定的。

针对我国情况的一些研究，关于政府债务对私人资本是否存在挤出效应也存有分歧。刘溶沧和马拴友（2001）根据 1984—1999 年的数据，利用回归方法分析了我国财政赤字和国债对私人投资的影响，其得到的结论是利用财政赤字和国债进行公共投资不会挤出私人投资，并且还会有一定程度的挤入效应。刘震和蒲成毅（2014）通过一个包含三部门的 DSGE 模型，研究了我国政府债务对私人投资的影响，发现政府生产性债务与消费性债务对私人投资的影响不同，前者由于互补性作用存在挤入效应，而后者则会挤出私人投资。刘金林和杨成元（2013）通过我国 1981—2010 年的数据，利用时间序列自回归模型，得到了与上述不同的结论，其检验结果发现，政府债务对私人投资存在明显的挤出效应，若政府负债率、政府内债率、政府外债率分别提高 1%，私人投资率将分别降低 0.54%、0.28%、0.23%。

二、私人投资效应的数理分析

与前文数理分析一致，仍然考虑一个三部门模型。政府支出资金有两类来源：一是税收收入，税率为 τ，则 $T_t=\tau y_t$；二是政府赤字。假设 d_t 为每单位有效劳动对应的政府债务，n 为有效劳动增长率，则有：

$$\Delta d_t = \delta_t - nd_t \tag{6-8}$$

假定公式（6-2）中自发消费 α 为 0，则消费函数可转换为：

$$c_t = \beta(1-\tau)y_t \tag{6-9}$$

假定政府支出全部来自税收收入 T_t 和新增举债 δ_t，则：

$$g_t = T_t + \delta_t = (\tau+h)y_t \tag{6-10}$$

在经济达到均衡状态时，有总产出等于总需求，国民收入等于国民总支出。

$$f(k_t) = y_t = c_t + i_t + g_t = c_t + i_t + T_t + \delta_t \tag{6-11}$$

假定不考虑资本折旧和技术进步，每单位有效劳动资本存量变化率的表达式可以设定为公式（6-12），其中 i_t 为每单位有效劳动的实际投资，nk_t 为保持现有水平的持平投资。

$$\dot{k} = i_t - nk_t \tag{6-12}$$

经济均衡增长路径有 $\dot{k} = \Delta d_t = 0$，代入前面两个公式可以求解得到：

$$c_t = (1-\tau)f(k_t) - n(k_t + d_t) \tag{6-13}$$

假定生产函数为规模报酬不变，则联立公式（6-9）和公式（6-13），消去 c_t 可以得到：

$$\frac{(1-\beta)(1-\tau)}{n}f(i_t) = i_t + \delta_t \tag{6-14}$$

由于 β 为边际消费，τ 为税率，因此，罗林（2014）认为左边为单位有效劳动对应的储蓄部分，而右边则是资本以及政府债务的持平投资。有效储蓄 $\frac{(1-\beta)(1-\tau)}{n}f(i_t)$ 与私人投资 i_t 之间的关系可以用图 6-1 来表达。

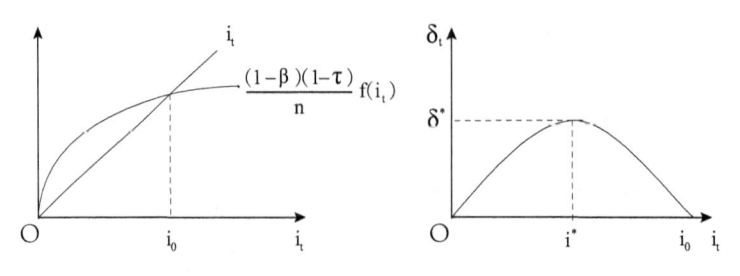

图 6-1 均衡增长路径下储蓄、投资与债务的关系

从图6-1可见，在均衡状态下，当资本存量或私人投资规模较小时，政府新增债务与私人投资为正向关系；而当资本存量或私人投资规模超过一定水平之后，政府新增债务与私人投资则为反向关系。政府新增债务存在最大值，条件为 $f'(i_t) = \dfrac{n}{(1-\beta)(1-\tau)}$。进一步，对公式（6-14）两边取 δ_t 的微分，可得：

$$\frac{\partial i_t}{\partial \delta_t} = \frac{n}{(1-\beta)(1-\tau)f'(i_t) - n} \quad （6-15）$$

由于生产函数为单调递减函数，因此可以得到：

$$\frac{\partial i_t}{\partial \delta_t} \begin{cases} > 0, & 若 0 < i_t < i^* \\ < 0, & 若 i^* < i_t < i_0 \end{cases} \quad （6-16）$$

公式（6-16）说明，政府新增债务的私人投资效应是不确定的，与私人投资资本存量以及政府债务存量都存在一定的联系。因此，从理论上说，政府债务对于私人投资既可能存在挤出效应，也可能存在挤入效应，需要进一步通过数据进行实证检验。

三、实证检验与分析

1. 模型设定与路径选取

根据传统的统计计量方法，一般针对两变量之间影响的定量研究，可以使用多元回归模型，如下：

$$\text{pinvestment}_i = \alpha + \beta \text{debt}_i + \sum_{k=1}^{m} \varphi_k X_{ki} + \mu_i \quad （6-17）$$

其中，核心变量分别为 pinvestment（私人投资变量）和 debt（地方政府新增债务变量）；β 是回归方程的关键系数，是判定是否存在挤出效应的依据；控制变量 X_{ki} 有 m 个；μ_i 为随机扰动项。但是，如果私人投资存在空间自相关性，则需要在传统多元线性回归模型的基础上，进一步考虑空间因素的影响，引入空间计量模型。我国民间投资在邻近地区存在强烈的相互依赖特性（吴俊培和张斌，2013），考虑空间影响将会使实证检验结果更加科学和准确。检验是否存在空间自相关性的常用指标是 Moran 指数，其反映的是空间邻接或临近区域单位属性的相似程度。Moran'I 的测算公式为：

$$\text{Moran'I} = \frac{n\sum_{i=1}^{n}\sum_{j=1}^{n}w_{ij}(y_i - \bar{y})(y_j - \bar{y})}{\sum_{i=1}^{n}\sum_{j=1}^{n}w_{ij}\sum_{i=1}^{n}(y_i - \bar{y})^2} \qquad (6-18)$$

其中，$\bar{y} = \frac{1}{n}\sum_{i=1}^{n}y_i$ 为地方属性的均值；n 为地区总数；w_{ij} 为区域 i 和 j 的临近关系，可以根据邻接标准或距离标准来度量，这里使用邻接标准（相邻为 1，不相邻为 0，且 i=j 时也为 0）。

进一步，可以在 Moran'I 计算结果的基础上，基于正态分布的假设来判定这种自相关关系是否存在，其标准化形式为：

$$Z(d) = \frac{\text{Moran'I} - E(I)}{\sqrt{\text{VAR}(I)}} \qquad (6-19)$$

$$E(I) = -\frac{1}{n-1} \qquad (6-20)$$

$$\text{VAR}(I) = \frac{n^2 w_1 + n w_2 + 3 w_0^2}{w_0^2 (n^2 - 1)} \qquad (6-21)$$

其中，$w_0 = \sum_{i=1}^{n}\sum_{j=1}^{n}w_{ij}$，$w_1 = \frac{1}{2}\sum_{i=1}^{n}\sum_{j=1}^{n}(w_{ij} + w_{ji})^2$，$w_2 = \sum_{i=1}^{n}(w_i + w_j)^2$，$w_i$ 和 w_j 分别为空间权值矩阵中 i 行和 j 列之和。

一般来说，如果正态值大于显著水平下的临界值，则说明因变量在空间分布上具有正向相关关系。在检验是否具有空间相关后，就可以引入因变量的空间变量，构建空间计量模型。根据对空间体现方法的不同，空间计量模型可分为空间滞后模型（Spatial Lag Model，SLM）和空间误差模型（Spatial Error Model，SEM），这也是最常用的两类空间模型。

SLM 考虑的是因变量的影响因素会通过空间传导机制作用于其他地区，也就是扩散现象（溢出效应），其回归模型为：

$$\text{pinvestment}_i = \alpha + \rho \text{pinvestment}_i \sum_{j=1}^{n} w_{ij} + \beta \text{debt}_i + \sum_{k=1}^{i} \varphi_k X_{ki} + \mu_i \quad (6-22)$$

其中，$\sum_{j=1}^{n} w_{ij}$ 为反映空间关系的变量；ρ 为空间回归关系的参数，反映了空间距离对区域行为的作用。

SEM 模型则反映出区域外溢是随机冲击的作用结果，其回归模型为：

$$\begin{cases} \text{pinvestment}_i = \alpha_0 + \beta \text{debt}_i + \sum_{k=1}^{i} \varphi_k X_{ki} + \varepsilon_i \\ \varepsilon_i = \alpha_1 + \rho \varepsilon_i \sum_{j=1}^{n} w_{ij} + \mu_i \end{cases} \quad (6-23)$$

其中，ε_i 是随机误差项，ρ 是空间误差系数。

需要注意的是，根据前面计算的 Moran'I 或正态检验结果并不能判断最终应当选择的模型。因此，需要借助两种模型的拉格朗日统计量（LM）和稳健性统计量（LR）来判断。如果最大似然检验 LM Lag 较 LM Err 显著，并且 LR-LM Lag 显著但 LR-LM Err 不显著，则选择空间滞后模型；反之，则选择空间误差模型。

2. 控制变量选择与空间性检验

（1）控制变量选择。本研究模型的两个核心变量分别为私人投资 PI_i 和地方政府债务变量 LGD_i。此外，还需要选择一些控制变量：①经济总量变量（GDP）。根据凯恩斯理论，投资会引起国民总收入的变化，而国民收入也会反过来影响私人投资。因此，理论上 GDP 的增加会直接或者间接拉动私人投资水平的提高，其系数应为正。②对外开放水平（DWKF）。进出口水平变化对私人投资的影响不确定，因为开放程度的提高既会引进国外先进的技术与产品，促进私人投资机会的增加，也会由于竞争的加剧而导致国内私人投资减少。这里以各地区进出口总额占本地区国内生产总值的比重来反映各地区的经济对外开放程度，其中各地区进出口总额以年平均汇率折算成人民币额度。③城镇化水平（CZH）。城镇化水平的推进会产生大量需求，从而促进私人投资的增加。这里使用城镇化水平每年提高的比重来度量。

考虑到比较的一致性，私人投资额使用固定资产投资价格指数进行平减，GDP和地方政府债务数据使用对应地区的CPI进行平减。相关变量具体设定如表6-9所示。除地方政府债务数据外，相关各地区的GDP、私人投资额[①]、CPI、进出口总额[②]、城镇人口比重数据均可从历年《中国统计年鉴》中获得。

表6-9 实证研究变量的具体设定

变量	英文缩写	具体设定
私人投资	PI	私人投资占对应GDP的比重
地方政府债务	LGD	债务增量占对应GDP的比重
经济总量	GDP	经济增长率
对外开放水平	DWKF	进出口总额占GDP的比重
城镇化	CZH	城镇人口比重

（2）空间性检验。计算Moran'I值并检验其显著性是判断是否需要建立空间模型的主要依据。对经过固定资产投资价格指数平减后的私人投资数据进行检验，Moran'I的正态分布检验结果显示，2007—2012年的私人投资都存在一定空间上的正自相关性（见表6-10）。可见，在研究地方政府债务对私人投资的挤出效应时，基于空间自相关性的考虑，使用空间计量模型进行分析相对而言更为恰当。

表6-10 2007—2012年私人投资的空间自相关性检验结果

年份	2007	2008	2009	2010	2011	2012
Moran'I	0.1063	0.0955	0.0947	0.0745	0.1040	0.1048
正态值	1.1533	1.1049	1.0626	0.8988	1.1533	1.1618

① 这里的私人投资额数据利用全社会固定资产投资减去国有、港澳台和外商投资得到。
② 这里的进出口总额使用按境内目的地和货源地划分的货物进出口总额，由于单位为美元，这里通过当年平均汇率转换为人民币。

续表

年份	2007	2008	2009	2010	2011	2012
空间自相关性判断	正自相关性	正自相关性	正自相关性	正自相关性	正自相关性	正自相关性

注：空间自相关性的判断结果显著水平设为 0.05，即临界值为 1.96。

3. 实证检验与结果分析

（1）模型选择。由于空间自相关性的检验结果并不能用于具体的空间模型选择，因此，需要计算两种模型的拉格朗日统计量（LM）和稳健性统计量（LR）作为模型选择的依据。相关统计量可以使用普通最小二乘估计（OLS）方法，对回归方程进行估计得到。由于 OLS 估计下的回归方程在加入截距项后许多参数都不显著，因而将其去掉。综合表 6-11 的 LM 和 robust LM 检验结果发现，有更多的年份使用 SEM 模型更为合适，因此选择 SEM 进行空间建模和估计。

表 6-11　回归方程 OLS 下的估计结果

变量	2007 年	2008 年	2009 年	2010 年	2011 年	2012 年
LGD	−0.3957	−0.3103	−0.2137	−0.6321	−2.3738	−2.4295
	（0.383）	（0.603）	（0.371）	（0.181）	（0.002）	（0.035）
GDP	1.1377	0.8600	1.2230	1.0424	1.8272	1.6979
	（0.000）	（0.041）	（0.034）	（0.050）	（0.000）	（0.002）
DWKF	−0.1826	−0.2102	−0.5312	−0.4244	−0.2498	−0.5307
	（0.003）	（0.034）	（0.000）	（0.003）	（0.006）	（0.000）
CZH	0.3660	0.4917	0.9091	0.7420	0.3370	0.9173
	（0.026）	（0.041）	（0.000）	（0.013）	（0.0731）	（0.000）
LM test no spatial lag	0.1208	0.7286	1.0324	0.4835	1.3350	0.8385
	（0.728）	（0.393）	（0.310）	（0.487）	（0.248）	（0.360）
robust LM test no spatial lag	0.4095	0.5614	1.0191	0.4249	0.6557	0.8387
	（0.522）	（0.454）	（0.313）	（0.515）	（0.418）	（0.360）
LM test no spatial error	0.6328	0.1984	0.0352	0.0593	2.9464	0.0139
	（0.426）	（0.656）	（0.851）	（0.808）	（0.086）	（0.906）

续表

变量	2007年	2008年	2009年	2010年	2011年	2012年
robust LM test no spatial error	0.9215（0.337）	0.0311（0.860）	0.0220（0.882）	0.0006（0.980）	2.2671（0.132）	0.0140（0.906）

（2）模型结果。对SEM进行估计的主要方法有极大似然估计方法、两阶段OLS以及广义矩阵估计方法，三类方法各有优点与不足。这里使用极大似然估计方法对参数进行估计，参数的估计结果、显著性p值以及其他结果如表6-12所示。

表6-12 挤出效应的SEM模型的极大似然估计结果

变量	2007年	2008年	2009年	2010年	2011年	2012年
LGD	−0.7182（0.342）	−0.1566（0.752）	−0.3705（0.041）	−0.7182（0.041）	−1.8382（0.001）	−2.1333（0.002）
GDP	−0.6096（0.075）	0.2528（0.533）	0.7154（0.092）	−0.6096（0.314）	0.2104（0.684）	−0.0110（0.978）
DWKF	−0.4055（0.002）	−0.1710（0.033）	−0.3774（0.000）	−0.4055（0.000）	−0.2904（0.000）	−0.3171（0.000）
CZH	−0.3490（0.081）	0.2071（0.346）	0.3057（0.156）	0.3490（0.145）	0.1162（0.427）	0.1050（0.528）
Intercept.	−57.2667（0.256）	24.4799（0.009）	34.7986（0.000）	57.2667（0.000）	48.069（0.000）	60.7910（0.000）
Log likelihood	−97.08	−102.88	−104.28	−107.37	−92.92	−96.68
AIC	208.19	219.77	222.56	228.75	199.83	207.37

（3）结果分析与讨论。表6-12的SEM模型结果显示，2007—2012年我国地方政府债务的回归系数都为负，这充分说明我国地方政府债务增量对私人投资是存在挤出效应的。从挤出效应的大小和变动趋势来看，随着时间的推移，每个单位的地方政府增量占GDP的比重对私人投资的挤出效应边际呈现出显著提高的态势，挤出效应明显加大很多。2008年、2009年和2010年，地方政府债务占GDP的比重每提高1个单位，私人投资占

GDP 的比重相应减少 0.1566、0.3705 和 0.7182，而到 2011 年和 2012 年，挤出效应则增加到了 1.8382 和 2.1333。我国地方政府债务对私人投资的挤出效应不断加大，可能的原因是政府债务规模扩张后，进一步从市场进行债务融资，相应减少了市场中用于私人投资的资本。

关于其他因素对私人投资的影响，从回归结果来看，GDP 增速会对私人投资产生正向作用，DWKF 对私人投资产生负向作用，而城镇化则会进一步带动私人投资占 GDP 比重的提高。这些因素对私人投资的影响，与前文在变量选择时的理论分析基本上是一致的。

4. 进一步讨论

政府债务对私人投资究竟是挤出还是挤入，一直没有定论，这里使用我国相关数据对这一命题再次进行了验证。在传统研究的基础上，本研究实现了两点突破：①在分析数据上，测算并应用 2007—2012 年的省际地方政府债务数据进行实证检验；②在实证方法上，考虑到私人投资变量可能存在地区间自相关性，本研究对其进行了检验，并引入截面 SEM 测算了地方政府债务对私人投资的影响。

研究结果表明，我国当前地方政府债务增量对私人投资存在挤出效应，并且这种挤出作用的大小随着债务规模的膨胀正在不断增强。从短期来看，政府举债投资会对私人投资产生明显的抑制作用，在整体环境不发生变化的情况下，这种态势显然还将持续下去。为此，从中长期来考虑，必须控制地方政府债务的相对规模，并寻求投资以外的其他经济增长点。

第四节　银行信贷扩张与风险效应

银行健康发展对于国家金融体系健康快速运行起着关键性作用，同时关乎经济和产业发展的命脉。从我国地方政府性债务审计结果来看，银行贷款仍然是最主要的债务资金来源，各类银行机构是地方政府的最大债主。可见，地方政府债务在某种程度上必然直接或间接影响到银行体系的发展。

一、文献回顾

以融资平台为主体的地方政府部门机构大量向银行进行贷款举债，势必会对银行经营和发展造成重要影响。有学者认为，这对银行业经营形成显著的潜在压力，并急剧放大银行信贷风险（刘畅，2011），甚至使银行产生系统性金融风险的概率大大提高（赵海蕾和黄秀女，2015）。改革开放以来，我国银行经历了一系列重大变革，其中最重要的是国有银行商业化改革。商业化改革进程的推进，改变了以往国有银行直接听命于政府的格局（辛子波和张日新，2001），巨大的不良资产也通过一系列方式不断消化，银行经营更为独立、自主和市场化。然而，国有银行商业化改革的成功并未完全解决银行与政府之间全部的遗留问题。随着地方商业银行的迅猛发展，在地方政府债务迅速扩张的背景之下，地方政府与银行之间的关系问题也日渐被广泛讨论。

谈及地方政府与银行间的紧密关系，就不得不重点说到地方政府与地方银行机构的关系。地方政府一般都是地方银行机构的最大股东，并且其高层人员任命往往受到地方政府的监督和管理（辛子波和张日新，2001）。一方面，地方银行在发展过程中获得了地方政府的诸多扶持和帮助；另一方面，地方银行成为地方政府资金来源的重要渠道（黄建军，2010）。虞群娥（2004）曾就政府拥有地方商业银行的所有权对银行收益的影响进行过总结，其正面效应主要为三个方面：一是地方银行可以争取到地方政府的支持和帮助（包括宣传、资金来源、资产质量以及风险抵御等）；二是提升银行的公信力；三是地方政府股权流动性较弱，有利于稳定经营。地方政府除利用其控制能力对地方银行施加影响进而获得贷款外，商业银行自身也有明确的动机对地方政府进行信贷支持。李俊文（2008）对云南的情况进行了梳理，从八个方面总结了商业银行希望与地方政府类机构客户进行合作的原因。然而，需要注意的是，地方政府在与商业银行的关系中一般处于优势地位，地方政府投融资平台公司一般都具有政府背景，相对比较容易争取到商业银行贷款和发行城投债（尹启华和陈志斌，2015）。

学者普遍认为，在商业银行向地方政府发放贷款的过程中，以银行贷款为主体的地方政府债务会对商业银行发展产生重要影响。针对上述问题，国内学者围绕银行效益开展了不少研究。何贤杰等（2008）认为，各级政府对银行资源的争夺，导致国有银行为了满足各级政府的要求，仍然在一定程度上发放政治性贷款，从而使其偏离了经济效益最大化的目标。江曙霞等（2006）认为，地方政府以提供隐性担保的方式参与到信贷市场活动中，改变了银行和企业的决策约束条件，增加了银行的系统性风险。具体而言，企业由于得到保障，诱发了投资倾向的道德风险，增加了银行的系统性风险；银行基于羊群效应的贷款集中倾向，会低估信贷中的风险并诱发企业道德风险，且容易形成恶性竞争，导致银行可持续发展能力下降；地方政府基于考核要求，会通过政府干预来获取金融资源，从而使信用风险上升。赵尚梅等（2013）的研究则发现，地方政府作为城市商业银行的大股东，会借助融资平台渠道来掏空银行，最终会通过增加不良资产率以及降低净资产收益率等方式降低银行绩效。

许多学者也认为，地方政府债务的扩张加剧了银行的信贷风险。魏加宁（2010）认为，2009年各商业银行在争夺地方政府融资平台贷款项目时，地方政府处于优势地位，银行从地方政府获得的财政金融信息较为有限，另外基础设施项目周期一般较长，容易出现期限错配风险。胡援成和张文君（2012）将不良贷款率和存贷比的对数作为银行信贷风险的代理变量，通过实证研究发现，我国地方政府债务扩张会加剧银行的信贷风险。刘畅（2011）认为，银行出于对政府信用的盲目信任或者迫于压力等，在发放贷款时对融资平台偿债能力评估不足，对贷款管理也存在较多问题，最终会放大银行信贷风险。

二、基本假设与检验模型设定

通过梳理相关文献可以发现，比较受关注的两个问题是地方政府债务对银行效益的影响和地方政府债务对银行风险的影响。大部分学者的研究认为，我国地方政府债务的扩张不仅降低了银行绩效，而且加剧了银行的信贷风险。

1. 对银行绩效（发展速度）的影响

地方政府从银行获得的贷款一般都具备利率低、周期长的特征，则以银行贷款为主的地方政府债务的扩张会在一定程度上促进银行的快速发展。当然，其前提是银行必须在信贷中处于有利地位，也就是能够保证银行的全部空闲资金被及时贷出。考虑到我国中小企业融资难、融资成本高的现实格局（郭娜，2013），这一前提对于我国银行来说有可能是满足的。但是，正如前文所述，2009年商业银行对于融资平台项目处于争夺状态，这也意味着银行不为中小企业提供借贷，可能并非由于资金不足，而是出于其他原因的考虑。基于此，这里提出假设1：我国地方政府债务规模的扩张，可能会促进银行绩效的提高，进而有利于提升银行的发展速度（扩张速度）。

由于使用的是面板数据，且关键是需要考察债务变量与银行发展速度之间的关系，因此这里使用面板数据模型，基本模型设定为：

$$\text{Bankgro}_{it} = \beta_0 + \beta_1 \text{Debt}_{it} + \sum_{m=1}^{k} \beta_{i,m} X_{it,m} + \varepsilon_{it} \quad (6-24)$$

其中，Debt 为债务因素变量；Bankgro 为银行发展因素变量；X 为相关控制变量。

Debt 变量为各地区新增债务占 GDP 的比重，Bankgro 变量为各地区银行金融机构贷款增长率，因此需要进一步确定模型的控制变量。参考李发昇（2011）的研究，可以将区域经济增长水平因素和地区银行发展水平因素设定为控制变量；根据孟德锋等（2012）的研究，可以将经济开放度以及人口年龄结构变动因素作为控制标量。相关控制变量对银行发展的影响为：区域经济增长水平以及经济开放度对银行发展速度起到促进作用；地区银行发展水平和人口抚养比可能会抑制银行发展速度。

2. 对银行信贷风险的影响

大部分研究认为，地方政府债务规模的扩张会在一定程度上增加银行的信贷风险。但是，需要注意的是，我国地方政府由于并不能破产，中央政府在地方政府有困难时原则上也会出手相救，因此地方政府的信用级别仍然是很高的。从目前的实际情况来看，当地方政府无法用自有资金及时偿还银行贷款时，一般都能够使用"借新款还旧款"的方式延长展期，从而避免违约风险。这样来看，我国地方政府债务的扩张实际上不仅没有增加银行的信贷风险，反而相对私人贷款更为稳定和安全，会在一定程度上降低银行的信贷风险。因此，这里提出假设2：我国地方政府债务规模的扩张可能会降低银行的信贷风险。

同样，使用面板数据模型进行分析，基本模型设定为：

$$\text{Bankrisk}_{it} = \beta_0 + \beta_1 \text{Debt}_{it} + \sum_{m=1}^{k} \beta_{i,m} X_{it,m} + \varepsilon_{it} \qquad (6-25)$$

其中，Debt为债务因素变量；Bankrisk为银行信贷风险变量；X为相关控制变量。

Bankrisk变量为银行不良贷款率，Debt变量为各地区新增债务占GDP的比重，需要进一步确定相关控制变量。张汉飞和李宏瑾（2014）的研究检验了经济增长与不良贷款之间的关系，发现两者存在正向作用效果。李麟和索彦峰（2009）则考察了经济波动与不良贷款之间的关系，发现两者存在一种较强的反向动态变动联系。由于这里的指标都是变动量，相应选取经济增长波动率作为控制变量。城镇居民人均收入和居民消费价格指数分别与不良贷款率之间存在负向和正向关系（刘妍，2014），对应将其变化选定为控制变量。

三、实证检验与结果分析

上文介绍了基本假设和检验模型，这里将对变量指标选取、数据来源以及实证检验进行介绍，以探究地方政府债务扩张实际对银行可能产生的影响。

1. 对银行发展速度影响的实证分析

（1）指标选取和数据。Debt变量为各地区新增债务占GDP的比重；Bankgro变量为各地区银行金融机构贷款增长率；地区银行发展水平

（Bankdev）使用各地区银行贷款占 GDP 的比重来衡量；其他指标的选取同前文一致。指标解释和数据来源如表 6-13 所示。

表 6-13 指标解释和数据来源

变量	定义	数据来源
Debt	债务占各地区 GDP 的比重（%）	表 6-3 中的债务数据、历年《中国统计年鉴》
Bankgro	各地区银行金融机构贷款增长率（%）	历年《中国金融年鉴》
Growth	各地区的经济增长率（%）	历年《中国统计年鉴》
Bankdev	各地区银行贷款占 GDP 的比重（%）	历年《中国金融年鉴》和《中国统计年鉴》
Openness	进出口总额占 GDP 的比重（%）	历年《中国统计年鉴》
Old	老年抚养比（%）	历年《中国统计年鉴》

在确定相关变量指标和数据来源之后，可以对相关变量的信息进行描述性统计分析，具体结果如表 6-14 所示。

表 6-14 变量的描述性统计

变量	观测数	均值	标准差	最小值	最大值
Bankgro	180	20.48	8.25	6.07	45.04
Debt	180	7.61	7.52	−1.18	40.23
Growth	180	17.48	6.00	0.59	32.27
Bankdev	180	106.42	37.93	53.72	258.47
Openness	180	33.27	40.81	3.57	172.15
Old	180	12.48	2.32	7.40	18.30

（2）实证检验及结果。针对面板数据，首先需要确定具体的面板模型，使用 Hausman 方法进行检验。检验结果显示，对于各回归模型，Hausman 统计量对应的 P 值为 0.00，小于 0.05，需要使用固定效应模型。全部观测数据的固定效应模型回归结果如表 6-15 所示。

表 6-15 全部观测数据的固定效应模型回归结果

变量	(1)	(2)	(3)	(4)	(5)
Debt	0.912 (0.000)	0.828 (0.000)	0.873 (0.000)	0.813 (0.000)	0.811 (0.000)
Growth		−0.217 (0.012)			0.014 (0.863)
Bankdev			0.225 (0.000)	0.268 (0.000)	0.260 (0.000)
Openness					−0.040 (0.500)
Old				1.336 (0.002)	1.349 (0.002)
_Cons	13.537 (0.000)	17.960 (0.000)	−10.067 (0.004)	−30.951 (0.000)	−29.125 (0.001)
Prob（F-statistic）	0.000	0.000	0.000	0.000	0.000

为了检验地方政府债务扩张对银行发展速度的影响是否会在不同时间段发生改变，本研究使用2010—2012年的样本数据再次进行检验。对各回归模型的Hausman检验结果也都支持使用固定效应模型，模型估计结果如表6-16所示。

表 6-16 2010—2012 年样本的固定效应模型回归结果

变量	(1)	(2)	(3)	(4)	(5)
Debt	0.614 (0.000)	0.485 (0.000)	0.266 (0.025)	0.245 (0.013)	0.245 (0.015)
Growth		0.233 (0.006)	0.449 (0.000)	0.434 (0.000)	0.434 (0.000)
Bankdev			0.440 (0.000)	0.340 (0.000)	0.340 (0.000)
Openness					0.004 (0.973)

续表

变量	（1）	（2）	（3）	（4）	（5）
Old				2.082 （0.000）	2.081 （0.000）
_Cons	16.028 （0.000）	12.444 （0.000）	−40.390 （0.001）	−53.847 （0.000）	−53.980 （0.000）
Prob（F-statistic）	0.000	0.000	0.000	0.000	0.000

（3）实证结果分析。从实证检验得到的结果来看，地方政府债务扩张对于银行发展具有明显的促进作用。无论是全部样本数据还是2010—2012年数据，都证实新增地方政府债务对银行贷款增速的作用方向为正。以全部样本数据的模型（4）为例，地方政府债务占GDP的比重每增加1个百分点，相应银行贷款增速将会上升0.813个百分点。可见，新增地方政府债务对银行贷款的增长作用是十分明显的，假设1中的观点得到了检验结果的证明。但是，应当注意的是，新增地方政府债务对银行贷款增速的影响随着时间的推移正在弱化。由2010—2012年数据样本得到的实证结果显示，该阶段地方政府债务变量的系数相比全部样本结果明显变小。都以模型（5）为例，全部样本Debt变量的回归系数为0.811，而2010—2012年的样本中，该系数仅为0.245，下降幅度是十分明显的。

除地方政府债务对银行发展具有明显的正向影响之外，表6-15、表6-16的实证结果还显示，经济增长对银行贷款增速的提升也存在重要的促进作用，这意味着在经济快速增长时期，银行贷款增速相应更快；银行发展程度对银行贷款增速的作用也是正向的，说明在银行业越发达的地区，银行贷款增速越快；对外开放对银行贷款增速的影响并不明显；人口结构对银行贷款增速也具有重要作用，老年抚养比越高的地区，银行贷款增速越快。

2. 对银行信贷风险影响的实证分析

（1）指标选取和数据。这里使用银行不良贷款率指标Bankrisk来衡量银行的信贷风险；经济增长波动率指标使用经济增长率变动指标 Growthch 来测度，计算方法为本年经济增长率减去上一年经济增长率；居民收入变动则使用城镇居民人均收入增长率指标 Incomegr 来度量；价格因素使用居民消费价格指数 CPI 来衡量，采用的数据为价格指数减去 100。除不良贷款率指标 Bankrisk 外，其他指标数据均来自历年《中国统计年鉴》。

各地区银行不良贷款数据较为特殊，有两个不同的数据来源：一是历年《中国金融年鉴》中各地区的"银行业金融机构不良贷款率"；二是银监会历年年报附录中的《商业银行不良贷款分地区情况表》。笔者进行比较发现，这两类数据之间差别很大，并且第二类数据在同一地区相邻年份有许多跳跃现象。因此，这里选择第一类不良贷款率数据来度量银行信贷风险。值得说明的是，在历年《中国统计年鉴》中，有许多数据并没有直接给出，而仅给出了不良贷款变动和不良贷款率变化，因而需要结合贷款额进行推算。对于一些无法推算的，借助相关地区相应年份的《金融运行报告》得到，仍然无法得到的缺失数据则使用直线法进行插值填补。相关指标数据的简单描述性统计如表 6-17 所示。

表 6-17 变量的描述性统计

变量	观测数	均值	标准差	最小值	最大值
Bankrisk	180	4.75	4.46	0.47	26.52
Growthch	180	7.61	7.52	−1.18	40.23
Incomegr	180	−0.37	2.00	−6.30	8.40
CPI	180	13.12	2.79	7.15	24.08

（2）实证检验及结果。将全部控制变量都放入模型之中进行回归，并对其进行 Hausman 检验，结果显示 P 值为 0.848，远大于 0.05，需要使用随机效应模型。全部样本数据的具体估计结果如表 6-18 所示。

表 6-18　全部样本的随机效应模型回归结果

变量	（1）	（2）	（3）	（4）	（5）
Debt	0.064 （0.137）	0.148 （0.000）	0.189 （0.000）	0.216 （0.000）	0.210 （0.000）
Growthch					0.217 （0.087）
Incomegr		0.688 （0.000）		0.562 （0.000）	0.543 （0.000）
CPI			0.657 （0.000）	0.425 （0.000）	0.438 （0.001）
_Cons	4.263 （0.000）	−5.396 （0.000）	0.649 （0.477）	−5.990 （0.000）	−5.667 （0.000）
Prob（F-statistic）	0.137	0.001	0.000	0.000	0.000

与前面的处理一致，也使用 2010—2012 年的样本数据再次进行估计，以检验估计结果是否随时间变化而发生重要变化。仍然使用随机效应模型进行检验，具体结果如表 6-19 所示。

表 6-19　2010—2012 年样本的随机效应模型回归结果

变量	（1）	（2）	（3）	（4）	（5）
Debt	0.182 （0.000）	0.152 （0.000）	0.173 （0.000）	0.146 （0.000）	0.130 （0.000）
Growthch		0.051 （0.043）		0.094 （0.059）	0.078 （0.125）
Incomegr					−0.077 （0.227）
CPI			0.133 （0.032）	0.123 （0.043）	0.164 （0.017）
_Cons	1.574 （0.000）	1.741 （0.000）	1.054 （0.007）	1.246 （0.002）	2.129 （0.011）
Prob（F-statistic）	0.000	0.000	0.000	0.000	0.000

(3)实证结果分析。从实证检验结果来看,新增地方政府债务对于银行不良贷款率的影响是负面的,无论是全部数据还是2010—2012年的样本数据,在设置各种控制变量的条件下,都支持了这一结论。以表6-18中的回归模型(4)为例,地方政府债务占GDP的比重每新增1个百分点,不良贷款率将会上升0.216个百分点。这一检验结果充分说明假设2并不符合预期,我国地方政府债务规模的扩张实际上会增加银行的信贷风险,这与胡援成和张文君(2012)的结论是一致的。

此外,还检验了其他影响因素对银行信贷风险的影响。经济增长波动率、城镇居民人均收入增长率以及居民消费价格指数变动对银行不良贷款率的影响都是正向的。城镇居民人均收入增长率和居民消费价格指数变动的影响较为明显,这充分说明在居民收入高增长以及通货膨胀时期,银行贷款应该更为审慎,以避免不良贷款状况的进一步恶化。

3. 分析结果小结

银行在整个社会的金融体系中处于核心地位,我国地方政府债务与银行快速健康发展之间存在着密切的联系。本节研究结果充分说明,地方政府债务规模的扩张在促进银行贷款增长的同时,也会提升银行不良贷款率水平,这直接反映出地方政府债务在有利于银行快速发展的同时,也会进一步加剧银行的信贷风险。我国地方政府债务扩张为银行未来发展提出了更多更高的要求:一方面,银行应当抓住地方政府债务扩张背景下的发展机遇,充实和壮大自己,加快自身发展速度;另一方面,在注重和追求发展速度的同时,需要控制好自身风险,防止银行不良贷款水平随贷款规模的扩张而提升。地方政府基础设施项目建设大多具有周期长、收益率低的特点,如果资金大部分由商业银行提供,则很容易出现"短存长贷"的期限错配风险。为此,必须采取一系列措施进行综合治理,具体而言:一方面,要充分发挥政策性银行以及地方政府债券的功能性作用,特别是其对基础设施建设的支撑性作用;另一方面,商业银行在向融资平台放贷的过程中应该更为审慎,要强化对地方政府机构和财政金融等方面信息的掌握,加强对政府融资平台的风险评估。

参考文献

[1] GHATAK A, GHATAK S. Budgetary deficits and Ricardian Equivalence: the case of India, 1950—1986 [J]. Journal of public economics, 1996 (2).

[2] CEBOTARI A, DAVIS J E, et al. Fiscal risks: sources, disclosure, and management [M]. Washington: International Monetary Fund, 2009.

[3] CEBOTARI A. Contingent liabilities: issues and practice [R]. IMF Working Paper, 2008.

[4] MAKIN A J. Public debt sustainability and its macroeconomic implications in ASEAN-4 [J]. ASEAN economic bulletin, 2005 (3).

[5] BAJO-RUBIO et al. On the sustainability of government deficits: some long-term evidence for Spain, 1850-2000 [J]. Journal of applied economics, 2010 (2).

［6］REINHART C M, ROGOFF K S. Growth in a time of debt［J］. American economic review, 2010（2）.

［7］REINHART C M, ROGOFF K S. This time is different — eight centuries of financial folly［M］. Princeton: Princeton University Press, 2009.

［8］CONDON et al. Exchange rate based disinflation, wage rigidity, and capital inflows: trade offs for Chile 1977−1981［J］. Journal of development economics, 1990（1）.

［9］FURCERI D, ZDZIENICKA A. How costly are debt crises?［J］. Journal of international money and finance, 2012（31）.

［10］SAINT-PAUL G. Fiscal policy in an endogenous growth model［J］. The quarterly journal of economics, 1992（4）.

［11］VOSS G M. Public and private investment in the United States and Canada［J］. Economic modelling, 2002, 19（4）.

［12］MILESI-FERRETTI G M, RAZIN A. Persistent current account deficits: a warning signal?［J］. International journal of finance & economics, 1996（3）.

［13］BRIXI H P, SCHICK A. Government at risk［M］. A Co-publication of the World Bank and Oxford University Press, 2002.

［14］PIRANFAR H, MASOOD O. Measuring risk and financial support for NPPs using Monte Carlo Simulation［J］. The journal of risk finance, 2012（2）.

［15］KO J H. Does an active fiscal policy work under a high level of government debt?［J］. Applied economics letters, 2015（13）.

［16］TOBIN J. Asset accumulation and economic activity［M］. University of Chicago, 1980.

［17］WOO J. Why do more polarized countries run more procyclical fiscal policy?［J］. Review of economics and statistics, 2009（4）.

［18］CHAN J L. Government accounting: an assessment of theory, purposes and standards［J］. Public money & management, 2012（1）.

[19] ARROW K J, KURZ M. Public investment, the rate of return, and optimal fiscal policy [M]. John Hopking Press, 1970.

[20] EBERHARDT M, PRESBITERO A F. Public debt and growth: heterogeneity and non-linearity [J]. Journal of international economics, 2015 (In Press).

[21] BOSKIN M J. Federal government deficits: some myths and realities [J]. American economic review, 1982 (2).

[22] ASHOKA M, PATRO D. Methods of loan guarantee valuation and accounting [R]. The World Bank Research Paper, 1996.

[23] TRAUM N, YANG S S. Does government debt crowd out investment? a Bayesian DSGE Approach [R]. Congressional Budget Office Working Paper Series, 2010.

[24] CHIARA N, GARVIN M J, VECER J. Valuing simple multiple-exercise real options in infrastructure projects [J]. Journal of infrastructure systems, 2007 (2).

[25] BUDINA N, VAN WIJNBERGEN S. Quantitative approaches to fiscal sustainability analysis: a case study of Turkey since crisis of 2001 [J]. The world bank economic, 2009 (1).

[26] BLANCHARD O J, DIAMOND P. The cyclical behavior of the gross flows of U.S. workers [J]. Brookings papers on economic activity, 1990(2).

[27] DIAMOND P A. National debt in a neoclassical growth model [J]. American economic review, 1965 (5).

[28] AGHION P, KHARROUBI E. Cyclical macro policy and industry growth: the effect of countercyclical fiscal policy [R]. Working Paper, Harvard University, 2007.

[29] BARRO R J. Are government bonds net wealth? [J]. Journal of political economy, 1974 (6).

[30] MERTON R C. An analytical derivation of the cost of deposit

insurance[J]. Journal of banking and finance, 1977(1).

[31]MERTON R C. The financial system and economic performance[J]. Journal of financial services research, 1990(4).

[32] CECCHETTI S G, MOHANTY M S, ZAMPOLLI F. The real effects of debt[R]. BIS Working Papers, No 352, 2011.

[33] MERLER S, PISANI-FERRY J. Hazardous tango: sovereign-bank interdependence and financial stability in the euro area[J]. Financial stability review, 2012(16).

[34] IYER S. Actuarial mathematics of social security pensions[M]. Geneva: International Labour Organization, 1999.

[35] IRWIN T C. Government guarantees: allocating and valuing risk in privately financed infrastructure projects[M]. Washington, DC: The International Bank for Reconstruction and Development and the World Bank, 2007.

[36] GEITHNER T. Assessing sustainability[R]. IMF Working Paper,2002.

[37] PANIZZA U, PRESBITERO A. Public debt and economic growth: is there a causal effect?[R]. MOFIR Working Paper No.65, 2012.

[38] WILCOX D W. The sustainability of government deficits: implications of the present-value borrowing constraint[J]. Journal of money, credit and banking, 1989(21).

[39] BUITER W H. Negative nominal interest rates: three ways to overcome the zero lower bound[J]. The North American journal of economics and finance, 2009(3).

[40] BUITER W H. The fiscal theory of the price level: a critique[J]. Economic journal, 2002(112).

[41]边恕.中国公共养老金隐性债务研究[M].北京：经济科学出版社，2008.

［42］陈均平.中国地方政府债务的确认、计量和报告［M］.北京：中国财政经济出版社，2010.

［43］陈均平.中国政府会计问题研究——基于地方政府债务管理视角［D］.北京：财政部财政科学研究所，2010.

［44］成一虫.地方政府债务规模或超警戒线［N］.21世纪经济报道，2013-09-30.

［45］邓晓红.权责发生制在政府内债核算中的应用［J］.企业导报，2012（21）.

［46］邸晶鑫.化解地方政府债务风险的政策选择［J］.国家行政学院学报，2010（4）.

［47］杜金富.金融统计标准及诠释［M］.北京：中国金融出版社，2012.

［48］《政府资产负债核算的理论和政策研究》课题组，杜金富.科学反映政府实力和调控能力——2012~2013年中国政府资产负债表编制报告［J］.中国金融，2015（3）.

［49］杜涛.地方政府"超报"存量债务 财政部：打回重做［N］.经济观察报，2015-02-14.

［50］段海英.财政赤字结构研究［M］.成都：四川大学出版社，2013.

［51］伏润民，缪小林，师玉朋.政府债务可持续性内涵与测度方法的文献综述——兼论我国地方政府债务可持续性［J］.经济学动态，2012（11）.

［52］伏润民，王卫昆，缪小林.我国地方政府债务风险与可持续性规模探讨［J］.财贸经济，2008（10）.

［53］高英慧，高雷阜.基于混沌理论的地方政府债务风险预警管理研究［J］.社会科学辑刊，2013（4）.

［54］葛家澍，徐跃.会计计量属性的探讨——市场价格、历史成本、现行成本和公允价值［J］.会计研究，2006（9）.

［55］葛守中.国际货币基金组织2001版政府财政统计再研究［J］.统计研究，2011（4）.

［56］葛守中.中国政府财政统计指标体系改革研究［J］.兰州商学院学报，2012（10）.

［57］顾宁.化解我国地方政府债务风险的对策研究［J］.经济纵横，2011（1）.

［58］郭步超，王博.政府债务与经济增长：基于资本回报率的门槛效应分析［J］.世界经济，2014（9）.

［59］郭琳，樊丽明.地方政府债务风险分析［J］.财政研究，2001（5）.

［60］郭敏华.我国政府债务的计量及披露问题研究［D］.沈阳：沈阳大学，2012.

［61］郭娜.政府？市场？谁更有效——中小企业融资难解决机制有效性研究［J］.金融研究，2013（3）.

［62］郭新华，廖知航.中国分部门债务水平与经济增长的动态关联性分析：1997~2013［J］.当代经济管理，2015（6）.

［63］韩立岩，郑承利，罗雯，等.中国市政债券信用风险与发债规模研究［J］.金融研究，2003（2）.

［64］韩增华.中国地方政府债务风险的预算管理与分权体制完善［J］.经济体制改革，2011（4）.

［65］何贤杰，朱红军，陈信元.政府的多重利益驱动与银行的信贷行为［J］.金融研究，2008（6）.

［66］洪源，李礼.我国地方政府债务可持续性的一个综合分析框架［J］.财经科学，2006（4）.

［67］洪源，刘兴琳.地方政府债务风险非线性仿真预警系统的构建——基于粗糙集-BP神经网络方法集成的研究［J］.山西财经大学学报，2012（3）.

［68］胡援成，张文君.地方政府债务扩张与银行信贷风险［J］.财经论丛，2012（3）.

［69］黄芳娜.中国地方政府债务管理研究［D］.北京：财政部财政科学研究所，2011.

[70] 黄国桥,徐永胜.地方政府性债务风险的传导机制与生成机理分析［J］.财政研究,2011（9）.

［71］黄建军.我国城市商业银行与地方政府关系［J］.财经科学,2010（5）.

［72］黄世忠.后危机时代公允价值会计的改革与重塑［J］.会计研究,2010（6）.

［73］季军.我国地方政府债务可持续性的综合分析框架［J］.区域金融研究,2013（12）.

［74］贾俊雪,郭庆旺.财政规则、经济增长与政府债务规模［J］.世界经济,2011（1）.

［75］贾璐.地方政府融资模式选择——基于政府债务风险治理视角的分析［J］.财政监督,2012（23）.

［76］江俊龙,邹香,狄运中.我国地方政府债务及其风险控制研究［J］.经济问题,2011（2）.

［77］江曙霞,罗杰,黄君慈.信贷集中与扩张、软预算约束竞争和银行系统性风险［J］.金融研究,2006（4）.

［78］金荣学,宋菲菲,周春英.从分税制视角看地方政府性债务治理［J］.税务研究,2014（1）.

［79］考燕鸣,王淑梅,王磊.地方政府债务风险预警系统的建立及实证分析［J］.生产力研究,2009（16）.

［80］吉列恩,特纳,贝雷,等.全球养老保障——改革与发展［M］.杨燕绥,等译.北京：中国劳动社会保障出版社,2003.

［81］李发昇.区域金融发展与经济增长关系研究［J］.华东经济管理,2011（6）.

［82］李海东.SNA的修订与中国非营利机构核算的改进［J］.统计研究,2014（5）.

［83］李衡.地方政府债务规模、结构与风险化解路径探讨［J］.债券,2013（9）.

［84］李俊文.地方政府机构的银行融资情况研究［J］.经济问题探索，2008（10）.

［85］李腊生，耿晓媛，郑杰.我国地方政府债务风险评价［J］.统计研究，2013（10）.

［86］李麟，索彦峰.经济波动、不良贷款与银行业系统性风险［J］.国际金融研究，2009（6）.

［87］李茂媛.地方政府债务风险的本源探究及防范对策［J］.江西社会科学，2012（3）.

［88］李蔚，王素青.我国地方政府债务风险管理的对策研究［J］.科研管理，2006（5）.

［89］李显杰.中国地方政府债务风险管理［J］.改革与开放，2009（8）.

［90］李扬，张晓晶，常欣.中国国家资产负债表2013：理论、方法和风险评估［M］.北京：中国社会科学出版社，2013.

［91］梁红.地方政府债务规模有多大［J］.证券市场周刊，2015（20）.

［92］刘畅."后危机"时代我国商业银行地方政府融资平台贷款风险及防控对策［J］.中国经济问题，2011（7）.

［93］刘洪钟，杨攻研，尹雷.政府债务、经济增长与非线性效应［J］.统计研究，2014（4）.

［94］刘金林，杨成元.基于私人投资视角的政府债务挤出效应研究——来自中国的证据［J］.投资研究，2013（12）.

［95］刘立峰.地方政府建设性债务的可持续性研究［J］.宏观经济管理，2009（11）.

［96］刘溶沧，马拴友.赤字、国债与经济增长关系的实证分析——兼评积极财政政策是否有挤出效应［J］.经济研究，2001（2）.

［97］刘溶沧，赵志耘.中国财政理论前沿Ⅲ［M］.北京：社会科学文献出版社，2003.

［98］刘尚希，赵全厚.正确认识地方政府性债务［N］.光明日报，2013-08-23.

[99] 刘尚希. 财政风险：从经济总量的角度分析 [J]. 管理世界，2005（7）.

[100] 刘尚希，赵全厚，孟艳，等."十二五"时期我国地方政府性债务压力测试研究 [J]. 经济研究参考，2012（8）.

[101] 刘妍. 我国商业银行不良贷款成因及相关因素分析 [J]. 系统工程，2014（5）.

[102] 刘玉廷. 中国政府会计改革的若干问题 [J]. 预算管理与会计，2004（10）.

[103] 刘震，蒲成毅. 政府债务、私人投资与经济增长 [J]. 贵州财经大学学报，2013（4）.

[104] 楼继伟. 政府预算与会计的未来——权责发生制改革纵览与探索 [M]. 北京：中国财政经济出版社，2003.

[105] 陆建桥. 关于加强我国政府会计理论研究的几个问题 [J]. 会计研究，2004（7）.

[106] 罗林. 政府债务机制研究 [M]. 北京：中国金融出版社，2014.

[107] 马蔡琛，黄年吉. 政府债务的适度性问题——基于欧元区财政警戒线的考察 [J]. 经济纵横，2011（9）.

[108] 马丹丹. 地方政府债务风险监管研究 [D]. 兰州：兰州大学，2011.

[109] 马恩涛. 中国经济转型中的政府或有负债问题研究 [M]. 北京：经济科学出版社，2010.

[110] 马海涛，吕强. 我国地方政府债务风险问题研究 [J]. 财贸经济，2004（2）.

[111] 马骏，张晓蓉，李治国. 国家资产负债表研究成果及其应用 [J]. 科学发展，2013（12）.

[112] 马拴友. 中国公共部门债务和赤字的可持续性分析——兼评积极财政政策的不可持续性及其冲击 [J]. 经济研究，2001（8）.

[113] 孟德锋，卢亚娟，方金兵. 金融排斥视角下村镇银行发展的影响因素分析 [J]. 经济学动态，2012（9）.

[114] 缪小林，伏润民. 地方政府债务风险的内涵与生成：一个文献综述及权责时空分离下的思考 [J]. 经济学家，2013（8）.

[115] 牟放. 化解我国地方政府债务风险的新思路 [J]. 中央财经大学学报，2008（6）.

[116] 彭志远. 西方公债理论的新发展 [J]. 经济与管理，2003（11）.

[117] 邱东. 宏观测度的边界悖律及其意义 [J]. 统计研究，2012（8）.

[118] 沈沛龙，樊欢. 基于可流动性资产负债表的我国政府债务风险研究 [J]. 经济研究，2012（2）.

[119] 施建生. 经济学家：李嘉图 [M]. 长春：吉林出版集团有限责任公司，2012.

[120] 史锦华. 公债学 [M]. 北京：中国社会科学出版社，2011.

[121] 孙芳城，欧理平，马千真. 政府债务会计核算制度改革探索 [J]. 财政研究，2006（4）.

[122] 孙琳，方爱丽. 财政透明度、政府会计制度和政府绩效改善——基于48个国家的数据分析 [J]. 财贸经济，2013（6）.

[123] 汤林闽. 中国政府资产负债表：理论框架与现实选择 [J]. 金融评论，2014（1）.

[124] 王静. 政府财政统计核算一体化研究 [M]. 北京：中国财政经济出版社，2010.

[125] 王静. 政府财政资产负债核算国际规范的比较研究——基于2001GFS和IPSAS的研究 [J]. 统计教育，2009（12）.

[126] 王君立. "政府部门"在我国SNA中的特殊处理初探 [J]. 现代财经，2003（2）.

[127] 王晓光，高淑东. 地方政府债务风险的预警评价与控制 [J]. 当代经济研究，2005（4）.

[128] 王鑫，戚艳霞. 政府债务会计核算基础的反思与探索 [J]. 财政研究，2012（10）.

[129] 王银梅，潘珊. 应用现值理论计量我国地方政府或有负债探究

［J］.财政研究，2014（2）.

［130］王元京，郑轶，史昊.地方政府债务融资状况评价［J］.全球化，2013（12）.

［131］王志浩，申岚，李炜，等.中国地方政府性债务规模估算［J］.金融发展评论，2013（12）.

［132］王智童.统计法律制度研究［D］.济南：山东大学，2007.

［133］魏加宁.地方政府投融资平台的风险何在［J］.中国金融，2010（16）.

［134］吴筠，彭振江，冯志鹏，等.我国政府债务与经济增长可适性研究［J］.金融与经济，2014（7）.

［135］项怀诚，楼继伟.中国政府预算改革五年 1998—2003［M］.北京：中国财政经济出版社，2003.

［136］肖艳玲，刘晓晶，刘剑波.基于熵值法的员工绩效指标权重确定方法［J］.大庆石油学院学报，2005（2）.

［137］谢虹.地方政府债务风险构成及预警评价模型构建初探［J］.现代财经（天津财经大学学报），2007（7）.

［138］辛子波，张日新.地方政府干预地方银行行为分析［J］.财经问题研究，2001（12）.

［139］许安拓.走出地方经济发展的融资困境——转型时期中国地方政府性债务风险解析［M］.北京：中国市场出版社，2012.

［140］杨灿明，鲁元平.地方政府债务风险的现状、成因与防范对策研究［J］.财政研究，2013（11）.

［141］杨贵成.债务=负债？［J］.农村财务会计，2012（7）.

［142］杨亚军，杨兴龙，孙芳城.基于风险管理的地方政府债务会计系统构建［J］.审计研究，2013（3）.

［143］尹恒，叶海云.政府债务挤出私人投资：国际证据［J］.统计研究，2010（10）.

［144］尹启华，陈志斌.地方政府债务融资"羊群效应"的形成机理

及其治理机制［J］.上海金融，2015（5）.

［145］于海峰，崔迪.防范与化解地方政府债务风险问题研究［J］.财政研究，2010（6）.

［146］张春霖.如何评估我国政府债务的可持续性？［J］.经济研究，2000（2）.

［147］张国生.改进我国政府资产负债表的思考［J］.财经论丛，2006（3）.

［148］张海星.政府或有债务问题研究［D］.大连：东北财经大学，2006.

［149］张汉飞，李宏瑾.经济增长的不良贷款效应及异常分野［J］.宏观经济研究，2014（3）.

［150］张莫，钟源，范文涛."后平台"时代地方政府上哪融资：到2020年城镇化建设资金缺口达42万亿［N］.经济参考报，2014-07-25.

［151］张琦，程晓佳.政府财务会计与预算会计的适度分离与协调：一种适合我国的改革路径［J］.会计研究，2008（11）.

［152］张琦，张娟，程晓佳.我国政府预算会计系统的构建研究［J］.会计研究，2011（1）.

［153］张卫国，任燕燕，花小安.地方政府投资行为、地区性行政垄断与经济增长——基于转型期中国省级面板数据的分析［J］.经济研究，2011（8）.

［154］张文君.地方政府债务扩张之谜：内因还是外因［J］.西安财经学院学报，2012（6）.

［155］张英杰，赵继志，辛洪波.我国地方政府适度债务规模与偏离度问题研究［J］.经济纵横，2014（8）.

［156］张远.地方政府债务的效应及形成机制新探［J］.南京政治学院学报，2005（3）.

［157］赵海蕾，黄秀女.地方政府债务难题破解与策略选择［J］.理论探讨，2015（1）.

［158］赵利明，吴赢赢，朱仰军，等.地方政府债务的会计核算：现

实问题与改革思路［J］.财经论丛，2012（5）.

［159］赵全厚.我国地方政府性债务问题研究［J］.经济研究参考，2011（57）.

［160］赵尚梅，史宏梅，杜华东.地方政府在城市商业银行的大股东掏空行为——从地方政府融资平台贷款视角的研究［J］.管理评论，2013（12）.

［161］郑春荣，朱海平.GFS收支核算理论的中国财政收支统计制度研究［J］.求索，2008（11）.

［162］周平.当代中国地方政府［M］.北京：高等教育出版社，2010.

［163］包丽萍.基于制度变迁视角的中国财政赤字计算口径的解释［J］.财政研究，2011（12）.

［164］周沅帆.我国地方政府投融资平台资金来源及偿债能力研究［J］.金融监管研究，2012（5）.

［165］朱久霞，李宜轩，高妍.地方政府债务及其核算和信息披露问题研究［J］.会计之友，2014（14）.

［166］朱文蔚，陈勇.公共债务与经济增长关系研究的新进展［J］.经济体制改革，2014（3）.

［167］朱文蔚.中国地方政府性债务与区域经济增长的非线性关系研究［J］.财经丛论，2014（12）.